MI ÚLTIMO SUSPIRO

[!]

LUIS BUÑUEL
MI ÚLTIMO SUSPIRO

PLAZA & JANÉS EDITORES, S.A.

DeBOLS!LLO

Título original: *Mon dernier soupir*
Diseño de la portada: Depto. de Diseño Nuevas Ediciones
    de Bolsillo
Fotografía de la portada: © Camera Press Ltd./Agencia
    Zardoya

Segunda edición: abril, 2001

© 1982, Éditions Robert Laffont, S. A., París
© de la traducción: Ana M.ª de la Fuente
© 1982, Plaza & Janés Editores, S. A.
    Edición de bolsillo: Nuevas Ediciones de Bolsillo, S. L.

Printed in Spain – Impreso en España

ISBN: 84-8450-208-2
Depósito legal: B. 20.756 - 2001

Impreso en Novoprint, S. A.
C/. de la Tècnica, s/n
Sant Andreu de la Barca (Barcelona)

P 802082

*A Jeanne, mi mujer,
mi compañera*

Yo no soy hombre de pluma. Tras largas conversaciones, Jean-Claude Carrière, fiel a cuanto yo le conté, me ayudó a escribir este libro.

MEMORIA

Durante los diez últimos años de su vida, mi madre fue perdiendo poco a poco la memoria. A veces, cuando iba a verla a Zaragoza, donde ella vivía con mis hermanos, le dábamos una revista que ella miraba atentamente, de la primera página a la última. Luego, se la quitábamos para darle otra que, en realidad, era la misma. Ella se ponía a hojearla con idéntico interés.

Llegó a no reconocer ni a sus hijos, a no saber quiénes éramos ni quién era ella. Yo entraba, le daba un beso, me sentaba un rato a su lado —físicamente, mi madre gozaba de muy buena salud y hasta estaba bastante ágil para su edad—; luego salía y volvía a entrar. Ella me recibía con la misma sonrisa y me invitaba a sentarme como si me viera por primera vez y sin saber ni cómo me llamaba.

Cuando yo iba al colegio, en Zaragoza, me sabía de memoria la lista de los reyes godos, la superficie y población de cada Estado europeo y un montón de cosas inútiles. En general, en los colegios se mira con desprecio este tipo de ejercicio mecánico de memoria y a quien lo practica suele llamársele despectivamente memorión. Yo, aunque memorión, no sentía sino desprecio para estas exhibiciones baratas.

Pero, a medida que van pasando los años, esta memoria, en un tiempo desdeñada, se nos hace más y más preciosa. Insensiblemente, van amontonándose los recuerdos y un día, de pronto, buscamos en vano el nombre de un amigo o de un pariente. Se nos ha olvidado. A veces, nos desespera no dar con una palabra que sabemos, que tenemos en la punta de la lengua y que nos rehúye obstinadamente.

Ante este olvido, y los otros olvidos que no tardarán en llegar, empezamos a comprender y reconocer la importancia de la memoria. La amnesia –que yo empecé a sufrir hacia los setenta años– comienza por los nombres propios y los recuerdos más recientes: ¿Dónde he puesto el encendedor que tenía hace cinco minutos? ¿Qué quería yo decir al empezar esta frase? Ésta es la llamada amnesia anterógrada. Le sigue la amnesia anteroretrógrada que afecta a los recuerdos de los últimos meses y años: ¿Cómo se llamaba el hotel en el que paré cuando estuve en Madrid en mayo de 1980? ¿Cuál era el título de aquel libro que me interesaba hace seis meses? Ya no me acuerdo. Busco afanosamente, pero es inútil. Viene por fin la amnesia retrógada, que puede borrar toda una vida, como le sucedió a mi madre.

Yo todavía no he sentido la acometida de esta tercera forma de amnesia. Guardo de mi pasado lejano, de mi infancia, de mi juventud, múltiples y nítidos recuerdos y también profusión de caras y de nombres. Si, a veces, se me olvida alguno, no me preocupa excesivamente. Sé que voy a recuperarlo en el momento menos pensado, por uno de esos azares del subconsciente que trabaja incansablemente en la oscuridad.

Por el contrario, siento viva inquietud y hasta angustia cuando no consigo recordar un hecho reciente que he vivido o el nombre de una persona conocida en los últimos meses, o incluso de un objeto. De pronto, toda mi personalidad se desmorona, se desarticula. Soy incapaz de pensar en otra cosa, por más que todos mis esfuerzos y rabietas son inútiles. ¿Será esto el comienzo de la desaparición total? Es atroz tener que recurrir a una metáfora para decir «una mesa». Y la angustia más horrenda ha de ser la de estar vivo y no reconocerte a ti mismo, haber olvidado quién eres.

Hay que haber empezado a perder la memoria, aunque sea sólo a retazos, para darse cuenta de que esta memoria es lo que constituye toda nuestra vida. Una vida sin memoria no sería vida, como una inteligencia sin posibilidad de expresarse no sería inteligencia. Nuestra memoria es nuestra coherencia, nuestra razón, nuestra acción, nuestro sentimiento. Sin ella no somos nada.

Con frecuencia, he pensado introducir en una película una escena en la que un hombre trata de contar una historia a un amigo; pero olvida una palabra de cada cuatro, generalmente, una palabra muy simple: *coche, calle, guardia*... El hombre farfulla, titubea, gesticula, busca equivalencias patéticas, hasta que el amigo, furioso, le da un bofetón y se va. A veces, para defenderme de mis propios terrores con la risa, me da por contar el cuento del hombre que va al psiquiatra porque sufre pérdida de memoria, lagunas. El psiquiatra le hace un par de preguntas de rutina y luego le dice:

—Bien, ¿y esas lagunas?

—¿Qué lagunas? —pregunta el hombre.

La memoria, indispensable y portentosa, es también frágil y vulnerable. No está amenazada sólo por el olvido, su viejo enemigo, sino también por los falsos recuerdos que van invadiéndola día tras día. Un ejemplo: durante mucho tiempo, conté a mis amigos (y la cito también en este libro) la boda de Paul Nizan, brillante intelectual marxista de los años treinta. Cada vez, me parecía estar viendo la iglesia de Saint-Germain-des-Prés, la concurrencia, entre la que me encontraba yo, el altar, el cura, Jean-Paul Sartre, testigo del novio. Un día, el año pasado, me dije de pronto: ¡Imposible! Paul Nizan, marxista convencido y su mujer, hija de una familia de agnósticos, nunca se hubieran casado por la Iglesia. Totalmente inimaginable. Entonces, ¿había yo transformado un recuerdo? ¿Se trataba de un recuerdo inventado? ¿De una confusión? ¿Puse un marco familiar de iglesia a una escena que alguien me describió? Todavía no lo sé.

La memoria es invadida constantemente por la imaginación y el ensueño y, puesto que existe la tentación de creer en la realidad de lo imaginario, acabamos por hacer una verdad de nuestra mentira. Lo cual, por otra parte, no tiene sino una importancia relativa, ya que tan vital y personal es la una como la otra.

En este libro semibiográfico, en el que de vez en cuando me extravío como en una novela picaresca, dejándome arrastrar por el encanto irresistible del relato inesperado, tal vez subsista, a pesar de mi vigilancia, algún que otro falso recuerdo. Lo repito, esto no tiene mayor importancia. Mis errores y mis dudas forman parte de mí tanto como mis certidumbres. Como no soy historiador, no me he ayudado de notas ni de libros y, de todos modos, el retrato que presento es el mío, con mis convicciones, mis vacilaciones, mis reiteraciones y mis lagunas, con mis verdades y mis mentiras, en una palabra: mi memoria.

RECUERDOS DE LA EDAD MEDIA

Tendría yo trece o catorce años cuando salí de Aragón por primera vez. Iba invitado a casa de unos amigos de mi familia que veraneaban en Vega de Pas, cerca de Santander. Al atravesar el país vasco, descubrí, maravillado, un paisaje nuevo, inesperado, totalmente distinto del que había conocido hasta entonces. Veía nubes, lluvia, bosques encantados por la bruma, musgo húmedo en las piedras... Fue una impresión deliciosa que siempre perdurará. Soy un enamorado del Norte, del frío, de la nieve y de los grandes torrentes de las montañas.

La tierra del Bajo Aragón es fértil, pero polvorienta y terriblemente seca. Podía pasar un año y hasta dos sin que se viera congregarse las nubes en el cielo impasible. Cuando, por casualidad, un cúmulo aventurero asomaba tras los picos de las montañas, unos vecinos, dependientes de una tienda de ultramarinos, venían a llamar a nuestra casa, sobre cuyo tejado se levantaba el aguilón de un pequeño observatorio. Desde allí contemplaban durante horas el lento avance de la nube y decían, sacudiendo tristemente la cabeza:

–Viento del Sur. Pasará lejos.

Tenían razón. La nube se alejaba sin soltar ni una gota de agua.

Un año de angustiosa sequía, en el pueblo vecino de Castelceras, el vecindario, con los curas a la cabeza, organizó una rogativa para pedir la gracia de un chaparrón. Aquel día, negras nubes se cernían sobre el pueblo. La rogativa parecía casi inútil.

Desgraciadamente, antes de que terminara la procesión, se habían disipado las nubes y volvía a lucir un sol abrasador. Entonces, unos brutos como los hay en todos los pueblos, cogieron la imagen de la Virgen que abría el cortejo y, al pasar por un puente, la tiraron al río Guadalope.

Se puede decir que en el pueblo en que yo nací (un 22 de febrero de 1900) la Edad Media se prolongó hasta la Primera Guerra Mundial. Era una sociedad aislada e inmóvil, en la que las diferencias de clases estaban bien marcadas. El respeto y la subordinación del pueblo trabajador a los grandes señores, a los terratenientes, profundamente arraigados en las antiguas costumbres, parecían inmutables. La vida se desarrollaba, horizontal y monótona, definitivamente ordenada y dirigida por las campanas de la iglesia del Pilar. Las campanas anunciaban los oficios religiosos (misas, vísperas, ángelus) y los hechos de la vida cotidiana, con el toque de muerto y el toque de agonía. Cuando un vecino del pueblo se encontraba en trance de muerte, una campana doblaba lentamente por él; una campana grande, profunda y grave para el último combate de un adulto; una campana de un bronce más ligero para la agonía de un niño. En los campos, en los caminos y en las calles la gente se paraba y preguntaba: «¿Quién se está muriendo?»

También me acuerdo del toque de rebato, en caso de incendio, y de los repiques gloriosos de los domingos de fiesta grande.

Calanda contaba menos de cinco mil habitantes. Este pueblo grande de la provincia de Teruel que no ofrece nada de particular a los turistas apresurados, está situado a dieciocho kilómetros de Alcañiz. En Alcañiz paraba el tren que nos traía de Zaragoza. En la estación nos esperaban tres coches de caballos. El más grande se llamaba «jardinera». Luego estaban la «galera», que era un coche cerrado y una carreta pequeña de dos ruedas. Como éramos familia numerosa y llegábamos cargados de maletas y acompañados por los criados, viajábamos amontonados en los tres coches. Tardábamos casi tres horas en recorrer los dieciocho kilómetros que había hasta Calanda, bajo un sol de justicia; pero no recuerdo haberme aburrido ni un minuto.

Salvo en las fiestas del Pilar y la feria de setiembre, en Calanda había pocos forasteros. Todos los días, a eso de las doce y media, seguida por un remolino de polvo, aparecía la diligencia de Macán, tirada por un tronco de mulas. Traía el correo y, de vez en cuando, algún viajante de comercio errabundo. En el pueblo no se vio un automóvil hasta 1919.

Lo compró un tal don Luis González, hombre liberal, moderno e, incluso, anticlerical. Doña Trinidad, su madre, era viuda de un general y pertenecía a una aristocrática familia sevillana. Aquella distinguida dama fue víctima de las indiscreciones de sus criadas. Y es que, para sus abluciones íntimas, utilizaba un aparato escandaloso, cuya forma de guitarra esbozaban con amplio ademán las señoras de la buena sociedad de Calanda que, por culpa de aquel bidet, estuvieron mucho tiempo sin dirigir la palabra a doña Trinidad.

Aquel mismo don Luis tuvo una actuación decisiva cuando los viñedos de Calanda fueron atacados por la filoxera. Las viñas se morían sin remedio, pero los campesinos se negaban obstinadamente a arrancarlas y sustituirlas por cepas americanas, como se hacía en toda Europa. Un ingeniero agrónomo llegado especialmente de Teruel instaló en el salón del Ayuntamiento un microscopio que permitía examinar el parásito. Como si nada. Los campesinos seguían negándose a cambiar las cepas. Entonces don Luis, para dar ejemplo, mandó arrancar todas las suyas. Como había recibido amenazas de muerte, se paseaba por sus viñedos con una escopeta en la mano. Obstinación colectiva típicamente aragonesa y tardíamente vencida.

El Bajo Aragón produce el mejor aceite de oliva de España y quizá del mundo. La cosecha, espléndida algunos años, estaba siempre amenazada por la sequía que podía dejar los árboles sin hojas. Algunos campesinos de Calanda iban todos los años a Andalucía para la poda de los árboles en las provincias de Córdoba y Jaén, ya que eran tenidos por grandes especialistas. A principios de invierno empezaban a cosecharse las aceitunas. Durante el trabajo, los campesinos cantaban la *Jota Olivarera*. Los hombres, subidos a las escaleras, golpeaban las ramas con la vara y las mujeres recogían el fruto que caía al suelo. La *Jota Olivarera* es dulce, melodiosa y delicada. Por lo menos, en mi recuerdo. Contrasta fuertemente con las notas vibrantes y recias del canto regional aragonés.

Conservo en la memoria, a mitad del camino entre la vigilia y el sueño, otro canto de aquel tiempo, que tal vez se haya perdido ya, pues la melodía se transmitía de viva voz de generación en generación, sin que nadie la escribiera. Era el *Canto de la Aurora*. Antes del amanecer, un grupo de muchachos recorría las calles para despertar a los vendimiadores que debían ir al trabajo a primera hora. Quizás algunos de aquellos «despertadores» vivan todavía y recuerden la letra y la música. Canto magnífico, mitad religioso y mitad profano, venido de una época ya lejana. Aquel canto me despertaba en plena noche en la época de la vendimia. Después, volvía a dormirme.

Una pareja de serenos, armados de chuzo y farol, nos arrullaban durante el resto del año: «Alabado sea Dios», gritaba uno: «Sea por siempre alabado», respondía el otro. Y el primero seguía: «Las once. Sereno.» O, de vez en cuando (¡qué alegría!): «Nublado.» Y, a veces (¡milagro!): «¡Lloviendo!»

Calanda poseía ocho almazaras. Uno de aquellos molinos de aceite era ya hidráulico, pero los demás funcionaban como en tiempos de los romanos: una piedra cónica, arrastrada por caballos o mulas, molía las aceitunas sobre otra piedra. Parecía que nada iba a cambiar. Los mismos gestos y los mismos deseos se transmitían de padre a hijo y de madre a hija. Apenas se oía hablar del progreso, que pasaba de largo, como las nubes.

LA MUERTE, LA FE, EL SEXO

Los viernes por la mañana, una docena de hombres y mujeres de edad se sentaban frente a nuestra casa, apoyados en la pared de la iglesia. Eran los pobres de solemnidad. Uno de los criados salía y daba a cada uno un pedazo de pan, que ellos besaban respetuosamente, y una moneda de diez céntimos, limosna generosa comparada con el «céntimo por barba» que solían dar los otros ricos del pueblo.

En Calanda tuve yo mi primer contacto con la muerte que, junto con una fe profunda y el despertar del instinto sexual, constituyen las fuerzas vivas de mi adolescencia. Un día, mientras paseaba con mi padre por un olivar, la brisa trajo hasta mí un olor dulzón y repugnante. A unos cien metros, un burro muerto, horriblemente hinchado y picoteado, servía de banquete a una docena de buitres y varios perros. El espectáculo me atraía y me repelía a la vez. Las aves, de tan ahítas, apenas podían levantar el vuelo. Los campesinos, convencidos de que la carroña enriquecía la tierra, no enterraban a los animales. Yo me quedé fascinado por el espectáculo, adivinando no sé qué significado metafísico más allá de la podredumbre. Mi padre me agarró del brazo y se me llevó de allí.

Otra vez, uno de los pastores de nuestro rebaño recibió una puñalada en la espalda durante una discusión estúpida, y murió. Todos los hombres llevaban una navaja metida en la faja.

Le hicieron la autopsia en la capilla del cementerio el médico del pueblo y su ayudante que ejercía, además, el oficio de barbero. Estaban presentes cuatro o cinco personas más, amigas del médico. Yo conseguí colarme.

La botella de aguardiente pasaba de mano en mano y yo bebía ávidamente, para darme valor, pues mi presencia de ánimo empezó a flaquear cuando oí el chirrido de la sierra que abría el cráneo del difunto y el chasquido de las costillas que le partían una a una. Tuvieron que llevarme a casa, completamente borracho. Mi padre me castigó severamente por embriaguez y «sadismo».

En los entierros de la gente del pueblo, el féretro se colocaba frente a la puerta de la iglesia, abierta de par en par. Los curas cantaban y un vicario daba la vuelta al escuálido catafalco rociándolo de agua bendita y echaba una pala de ceniza en el pecho del muerto, después de levantar un instante el velo que lo cubría (en la escena final de *Cumbres borrascosas* se advierte una reminiscencia de esta ceremonia). La campana grande tocaba a muerto. En cuanto los hombres cogían el féretro para llevarlo en andas al cementerio, situado a unos centenares de metros del pueblo, empezaban a oírse los gritos de la madre: «¡Ay, hijo mío! ¡Qué sola me dejas! ¡Ya no volveré a verte!» Las hermanas del difunto y demás mujeres de la familia, a veces incluso las vecinas o amigas, unían sus lamentos a los de la madre, formando un coro de plañideras.

La muerte hacía sentir constantemente su presencia y formaba parte de la vida, al igual que en la Edad Media.

Lo mismo que la fe. Nosotros, profundamente anclados en el catolicismo romano, no podíamos poner en duda ni un instante ninguno de sus dogmas. Yo tenía un tío sacerdote que era una bellísima persona. Lo llamábamos tío Santos. En verano, me enseñaba latín y francés, y yo le ayudaba a decir misa. También formé parte del coro musical de la Virgen del Carmen. Éramos siete u ocho. Yo tocaba el violín, un amigo, el contrabajo y el rector de los escolapios de Alcañiz, el violoncelo. Todos juntos, con unos cantores de nuestra edad, actuamos una veintena de veces. Solían invitarnos al convento de las carmelitas –después, de los dominicos– que estaba a la salida del pueblo y había sido fundado a fines del siglo XIX por un tal Forton, vecino de Calanda, esposo de una aristocrática dama de la familia Cascajares. Era un matrimonio muy devoto que no faltaba a misa ni un solo día. Después, a principios de la Guerra Civil, todos los dominicos de aquel convento fueron fusilados.

Calanda tenía dos iglesias y siete curas, más el tío Santos que, después de un accidente –se cayó por un barranco yendo de cacería–, hizo que mi padre lo tomara de administrador.

La religión era omnipresente, se manifestaba en todos los detalles de la vida. Por ejemplo, yo jugaba a decir misa en el granero, con mis hermanas de feligresas. Tenía varios ornamentos litúrgicos de plomo, un alba y una casulla.

EL MILAGRO DE CALANDA

Nuestra fe era realmente ciega —por lo menos, hasta los catorce años— y todos creíamos en la autenticidad del célebre milagro de Calanda, obrado en el año de gracia de 1640. El milagro se atribuye a la Virgen del Pilar, llamada así porque se apareció al apóstol Santiago en Zaragoza, encima de una columna, allá por los tiempos de la dominación romana. La Virgen del Pilar, patrona de España, es una de las dos grandes vírgenes españolas. La otra, por supuesto, es la de Guadalupe, que por cierto me parece de una categoría muy inferior (es la patrona de México).

Ocurrió que, en 1640, la rueda de una carreta le aplastó una pierna a un tal Miguel Juan Pellicer, vecino de Calanda, y hubo que amputársela. Ahora bien, era éste un hombre muy piadoso que todos los días iba a la iglesia, metía el dedo en el aceite de la lamparilla de la Virgen y se frotaba el muñón. Una noche, bajó del cielo la Virgen con sus ángeles y éstos le pusieron una pierna nueva.

Al igual que todos los milagros —que, de lo contrario, no serían milagros— éste fue certificado por numerosas autoridades eclesiásticas y médicas de la época y dio origen a una abundante iconografía y a numerosos libros. Es un milagro magnífico, al lado del cual los de la Virgen de Lourdes me parecen casi mediocres. ¡Un hombre, «con la pierna muerta y enterrada» que recupera la pierna intacta! Mi padre regaló a la parroquia de Calanda un soberbio paso, uno de esos grupos escultóricos que se sacan en procesión en Semana Santa, que los anarquistas quemaron durante la guerra civil.

En el pueblo —en el que nadie ponía en duda la historia— se decía que el mismo Felipe IV había ido a besar la pierna restituida por los ángeles.

Que nadie crea que exagero al hablar de las rivalidades entre las distintas vírgenes. En la misma época, en Zaragoza, un sacerdote, durante el sermón, habló de la Virgen de Lourdes reconociendo sus méritos, pero señalando que eran inferiores a los de la Virgen del Pilar. Entre el auditorio había una docena de francesas que vivían en calidad de institutrices con varias familias distinguidas de Zaragoza. Indignadas por las palabras del sacerdote, fueron a quejarse al arzobispo, Soldevilla Romero (asesinado años después por los anarquistas). No podían consentir que se menospreciara a la célebre Virgen francesa.

Hacia 1960, en México, referí el milagro de Calanda a un dominico francés.

Él sonrió y me dijo:

—Amigo mío, me parece que se extralimita usted un poco.

La muerte y la fe. Presencia y potencia.

En contraste, la alegría de vivir era por ello más intensa. Los placeres, siempre deseados, se saboreaban mejor cuando podía uno satisfacerlos. Los obstáculos aumentaban el gozo.

Pese a nuestra fe sincera, nada podía calmar una curiosidad sexual impaciente y un deseo permanente, obsesivo. A los doce años, yo aún creía que los niños venían de París (aunque sin la cigüeña; que llegaban, sencillamente, en tren o automóvil), hasta que un compañero que tenía dos años más que yo —y que sería fusilado por los republicanos— me inició en el gran misterio. Comenzaron entonces las discusiones, las suposiciones, las explicaciones vagas, el aprendizaje del onanismo, en otras palabras, la función tiránica del sexo, un proceso, en suma, que han conocido todos los chavales del mundo. La más excelsa virtud, nos decían, es la castidad. Ella es indispensable para una vida digna. Las durísimas batallas del instinto contra la castidad, aunque no pasaran de simples pensamientos, nos daban una abrumadora sensación de culpabilidad. Los jesuitas nos decían, por ejemplo:

—¿Sabéis por qué Cristo no respondió a Herodes cuando éste le interrogó? Porque Herodes era un hombre lascivo, vicio por el que nuestro Salvador sentía una profunda aversión.

¿Por qué hay en la religión católica ese horror al sexo? A menudo me lo he preguntado. Sin duda, por razones de todo tipo, teológicas, históricas, morales y también sociales.

En una sociedad organizada y jerarquizada, el sexo, que no respeta barreras ni leyes, en cualquier momento puede convertirse en factor de desorden y en un verdadero peligro. Sin duda por este motivo, algunos padres de la Iglesia y santo Tomás de Aquino muestran una acusada severidad al tratar el vidrioso tema de la carne. Santo Tomás pensaba, incluso, que el acto del amor entre marido y mujer constituye casi siempre pecado venial, ya que es imposible ahogar toda concupiscencia. Y la concupiscencia es mala por naturaleza. El deseo y el placer son necesarios, ya que así lo quiere Dios; pero habría que desterrar del acto carnal toda imagen de concupiscencia (que es el simple deseo de amor), todo pensamiento impuro, en favor de una sola idea: traer al mundo a un nuevo servidor de Dios.

Es claro, y así lo he dicho a menudo, que esta prohibición implacable crea un sentimiento de pecado que puede ser delicioso. Es lo que a mí me ocurrió durante años. Asimismo, y por razones que no se me alcanzan, he encontrado siempre en el acto sexual una cierta similitud con la muerte, una relación secreta pero constante. Incluso he intentado traducir este sentimiento inexplicable a imágenes, en *Un chien andalou,* cuando el hombre acaricia los senos desnudos de la mujer y, de pronto, se le pone cara de muerto. ¿Será porque durante mi infancia y mi juventud fui víctima de la opresión sexual más feroz que haya conocido la Historia?

En Calanda, los jóvenes que podían permitírselo, iban dos veces al año al burdel de Zaragoza. Un año —era ya en 1917—, en las fiestas del Pilar, un café de Calanda contrató camareras. Durante dos días, aquellas muchachas, consideradas de costumbres ligeras, tuvieron que soportar los rudos pellizcos (*pizcos,* en aragonés) de la clientela, hasta que se hartaron y se despidieron. Desde luego, los clientes no iban más allá del pellizco. Si hubieran intentado otra cosa, en seguida habría intervenido la Guardia Civil.

Este placer maldito, tanto más apetecible sin duda por cuanto que nos era presentado como un pecado mortal, tratábamos de imaginarlo, jugando a los médicos con las niñas y observando a los animales. Un compañero llegó a intentar descubrir las intimidades de una mula, sin otro resultado que una caída del taburete al que se había subido. Afortunadamente, ignorábamos incluso la existencia de la sodomía.

En verano, a la hora de la siesta, con un calor agobiante y las moscas zumbando en las calles vacías, nos reuníamos en una tienda de tejidos, en penumbra, con las puertas cerradas y las persianas echadas. El dependiente nos prestaba revistas

21

«eróticas» (sabe Dios cómo habrían llegado hasta allí), *La hoja de parra*, por ejemplo, o *K.D.T.*, cuyas reproducciones tenían un mayor realismo. Hoy aquellas revistas prohibidas parecerían de una inocencia angelical. Apenas se alcanzaba a distinguir el nacimiento de una pierna o de un seno, lo cual bastaba para atizar nuestro deseo e inflamar nuestras confidencias. La total separación entre hombres y mujeres hacía más ardorosos nuestros torpes impulsos. Aún hoy, al recordar mis primeras emociones sexuales, me parece volver a percibir los olores de las telas.

En San Sebastián, cuando yo tenía trece o catorce años, las casetas de baño nos ofrecían otro medio de información. Las casetas estaban divididas por un tabique. Era muy fácil meterse en uno de los compartimientos y mirar por un agujero a las señoras que se desnudaban al otro lado.

En aquella época, se pusieron de moda unos largos alfileres de sombrero que las señoras, al saberse observadas, introducían en el agujero, sin reparo de pinchar el ojo fisgón (después, en *Él*, recordé este detalle). A fin de protegernos de los alfileres, nosotros poníamos un pedacito de vidrio en las mirillas.

Uno de los hombres más recios de Calanda, que se hubiera muerto de risa si llega a enterarse de nuestros problemas de conciencia, era don Leoncio, uno de los dos médicos, republicano acérrimo que había empapelado su despacho con las páginas en color de la revista *El Motín*, publicación anarquista y ferozmente anticlerical, muy popular en la España de entonces. Aún recuerdo uno de aquellos dibujos. Dos curas gordos, sentados en una carreta y Cristo, enganchado a las varas, sudando y jadeando.

Para dar una idea del talante de la revista, veamos cómo describía una manifestación celebrada en Madrid, durante la cual unos obreros atacaron violentamente a unos sacerdotes, hiriendo a varios transeúntes y rompiendo escaparates.

«Ayer por la tarde, un grupo de obreros subían tranquilamente por la calle de la Montera cuando, por la acera contraria, vieron bajar a dos sacerdotes. Ante tal provocación...»

He citado con frecuencia este artículo, como excelente ejemplo de «provocación».

No íbamos a Calanda más que en Semana Santa y en verano, y aun hasta 1913, en que descubrí el Norte y San Sebastián. La casa, que mi padre había mandado construir hacía poco, atraía a los curiosos. Iban a verla hasta de los pueblos vecinos. Estaba amueblada y decorada al gusto de la época, aquel «mal gusto» que ahora reivindica la historia del arte, y cuyo más brillante representante fue en España el catalán Gaudí.

Cuando se abría la puerta principal para que entrara o saliera alguien, se veía a un grupo de chiquillos, de ocho a diez años, sentados o de pie en las escaleras, que miraban con asombro hacia el «lujoso» interior. La mayoría llevaban en brazos a un hermanito o hermanita incapaz de espantarse las moscas del lagrimal o de las comisuras de los labios. Las madres estaban en el campo o en la cocina, preparando el puchero de patatas con judías, alimento básico y permanente del hombre del campo.

A menos de tres kilómetros del pueblo, cerca del río, mi padre mandó construir una casa a la que llamamos La Torre. Alrededor, plantó un jardín con árboles frutales que bajaba hasta un pequeño estanque, en el que nos esperaba una barca, y hasta el río. Un canalillo de riego cruzaba el jardín, en el que el guarda cultivaba hortalizas.

La familia al completo —por lo menos, diez personas— íbamos todos los días a La Torre en dos jardineras. Aquellas carretadas de chiquillería alegre se cruzaban con frecuencia con niños desnutridos y harapientos que recogían en un capazo el estiércol con el que su padre abonaría el huerto. Imágenes de penuria que, al parecer, nos dejaban totalmente indiferentes.

A menudo, cenábamos opíparamente en el jardín de La Torre, a la luz tenue de varias lámparas de acetileno, y regresábamos de noche cerrada. Vida ociosa y sin amenazas. Si yo hubiera sido uno de aquellos que regaban la tierra con sudor y recogían el estiércol, ¿cuáles serían hoy mis recuerdos de aquel tiempo?

Nosotros éramos seguramente los últimos representantes de un muy antiguo orden de cosas. Escasos intercambios comerciales. Obediencia a los ciclos. Inmovilidad del pensamiento. La fabricación de aceites constituía la única industria del país. De fuera nos llegaban los tejidos, los objetos de metal, los medicamentos, mejor dicho, los productos básicos de que se servía el boticario para despachar las recetas del médico.

El artesanado local cubría las necesidades más inmediatas: un herrador, un hojalatero, cacharreros, un talabartero, albañiles, un panadero, un tejedor.

La economía agrícola seguía siendo de tipo semifeudal. El propietario confiaba las tierras a un aparcero, y éste le cedía la mitad de la cosecha.

Conservo una veintena de fotografías hechas en 1904 y 1905 por un amigo de la familia. Merced a un aparato de la época, se ven en relieve. Mi padre, fornido, con un gran bigote blanco y, casi siempre, con sombrero cubano (salvo una en la que está con *canotier*). Mi madre, a los veinticuatro años, morena, sonriendo a la salida de misa, saludada por todos los notables del pueblo. Mis padres posando con sombrilla y mi madre en burro (esta foto se llamaba «la huida a Egipto»). Yo a los seis años en un campo de maíz con otros niños. Lavanderas, campesinos esquilando ovejas, mi hermana Conchita, muy pequeña, entre las rodillas de su padre que charla con don Macario, mi abuelo dando de comer a su perro, un pájaro muy hermoso en su nido...

Hoy en Calanda ya no hay pobres que se sienten los viernes junto a la pared de la iglesia para pedir un pedazo de pan. El pueblo es relativamente próspero, la gente vive bien. Hace tiempo que desapareció el traje típico, la faja, el cachirulo a la cabeza y el pantalón ceñido.

Las calles están asfaltadas e iluminadas. Hay agua corriente, alcantarillas, cines y bares. Como en el resto del mundo, la televisión contribuye eficazmente a la despersonalización del espectador. Hay coches, motos, frigoríficos, un bienestar material cuidadosamente elaborado, equilibrado por esta sociedad nuestra, en la que el progreso científico y tecnológico ha relegado a un territorio lejano la moral y la sensibilidad del hombre. La entropía −el caos− ha tomado la forma, cada día más aterradora, de la explosión demográfica.

Yo tuve la suerte de pasar la niñez en la Edad Media, aquella época «dolorosa y exquisita» como dice Hauysmans. Dolorosa en lo material. Exquisita en lo espiritual. Todo lo contrario de hoy.

LOS TAMBORES DE CALANDA

Existe en varios pueblos de Aragón una costumbre que tal vez sea única en el mundo, la de los tambores del Viernes Santo. Se tocan tambores en Alcañiz y en Híjar. Pero en ningún sitio, con una fuerza tan misteriosa e irresistible como en Calanda.

Esta costumbre, que se remonta a finales del siglo XVIII, se había perdido hacia 1900. Un cura de Calanda, mosén Vicente Allanegui, la resucitó.

Los tambores de Calanda redoblan sin interrupción, o poco menos, desde el mediodía del Viernes Santo hasta la misma hora del sábado, en conmemoración de las tinieblas que se extendieron sobre la tierra en el instante de la muerte de Cristo, de los terremotos, de las rocas desmoronadas y del velo del templo rasgado de arriba abajo. Es una ceremonia colectiva impresionante, cargada de una extraña emoción, que yo escuché por primera vez desde la cuna, a los dos meses de edad. Después, participé en ella en varias ocasiones, hasta hace pocos años, dando a conocer estos tambores a numerosos amigos que quedaron tan impresionados como yo. En 1980, durante mi último viaje a España, se reunió a varios invitados en un castillo medieval cercano a Madrid y se les ofreció la sorpresa de una alborada de tambores venidos especialmente de Calanda. Entre los invitados figuraban excelentes amigos como Julio Alejandro, Fernando Rey y José Luis Barros. Todos dijeron haberse sentido conmovidos sin saber por qué. Cinco confesaron que incluso habían llorado.

Ignoro qué es lo que provoca esta emoción, comparable a la que a veces nace de la música. Sin duda se debe a las pulsaciones de un ritmo secreto que nos llega del exterior, produciéndonos un estremecimiento físico, exento de toda razón. Mi hijo Jean-Louis realizó un corto, *Les tambours de Calanda*, y yo utilicé ese redoble profundo e inolvidable en varias películas, especialmente en *La Edad de oro* y *Nazarín*.

En la época de mi niñez, no habría más de doscientos o trescientos participantes. Hoy son más de mil, con seiscientos o setecientos tambores y cuatrocientos bombos.

Hacia mediodía del Viernes Santo, la multitud se congrega en la plaza de la Iglesia. Todos esperan en silencio, con el tambor en bandolera. Si algún impaciente se adelanta en el redoble, la muchedumbre entera le hace enmudecer.

A la primera campanada de las doce del reloj de la iglesia, un estruendo enorme, como de un gran trueno retumba en todo el pueblo con una fuerza aplastante. Todos los tambores redoblan a la vez. Una emoción indefinible que pronto se convierte en una especie de embriaguez, se apodera de los hombres. Pasan dos horas redoblando así y luego se forma una procesión, llamada *El Pregón* (el *pregón* es el tambor oficial, el pregonero) que sale de la plaza principal y da la vuelta al pueblo. Va tanta gente que los últimos aún no han salido de la plaza cuando los primeros ya llegan por el otro lado.

En la procesión van soldados romanos con barba postiza (llamados *putuntunes*, palabra cuya pronunciación recuerda el ritmo del tambor), centuriones, un general romano y un personaje llamado Longinos, enfundado en una armadura de la Edad Media. Éste, que en principio defiende de los profanadores el cuerpo de Dios, en un momento dado, se bate en duelo con el general romano. Los tambores hacen corro en torno a los dos combatientes. El general romano da media vuelta sobre sí mismo para indicar que está muerto, y entonces Longinos sella el sepulcro sobre el que debe velar.

El Cristo está representado por una imagen que yace en un féretro de cristal.

Durante toda la procesión, se canta el texto de la Pasión,

en el que aparece varias veces la expresión «los pérfidos judíos» que fue suprimida por Juan XXIII.

Hacia las cinco todo se ha consumado. Se observa entonces un momento de silencio y los tambores vuelven a sonar para no callar hasta el día siguiente a mediodía.

Los redobles se rigen por cinco o seis ritmos diferentes que no he olvidado. Cuando dos grupos que siguen ritmos distintos se encuentran al doblar una esquina, se paran frente a frente, y entonces se produce un auténtico duelo de ritmos que puede durar una hora o más. El grupo más débil asume entonces el ritmo del más fuerte.

Los tambores, fenómeno asombroso, arrollador, cósmico, que roza el inconsciente colectivo, hacen temblar el suelo bajo nuestros pies. Basta poner la mano en la pared de una casa para sentirla vibrar. La naturaleza sigue el ritmo de los tambores que se prolonga durante toda la noche. Si alguien se duerme arrullado por el fragor de los redobles, se despierta sobresaltado cuando éstos se alejan abandonándolo.

Al amanecer, la membrana de los tambores se mancha de sangre: las manos sangran de tanto redoblar. Y eso que son manos rudas, de campesino.

El sábado por la mañana, mientras unos conmemoran la subida al Calvario ascendiendo a una colina cercana al pueblo en la que hay un vía-crucis, los demás siguen tocando. A las siete, se reúnen todos para la procesión llamada del Entierro. A la primera campanada de las doce, todos los tambores enmudecen hasta el año siguiente. Pero, incluso después de volver a la vida cotidiana, algunos vecinos de Calanda aún hablan a tirones, siguiendo el ritmo de los tambores dormidos.

ZARAGOZA

El padre de mi padre era un «labrador rico», lo cual quiere decir que era dueño de tres mulas. Tuvo dos hijos. Uno se hizo farmacéutico y el otro –mi padre– se fue de Calanda con cuatro compañeros para hacer el servicio militar en Cuba, que todavía pertenecía a España.

A su llegada a Cuba, le hicieron rellenar y firmar un formulario. Como, gracias a su maestro, tenía muy buena letra, lo destinaron a oficinas. Sus compañeros murieron de malaria.

Cuando terminó el servicio, mi padre decidió quedarse. Entró en una empresa en calidad de encargado, mostrándose activo y formal. Algún tiempo después, fundó su propia ferretería, almacén de venta de herramientas, armas, esponjas y artículos diversos. Un limpiabotas que iba a visitarlo todas las mañanas se hizo amigo suyo, al igual que otro empleado. Mi padre les confió el negocio en comandita y regresó a España con una pequeña fortuna poco antes de la independencia de Cuba. (Independencia que en España se acogió con indiferencia. Aquel día la gente fue a los toros como si nada.)

A su regreso a Calanda, a los cuarenta y tres años, mi padre se casó con una muchacha de dieciocho, mi madre, compró muchas tierras y mandó construir la casa y La Torre.

Yo fui el primogénito, concebido durante un viaje a París,

en el hotel «Ronceray», cerca de Richelieu-Drouot. Tuve cuatro hermanas y dos hermanos. El mayor de mis dos hermanos, Leonardo, que era radiólogo y vivía en Zaragoza, falleció en 1980. Alfonso, el otro, quince años más joven que yo y arquitecto, murió en 1961 cuando yo rodaba *Viridiana*. Mi hermana Alicia murió en 1977. Quedamos cuatro. Mis otras hermanas, Conchita, Margarita y María están bien vivas.

Desde los íberos y los romanos –Calanda fue un poblado romano– hasta los visigodos y los árabes, se han sucedido tantas invasiones sobre el suelo de España que hoy existe una mezcla de sangres muy diversas. En el siglo XV no había en Calanda más que una familia de cristianos viejos. Todas las demás eran moriscas. En una misma familia pueden darse tipos muy distintos. Por ejemplo, mi hermana Conchita podía pasar por una guapa escandinava de pelo rubio y ojos azules, mientras que mi hermana María, por el contrario, parecía haberse escapado de un harén.

Cuando mi padre regresó de Cuba quedaron en la isla sus dos socios. En 1912, viendo acercarse una guerra en Europa, decidió volver a Cuba. Yo recuerdo los rezos que hacíamos en familia todas las noches «para que papá tenga buen viaje». Sus dos socios se negaron a dejarle entrar en el negocio, y mi padre regresó a España muy dolido. Gracias a la guerra, sus antiguos socios ganaron millones de dólares. Varios años después, uno de ellos, paseando en coche descubierto por la Castellana de Madrid, se cruzó con mi padre. No intercambiaron ni una palabra, ni un saludo.

Mi padre medía un metro setenta y cuatro, era de complexión robusta y tenía los ojos verdes. Era hombre severo, pero muy bueno y perdonaba pronto.

En 1900, cuatro meses escasos después de mi nacimiento, mi padre, que empezaba a aburrirse en Calanda, decidió mudarse con su familia a Zaragoza. Mis padres se instalaron en un piso enorme, una antigua capitanía general que ocupaba toda una planta de una casa de tipo burgués, hoy desaparecida, y tenía nada menos que diez balcones. Aparte las vacaciones que pasábamos en Calanda y, después, en San

Sebastián, en aquel piso viví hasta 1917 en que, terminado el bachillerato, me trasladé a Madrid.

La antigua ciudad de Zaragoza fue destruida casi por completo durante los dos sitios a que la sometieron las tropas de Napoleón. En 1900, Zaragoza, capital de Aragón, con una población de unos cien mil habitantes, era una ciudad apacible y ordenada. Pese a la existencia de una fábrica de vagones de ferrocarril, no se había producido todavía ni la menor agitación obrera en la que los anarquistas llamarían un día «perla del sindicalismo». Las primeras huelgas y manifestaciones que conoció España se produjeron en Barcelona en 1909, y tuvieron como consecuencia el fusilamiento del anarquista Ferrer (quien, por cierto, y no sé por qué, tiene una estatua en Bruselas). Zaragoza se vio afectada algún tiempo después y especialmente en 1917, en que se organizó la primera gran huelga socialista de España.

Ciudad tranquila y llana, en la que los coches de caballos se cruzaban ya con los primeros tranvías. El centro de las calles estaba asfaltado pero los lados se convertían en un barrizal intransitable cuando llovía. Muchas campanas en todas las iglesias. El día de difuntos, todas las campanas de la ciudad doblaban desde las ocho de la noche hasta las ocho de la mañana siguiente. «Una pobre mujer se desmaya y muere atropellada por un coche de punto.» Este tipo de noticias aparecía en los periódicos en grandes titulares. Hasta que estalló la guerra de 1914, el mundo parecía un lugar inmenso y lejano, sacudido por unos acontecimientos que no nos afectaban, que apenas nos interesaban y que llegaban hasta nosotros muy amortiguados. Por ejemplo, yo me enteré de la guerra ruso-japonesa de 1905 por los cromos de chocolate. Al igual que la mayoría de los niños de mi edad, yo tenía un álbum que olía a chocolate. Durante los trece o catorce primeros años de mi vida, no vi a un negro ni a un asiático, salvo, quizás, en el circo. Nuestro odio corporativo –hablo de niños– se centraba en los protestantes, por instigación maligna de los jesuitas. En una ocasión, durante las fiestas del Pilar, llegamos a apedrear a un infeliz que vendía Biblias a pocos céntimos.

Pero, de antisemitismo, ni asomo. Esta forma de racismo no la descubrí sino mucho después, en Francia. Los españoles, en sus rezos y relatos de la Pasión, podían llenar de insul-

31

tos a los judíos que habían perseguido a Cristo; pero nunca identificaron a aquellos judíos de antaño con los que eran sus contemporáneos.

La señora Covarrubias estaba considerada la persona más rica de Zaragoza. Se decía que poseía bienes por valor de seis millones de pesetas (a título de comparación, la fortuna del conde de Romanones, el hombre más rico de España, se elevaba a cien millones de pesetas). En Zaragoza, mi padre debía de ocupar el tercer o cuarto puesto. En cierto momento en que el «Banco Hispano-Americano» tenía dificultades de tesorería, mi padre puso su fortuna a disposición de aquella entidad, lo cual, según se contaba en la familia, fue suficiente para evitar la quiebra.

Hablando con franqueza, mi padre no hacía nada. Levantarse, desayuno, aseo personal, lectura cotidiana de la Prensa (costumbre que yo conservo). Después de lo cual, iba a ver si sus cajas de cigarros habían llegado de La Habana, hacía sus recados, de vez en cuando compraba vino o caviar y tomaba el aperitivo.

El paquetito de caviar, bien atado con un fino cordel, era lo más que mi padre llevaba en la mano. Así lo exigían las conveniencias sociales. Un hombre de su categoría no podía cargar con paquetes. Para eso estaban los criados. Así también, cuando yo iba a casa de mi profesor de música, la nurse que me acompañaba llevaba el estuche del violín. Por la tarde, después del almuerzo y de la siesta de rigor, mi padre se cambiaba de ropa y se iba al casino. Allí jugaba al bridge o al tresillo con sus amigos, para esperar la hora de la cena.

Por la noche, de vez en cuando, mis padres iban al teatro. En Zaragoza había cuatro: el teatro «Principal», que aún existe, muy bonito, con muchos dorados, en el que mis padres ocupaban un palco de abono. Allí se daban representaciones de Ópera, de teatro por alguna compañía de gira o conciertos. Casi tanto empaque como éste tenía el «Pignatelli», hoy desaparecido. El «Parisina» era más frívolo y estaba especializado, sobre todo, en la opereta. Había, por último, un circo, en el que a veces se presentaban también comedias y al que me llevaban con bastante frecuencia.

Uno de los mejores recuerdos es la opereta de gran espectáculo inspirada en *Los hijos del capitán Grant*, de Julio

Verne. Tuve que ir a verla cinco o seis veces y nunca dejaba de impresionarme la caída del gran cóndor sobre el escenario.

Uno de los grandes acontecimientos de la vida zaragozana fue la exhibición del aviador francés Védrines. Por primera vez, se iba a ver volar a un hombre. Toda la ciudad se fue al lugar llamado Buena Vista, cubriendo toda la ladera de una colina. Desde allí vimos cómo el aparato de Védrines se elevaba a unos veinte metros del suelo, entre los aplausos de la gente. A mí aquello no me interesaba excesivamente. Yo cazaba lagartijas y les cortaba el rabo, que seguía retorciéndose entre las piedras unos momentos.

Desde muy joven, tuve gran afición a las armas de fuego. A los catorce años apenas cumplidos, me había hecho con una pequeña «Browning» que siempre llevaba encima, clandestinamente, por supuesto. Un día, mi madre sospechó algo y me obligó a levantar los brazos, me palpó el cuerpo y sintió el bulto de la pistola. Yo me escapé rápidamente, bajé corriendo la escalera hasta el patio de la casa y tiré la pistola al cubo de la basura... para recuperarla después.

Otro día, estando yo sentado en un banco con un amigo, aparecen dos golfillos que se sientan en el mismo banco y empiezan a empujarnos hasta que mi amigo se cae al suelo. Yo me levanto y los amenazo con un correctivo. Uno de ellos saca una banderilla todavía ensangrentada (entonces se podían conseguir a la salida de las corridas) y me amenaza. Yo echo mano de la pistola y, en plena calle, les apunto. Inmediatamente, se calman.

Después, cuando se marchaban, les pedí disculpas. A mí se me pasa pronto el enfado.

A veces, cogía la pistola grande de mi padre y me iba al campo a hacer puntería. A un amigo mío que se llamaba Pelayo le pedía que se pusiera con los brazos en cruz sosteniendo una manzana o una lata de conservas en cada mano. Que yo recuerde, nunca le di, ni a la manzana ni a la mano.

Otra historia de aquel tiempo: a mis padres les regalaron una vajilla de Alemania (todavía me parece estar viendo la enorme caja en que venía). Cada pieza llevaba el retrato de mi madre. Después, durante la guerra, aquella vajilla se rompió y se extravió. Varios años después de la guerra, mi cuñada encontró por casualidad un plato en un anticuario de Zaragoza. Lo compró y me lo regaló. Aún lo tengo.

EN LOS JESUITAS

Empecé mis estudios en los corazonistas, franceses la mayoría y mejor conceptuados por la buena sociedad que los lazaristas. Ellos me enseñaron a leer, e incluso a leer en francés, porque aún recuerdo:

> Où va le volume d'eau
> Que roule ansi ce ruisseau?
> Dit un enfant à sa mère.
> Sur cette rivière si chère
> D'où nous le voyons partir
> Le verrons-nous revenir?

Al año siguiente, entré como medio pensionista en los jesuitas del colegio del Salvador, donde estudié siete años.

El enorme edificio del colegio fue destruido. En su lugar se levanta hoy, como en todas partes, un llamado centro comercial. Todas las mañanas a eso de las siete, un coche de caballos –aún me parece oír el ruido de los cristales mal ajustados– iba a recogerme a casa para llevarme al colegio con los otros medio pensionistas. El mismo coche me dejaba en casa por la tarde, a no ser que yo optara por volver andando, pues el colegio estaba a menos de cinco minutos.

El día empezaba con una misa, a las siete y media y terminaba con el rosario de la tarde. Sólo llevaban uniforme completo los internos. A los medio pensionistas se nos reconocía por una gorra adornada con un galón.

Recuerdo, ante todo, un frío paralizante, grandes bufandas, sabañones en las orejas y en los dedos de las manos y los pies. Allí no había calefacción en ninguna habitación. Al frío se sumaba una disciplina de antaño. A la más mínima infracción, el alumno se encontraba de rodillas detrás del pupitre o en medio de la clase, con los brazos en cruz y un libro en cada mano. En la sala de estudio, el vigilante se situaba sobre una tarima muy alta flanqueada a uno y otro lado por una escalera con pasamanos. Desde allí arriba, vigilaba atentamente toda la sala a vista de pájaro.

No se nos dejaba ni un momento a solas. Durante el estudio, por ejemplo, cuando un alumno salía para ir al lavabo –de uno en uno, por lo que el proceso podía alargarse mucho– el vigilante lo seguía con la mirada hasta la puerta. Al salir al pasillo, el alumno se encontraba inmediatamente bajo la mirada de otro cura que lo vigilaba hasta que llegaba al fondo del pasillo. Allí, delante de la puerta de los lavabos, había otro cura.

Se hacía todo lo posible por evitar el contacto entre los alumnos. Íbamos siempre de dos en dos, con los brazos cruzados (para impedir que nos pasáramos papelitos, por ejemplo), a una distancia de casi un metro. Así llegábamos al patio de recreo, en fila y en silencio, hasta que una campanilla liberaba las voces y las piernas.

Vigilancia constante, ausencia de todo contacto peligroso y silencio. Silencio en el estudio, en el refectorio y en la capilla.

Sobre estos principios básicos, rigurosamente observados, se desarrollaba una enseñanza en la que, naturalmente, la religión ocupaba lugar preeminente. Estudiábamos el catecismo, las vidas de los santos y la apologética. El latín nos era familiar. Algunas técnicas no eran sino reminiscencias de la argumentación escolástica.

Por ejemplo, el desafío. Yo podía, si así se me antojaba, desafiar a cualquiera de mis compañeros sobre tal o cual lección del día. Yo decía su nombre, él se levantaba, yo le hacía una pregunta y le desafiaba. El lenguaje utilizado en aquellas justas era todavía de la Edad Media: *Contra te! Super te!* («¡Contra ti! ¡Sobre ti!») y también: *Vis cento?* («¿Quieres cien?») y la respuesta: *Volo* («Quiero»).

Al final del duelo, el profesor designaba al vencedor. Los dos combatientes volvían a su sitio.

Recuerdo también las clases de Filosofía, en las que el profesor nos explicaba, con una media sonrisa compasiva, la doctrina del pobre Kant, por ejemplo, que se había equivocado tan lastimosamente en sus razonamientos metafísicos. Nosotros tomábamos notas apresuradas. En la clase siguiente, el profesor llamaba a uno de los alumnos y le decía: «¡Mantecón! Refúteme a Kant!» Si Mantecón llevaba la lección bien aprendida, la refutación duraba menos de dos minutos.

Hacia los catorce años, empecé a tener mis dudas sobre la religión que tan cálidamente nos arropaba. Aquellas dudas se referían a la existencia del infierno, y sobre todo, al Juicio Final, una escena que me resultaba inconcebible. Yo no podía imaginar a todos los muertos y muertas de todos los tiempos y todos los países levantándose de pronto del seno de la tierra, como en los cuadros de la Edad Media, en la resurrección de la carne. Me parecía absurdo, imposible. Me preguntaba dónde podrían reunirse tantos miles de millones de cuerpos. Y, también, si ha de haber un juicio final, ¿de qué sirve el juicio particular, el que sigue a la muerte del individuo y que, en principio, es definitivo e irrevocable?

Es cierto que en nuestros días son numerosos los sacerdotes que no creen ni en el infierno, ni en el diablo, ni en el Juicio Final. Mis dudas de aquel tiempo les divertirían, seguramente.

A pesar de la disciplina, del silencio y del frío, conservo bastante buen recuerdo del Colegio del Salvador. Ni el más leve escándalo sexual vino a turbar el orden, ni entre alumnos, ni entre alumnos y profesores. Yo era bastante buen estudiante, pero mi conducta era de lo peor del colegio. Durante el último curso, pasé la mayor parte de los recreos de pie en un rincón del patio, castigado. Un día hice una barrabasada espectacular.

Yo tendría unos trece años. Era el Martes Santo y al día siguiente me iba a Calanda, a tocar el tambor con todas mis fuerzas. A primera hora de la mañana, media hora antes de la misa, camino del colegio, me encuentro con dos amigos. Delante del colegio había un velódromo y una taberna de ínfima categoría. Mis dos malos espíritus me inducen a entrar en la taberna y comprar una botella de aguardiente barato del llamado matarratas. Salimos de la taberna y, junto a un pequeño canal, los dos granujas me incitan a beber. Es bien sabido lo difícil que me resulta resistirme a esta clase de invitaciones. Yo bebo a chorro mientras que ellos apenas se mojan los labios. De repente, se me nubla la vista y empiezo a tambalearme.

Mis dos queridos amigos me llevan a la capilla y yo me arrodillo. Durante la primera parte de la misa, me quedo de rodillas, con los ojos cerrados, como todo el mundo. Llega la lectura del Evangelio y tengo que ponerme de pie. Hago un esfuerzo, me levanto y entonces se me revuelve el estómago y vomito todo lo que he bebido en las baldosas de la capilla.

Aquel día —el día en que conocí a mi amigo Mantecón— me llevaron a la enfermería y, después, a casa. Incluso se habló de expulsarme del colegio. Mi padre, muy disgustado, pensó en suspender el viaje a Calanda pero luego renunció, seguramente por bondad.

A los quince años, cuando íbamos a examinarnos al Instituto de Enseñanza Media, el jefe de estudios, no recuerdo exactamente por qué, me dio un puntapié francamente humillante y me llamó «payaso».

Yo me salí de la fila, fui solo al examen y por la noche dije a mi madre que me habían expulsado de los jesuitas. Mi madre fue a hablar con el director, quien se mostró dispuesto a retenerme, ya que había obtenido matrícula de honor en Historia Universal. Pero yo me negué a volver al colegio.

Entonces me matricularon en el Instituto, donde estudié dos años, hasta terminar el bachillerato.

Durante aquellos dos años, un estudiante de Derecho me dio a conocer una colección a precio módico de obras de Filosofía, Historia y Literatura de las que no se hablaba mucho en el Colegio del Salvador. De pronto, se ensanchó considerablemente el campo de mis lecturas. Descubrí a Spencer, a Rousseau e incluso a Marx. La lectura de *El origen de las especies*, de Darwin, me deslumbró y me hizo acabar de perder la fe. Mi virginidad acababa de irse a pique en un pequeño burdel de Zaragoza. Al mismo tiempo, desde que había empezado la Guerra Europea, todo cambiaba, todo se cuarteaba y dividía alrededor nuestro. Durante aquella guerra, España se escindió en dos tendencias irreductibles que, veinte años después, se matarían entre sí. Toda la derecha, todos los elementos conservadores del país, se declararon germanófilos convencidos. Toda la izquierda, los que se decían liberales y modernos, abogaban por Francia y los aliados. Se acabó la calma provinciana, a ritmo lento y monótono, la jerarquía social indiscutible. Acababa de terminar el siglo XIX.

Yo tenía diecisiete años.

EL PRIMER CINE

El 1908, siendo todavía un niño, descubrí el cine.

El local se llamaba «Farrucini». Fuera, sobre una hermosa fachada de dos puertas, una de entrada y otra de salida, cinco autómatas de un organillo, provistos de instrumentos musicales, atraían bulliciosamente a los curiosos. En el interior de la barraca, cubierta por una simple lona, el público se sentaba en bancos. Conmigo iba siempre mi nurse, desde luego. Me acompañaba a todas partes, incluso a casa de mi amigo Pelayo, que vivía al otro lado del paseo.

Las primeras imágenes animadas que vi, y que me llenaron de admiración, fueron las de un cerdo. Era una película de dibujos. El cerdo, envuelto en una bufanda tricolor, cantaba. Un fonógrafo colocado detrás de la pantalla dejaba oír la canción. La película era en colores, lo recuerdo perfectamente, lo que significa que la habían pintado imagen a imagen.

En aquella época, el cine no era más que una atracción de feria, un simple descubrimiento de la técnica. En Zaragoza, aparte el tren y los tranvías que ya habían entrado en los hábitos de la población, la llamada técnica moderna apenas había empezado a aplicarse. Me parece que en 1908 no había en toda la ciudad más que un solo automóvil y funcionaba por electricidad. El cine significaba la irrupción de un elemento totalmente nuevo en nuestro universo en la Edad Media.

En años sucesivos se abrieron en Zaragoza salas permanentes, con butacas o bancos, según el precio. Hacia 1914 había tres cines bastante buenos; el «Salón Doré», el «Coïné» (nombre de un fotógrafo célebre) y el «Ena Victoria». En la calle de Los Estébanes había otro cine que no recuerdo cómo se llamaba. En aquella calle vivía una prima mía, y desde la ventana de la cocina veíamos la película. Luego, tapiaron la ventana y pusieron una claraboya en la cocina; pero nosotros hicimos un agujero en el tabique por el que mirábamos por turnos aquellas imágenes mudas que se movían allí abajo.

Casi no me acuerdo de las películas que vi durante aquella época y a veces las confundo con otras que vería después en Madrid. Pero recuerdo a un cómico francés que siempre se caía y al que en España se llamaba «Toribio» (¿sería, quizás, «Onésime»?). Se proyectaban también las películas de Max Linder y de Méliès, como *El viaje a la Luna*. Las primeras películas americanas llegaron un poco después, en forma de cintas cómicas y folletines de aventuras. Recuerdo también los melodramas románticos italianos que hacían llorar. Aún me parece estar viendo a Francesca Bertini, la gran estrella italiana, la Greta Garbo de su época, retorcer llorando el cortinaje de la ventana. Patético y un poco tostón.

El Conde Hugo y Lucilla Love, cómicos americanos, figuraban entre los más populares de la época y vivían las sentimentales y ajetreadas aventuras de los folletines.

En los cines de Zaragoza, además del pianista tradicional, había un explicador que, de pie al lado de la pantalla, comentaba la acción. Por ejemplo:

–Entonces el conde Hugo ve a su esposa en brazos de otro hombre. Y ahora, señoras y señores, verán ustedes al conde sacar del cajón de su escritorio un revólver para asesinar a la infiel.

El cine constituía una forma narrativa tan nueva e insólita que la inmensa mayoría del público no acertaba a comprender lo que veía en la pantalla ni a establecer una relación entre los hechos. Nosotros nos hemos acostumbrado insensiblemente al lenguaje cinematográfico, al montaje, a la acción simultánea o sucesiva e incluso al salto atrás. Al público de aquella época, le costaba descifrar el nuevo lenguaje.

De ahí la presencia del explicador.

Nunca olvidaré cómo me impresionó, a mí y a toda la sala por cierto, el primer *travelling* que vi. En la pantalla, una cara avanzaba hacia nosotros, cada vez más grande, como si fuera a tragársenos. Era imposible imaginar ni un instante que la cámara se acercase a aquella cara —o que ésta aumentase de tamaño por efecto de trucaje, como en las películas de Méliès. Lo que nosotros veíamos era una cara que se nos venía encima y que crecía desmesuradamente. Al igual que santo Tomás, nosotros creíamos lo que veíamos.

Creo que mi madre empezó a ir al cine algún tiempo después; pero estoy casi seguro de que mi padre, que murió en 1923, no vio ni una sola película en toda su vida. No obstante, en 1909, fue a verle un amigo que vivía en Palma de Mallorca, para proponerle que financiara la instalación de barracas de cine en la mayor parte de ciudades españolas. Mi padre se negó, ya que el cine le parecía cosa de saltimbanquis y no le inspiraba sino desdén. Si él hubiera aceptado la propuesta de su amigo, tal vez yo sería hoy el distribuidor español más importante.

Durante los veinte o treinta primeros años de su existencia, el cine estuvo considerado como una diversión de feria, algo bastante vulgar, propio de la plebe, sin porvenir artístico. Ningún crítico se interesaba por él. En 1928 o 1929, cuando comuniqué a mi madre mi intención de realizar mi primera película, ella se llevó un gran disgusto y casi lloró, como si yo le hubiera dicho: «Mamá, quiero ser payaso.» Fue necesario que interviniera un notario, amigo de la familia, quien le explicó muy serio que con el cine se podía ganar bastante dinero y hasta producir obras interesantes, como las grandes películas rodadas en Italia, sobre temas de la Antigüedad. Mi madre se dejó convencer, pero no fue a ver la película que ella había financiado.

LOS RECUERDOS DE CONCHITA

Hace unos veinte años, para la revista francesa *Positif*, mi hermana Conchita escribió también algunos de sus recuerdos. Esto es lo que ella dijo de nuestra infancia:

Éramos siete hermanos. Luis, el mayor, y, a continuación, tres chicas, de las que yo era la tercera y la más tonta. Luis nació en Calanda por pura casualidad, pero creció y se educó en Zaragoza.

Como él me acusa a menudo de remontarme en mis relatos al período prenatal, quiero precisar que mis recuerdos más lejanos son una naranja en un pasillo y una guapa chica rascándose un muslo blanco detrás de una puerta. Yo tenía cinco años.

Luis ya iba a los jesuitas. A primera hora de la mañana, había entre mi madre y él pequeñas escaramuzas porque él pretendía marcharse sin la gorra de uniforme. Aunque ella era muy poco severa con su preferido, en este punto, no sé exactamente por qué, se mostraba absolutamente intransigente.

Cuando Luis tenía ya catorce o quince años, mi madre le hacía seguir por una de las chicas, para comprobar si, tal como él había prometido, no escondía la gorra debajo de la chaqueta. Y, efectivamente, la escondía.

Por inteligencia natural, y sin el menor esfuerzo, Luis obte-

nía las mejores calificaciones. Hasta tal extremo que, poco antes de que terminara el curso, cometía alguna fechoría adrede, para evitar la humillación de que lo nombraran emperador delante de la gente, el día del reparto de premios.

Durante la cena, la familia escuchaba con emoción los incidentes de su vida de estudiante. Una noche, Luis nos aseguró que en la sopa del almuerzo había encontrado un calcetín negro y sucio de jesuita. Mi padre que defendía siempre por principio al colegio y a los profesores, no quiso creerlo. Como Luis insistiera, fue expulsado del comedor y él salió muy digno, diciendo, como Galileo: «Pues había un calcetín.»

A los trece años, Luis empezó a tomar clases de violín, pues le gustaba con locura, y parecía tener dotes para el instrumento. Esperaba a que estuviéramos en la cama y entonces entraba con el violín en la mano, en la habitación en la que dormíamos nosotras tres. Empezaba siempre explicando el «tema» que hoy, al recordarlo, me parece muy wagneriano, aunque entonces ni él ni nosotras lo sabíamos. No creo que su música fuera realmente música, pero para mí era la ilustración que enriquecía mis aventuras imaginarias. Luis llegó a formar una orquesta y en las grandes solemnidades religiosas, lanzaban desde lo alto del coro sobre la multitud extasiada las notas de la misa de Perossi y del «Ave María» de Schubert.

Mis padres iban a menudo a París y, a su regreso, nos inundaban de juguetes. De uno de aquellos viajes a mi hermano le trajeron un teatro que calculo debía de medir un metro cuadrado. Tenía telones de fondo y decorados. Me acuerdo de dos: un salón del trono y un bosque. Los personajes eran de cartón y representaban un rey, una reina, un bufón y escuderos. No medirían más de diez centímetros y se movían siempre de cara, aunque se desplazaran hacia los lados, mediante un alambre. Para completar el elenco, Luis tenía un león en actitud de saltar que, en sus buenos tiempos, cuando tenía pie de alabastro, fue pisapapeles. Utilizaba también una torre Eiffel dorada que hasta entonces había estado en el salón, en la cocina y en el trastero. No recuerdo si la torre Eiffel representaba algún cínico personaje o una ciudadela; pero me acuerdo perfectamente de haberla visto entrar en escena, en el salón del trono, dando saltitos y atada a la enhiesta cola del temible león.

Ocho días antes de la función, Luis empezaba los preparati-

*vos. Ensayaba con los elegidos que, como en la Biblia, eran po-
cos. Ponían sillas en uno de los graneros y mandaban invitaciones a los chicos y chicas del pueblo de más de doce años.
En el último momento, se preparaba una merienda con cara-
melos y merengue y, para beber, agua de vinagre con azúcar.
Como creíamos que esta bebida era originaria de un país exó-
tico, la tomábamos con deleite y unción.*

*Para que Luis nos dejara entrar a nosotras, sus hermanas,
mi padre tenía que amenazarle con prohibir la representación.*

*Varios años después, y seguramente por una buena causa,
el alcalde organizó un festival en la escuela municipal. Mi hermano salió a escena con un atuendo un poco raro, mitad gitano, mitad salteador de caminos, blandiendo unas enormes tijeras de esquilador y cantando. A pesar de los años transcurri-
dos, todavía me acuerdo de la letra de la canción: «Con estas
tijeras y mis ganas de cortar, me voy a España a armar una pequeña revolución.» Por lo visto, aquellas tijeras son hoy Viridiana. El público se rompía las manos de tanto aplaudir y le
echaba puros y cigarrillos.*

*Más adelante, como echando pulsos ganaba a los más fuer-
tes del pueblo, empezó a organizar combates de boxeo, utilizando el nombre de el León de Calanda. En Madrid, fue campeón de los pesos ligeros amateurs, pero de esto no tengo más
detalles.*

*En casa, Luis había empezado a hablar de estudiar para in-
geniero agrónomo. La idea complacía a mi padre, que ya lo
veía manejando nuestras tierras del Bajo Aragón. A mi madre,
por el contrario, le disgustaba, pues era una carrera que no se
podía cursar en Zaragoza. Eso era precisamente lo que tanto
agradaba a Luis de los estudios: marcharse de Zaragoza y dejar
a la familia. Sacó el bachiller con muy buenas notas.*

*En aquella época, veraneábamos en San Sebastián. Luis
no iba a Zaragoza más que durante las vacaciones o cuando
ocurría alguna desgracia, como cuando murió mi padre. Luis
tenía entonces veintidós años.*

*En Madrid pasó sus años de estudiante en la Residencia,
fundada poco antes. La mayoría de los residentes serían después figuras ilustres de las letras, las ciencias o las artes, y su
amistad sigue siendo una de las mejores cosas de la vida de mi
hermano. La Biología le apasionó en seguida, y durante varios*

años ayudó a Bolívar en sus trabajos. Fue probablemente en aquella época cuando se hizo naturalista.

Su alimentación diaria era comparable a la de una ardilla y con temperaturas bajo cero y a pesar de la nieve usaba ropa muy ligera y sandalias de fraile, sin calcetines. Mi padre se enfadaba. Aunque, en el fondo, estaba orgulloso de su hijo, no quería reconocerlo y se indignaba cuando le veía lavarse primero un pie y luego el otro en el lavabo, con agua helada, tantas veces como se lavara las manos. Por aquel entonces (o quizás antes; con el calendario no me aclaro) teníamos una rata a la que tratábamos como si fuera de la familia. Era enorme, casi como una liebre, sucia y con la cola apolillada. La llevábamos de viaje metida en una jaula de loro y durante mucho tiempo nos complicó bastante la vida. La pobre se murió como una santa, con síntomas clarísimos de envenenamiento. Teníamos cinco criadas y no pudimos descubrir a la asesina. De todos modos, antes de que dejara de oler a rata, ya nos habíamos olvidado de ella.

Siempre hemos tenido algún animal: monos, loros, halcones, sapos y ranas, una o dos culebras, un gran lagarto africano al que la cocinera, en un movimiento de terror, mató sádicamente de un golpe de atizador encima de la cocina económica.

Y no me olvido de Gregorio, el cordero, que casi me rompe el fémur y la pelvis cuando acababa de cumplir los diez años. Me parece que nos lo habían traído de Italia muy joven. Siempre fue un hipócrita. Yo sólo quise a Nene, el caballo.

También teníamos una gran caja de sombreros llena de ratones grises. Eran de Luis, pero nos los dejaba ver una vez al día. Había seleccionado varias parejas que, bien alimentadas y cuidadas, habían procreado sin cesar. Antes de marcharse, las subió al granero y, con grave perjuicio para el propietario del lugar, les dio la libertad, instándoles a «crecer y multiplicarse».

Todos nosotros hemos amado y respetado todo aquello que tiene vida, incluso vida vegetal. Creo que todos los seres vivos nos respetan y nos aman a su vez. Podríamos cruzar una selva infestada de fieras sin correr peligro. Una sola excepción: LAS ARAÑAS.

Son unos monstruos horribles y aterradores que en cualquier momento pueden amargarnos la vida. Una extraña mor-

bosidad buñuelesca hace de ellas el tema principal de nuestras charlas familiares. Nuestros relatos sobre las arañas son fabulosos.

Dicen que mi hermano Luis, al ver a un monstruo de ocho ojos con la boca rodeada de pedipalpos ganchudos, perdió el conocimiento en un parador de Toledo donde estaba comiendo y no volvió en sí hasta llegar a Madrid.

Mi hermana mayor no encontraba una hoja de papel lo bastante grande para dibujar la cabeza y el tórax de la araña que la espiaba en un hotel. Casi llorando, nos describió los cuatro pares de miradas que le lanzó la fiera cuando un botones, con una sangre fría incomprensible, la sacó de la habitación cogida por una pata.

Mi hermana, con su bonita mano, imita el paso vacilante y horrible de las arañas viejas, peludas y polvorientas que arrastran tras sí sucios jirones de su propia sustancia y, con una pata amputada, cruzan por los recuerdos de nuestra niñez.

La última aventura me ocurrió no hace mucho. Bajaba la escalera cuando detrás de mí sonó un ruido blando y repugnante. Presentí lo que era. Sí; allí estaba la enemiga ancestral de los Buñuel. Me sentí morir y nunca olvidaré el ruido horrible de la vejiga infernal que hizo cuando la aplastó el pie del chico que traía los periódicos. Estuve a punto de decirle: «Me has salvado algo más que la vida.» Todavía me pregunto con qué horrible propósito me seguiría de aquel modo.

¡Arañas! Nuestras pesadillas y nuestras conversaciones fraternales están llenas de ellas.

Casi todos los animales enumerados eran propiedad de mi hermano Luis, y nunca vi seres mejor tratados y cuidados, cada cual según sus propias necesidades biológicas. Aún hoy sigue amando a los animales, y sospecho que incluso trata de no odiar a las arañas.

En Viridiana *se ve a un pobre perro atado debajo de un carro, que avanza por una larga carretera. Cuando buscaba ideas para su película, Luis fue testigo de esta situación real e hizo todo cuanto pudo por remediarla; peo es una costumbre tan arraigada en el campesino español que tratar de desterrarla sería como luchar contra los molinos de viento. Durante el rodaje, yo compraba todos los días, por encargo de* mi hermano, un kilo de carne para los perros de la película, y para cualquier otro perro que anduviera por allí.

Durante uno de aquellos veranos que pasábamos en Calanda, corrimos la «gran aventura» de nuestra infancia. Luis tendría trece o catorce años. Decidimos ir al pueblo de al lado sin permiso de nuestros padres. Íbamos con unos primos de nuestra edad y, no sé por qué, salimos de casa vestidos como para ir a una fiesta. El pueblo se llama Foz, y está situado a unos cinco kilómetros. Allí teníamos tierras y colonos. Los visitamos a todos y nos dieron vino dulce y galletas. El vino nos infundió una euforia y un valor tales que nos sentimos con ánimo de ir al cementerio. Recuerdo a Luis tendido en la mesa de autopsias, pidiendo que le sacaran las vísceras. Recuerdo también lo que tuvimos que batallar para ayudar a una de nuestras hermanas a sacar la cabeza de un boquete que el tiempo había abierto en una tumba. Había quedado empotrada de tal modo que Luis tuvo que arrancar el yeso con las dos uñas para liberarla.

Después de la guerra, volví a aquel cementerio buscando estos recuerdos. Lo encontré más pequeño y más viejo. Me impresionó mucho ver en un rincón un pequeño ataúd blanco desmantelado en el que había los restos mortificados de una criatura. A través de lo que había sido el vientre, crecía una gran mata de claveles rojos.

Después de nuestra visita al cementerio, cuyo carácter sacrílego ni sospechábamos, emprendimos el camino de regreso por los montes pelados, calcinados por el sol, en busca de alguna gruta misteriosa. El vino dulce seguía animándonos a cometer audacias ante las que retrocederían los mayores: saltar al fondo de una sima profunda y estrecha, gatear por un túnel y salir a la primera caverna. Todo nuestro equipo de espeleólogos se reducía a un cabo de vela recogido en el cementerio. Mientras duró la luz seguimos adelante. Luego, de pronto, nada, ni luz, ni valor, ni alegría. Se oía batir de alas de murciélago. Luis dijo que eran pterodáctilos prehistóricos, pero que él nos defendería de sus ataques. Uno de nosotros dijo que tenía hambre, y Luis se ofreció heroicamente a ser comido. Él era ya mi ídolo, por lo que, deshecha en llanto, pedí que me comieran a mí en su lugar: yo era la más pequeña, la más tierna y la más tonta del primer grupo de hermanos.

Se me ha olvidado el miedo de aquellas horas, como se olvida el dolor físico. Pero me acuerdo muy bien de la alegría que tuvimos cuando nos encontraron, y del miedo al castigo. No hubo castigo, a causa de nuestro lastimoso estado. Regresamos al «calor del hogar» en un coche tirado por Nene. Mi hermano estaba inconsciente, no sé si por la insolación, por la tajada o por táctica.

Durante dos o tres días, nuestros padres nos hablaron de usted. Mi padre, cuando creía que no le oíamos, contaba nuestra aventura a las visitas exagerando las dificultades y exaltando el sacrificio de Luis. Pero nadie citó nunca el mío que era, por lo menos, tan heroico. En nuestra familia ha ocurrido siempre lo mismo y sólo mi hermano Luis ha reconocido y alabado siempre mis grandes cualidades.

Pasaron los años. Luis con sus estudios y nosotras con nuestra inútil educación de señoritas de buena familia, apenas nos veíamos. Mis dos hermanas mayores, aunque muy jóvenes, ya estaban casadas. A mi hermano le gustaba jugar a las damas con la mediana. Las partidas siempre terminaban mal, por las ganas de ganar de uno y otra. No jugaban dinero, pero se entregaban a una especie de guerra de nervios. Si ganaba ella, mi hermana tenía derecho a retorcer y dar tirones a una especie de proyecto de bigote que Luis tenía debajo de la nariz, mientras él pudiera soportarlo. Él resistía horas enteras y luego daba un salto y tiraba el tablero y todo lo que estuviera a su alcance.

Si ganaba él, podía acercar a la nariz de mi hermana una cerilla encendida hasta obligarla a decir una palabrota que le habíamos oído a un antiguo cochero. Éste nos contaba, siendo nosotros muy pequeños, que si le quemas el morro a un murciélago grita: «Coño, coño.» Mi hermana se negaba a hacer el murciélago y la cosa siempre acababa mal.

LOS PLACERES DE AQUÍ ABAJO

Yo he pasado en los bares horas deliciosas. El bar es para mí un lugar de meditación y recogimiento, sin el cual la vida es inconcebible. Costumbre antigua, robustecida con los años. Al igual que san Simeón *el Estilista* que, desde lo alto de su columna, hablaba con su Dios invisible, yo, en los bares, he pasado largos ratos de ensueño, hablando rara vez con el camarero y casi siempre conmigo mismo, invadido por cortejos de imágenes a cual más sorprendente. Ahora, con tantos años como el siglo, apenas salgo de casa. Pero, a la hora sagrada del aperitivo, a solas en el cuartito en el que guardo mis botellas, me gusta recordar los bares que amé.

Ante todo, debo puntualizar que para mí no es lo mismo el *bar* que el *café*. Por ejemplo, en París nunca pude encontrar un bar cómodo. Por el contrario, es una ciudad abundante en admirables cafés. Dondequiera que uno se encuentre, de Belleville a Auteuil, no debe temer que le falte una mesa a la que sentarse ni un camarero para tomar nota. ¿Se podría imaginar París sin sus cafés, sus maravillosas terrazas, o sin sus estancos? Sería como vivir en una ciudad devastada por una explosión atómica.

Una gran parte de la actividad surrealista se desarrolló en el café «Cyrano» de la place Blanche. A mí me gustaba también el «Sélect» de los Campos Elíseos y fui invitado a la inauguración de «La Coupole» de Montparnasse. Allí me citaron Man Ray y Aragon para preparar el estreno de *Un chien andalou*. No podría citarlos todos. Sólo quiero decir que el café es charla, ir y venir y el trato, bullicioso a veces, de las mujeres.

Por el contrario, el bar es un ejercicio de soledad.

Tiene que ser, ante todo, tranquilo, más bien oscuro y muy cómodo. Toda clase de música, incluso música lejana, debe estar absolutamente desterrada (al contrario de la infame costumbre que hoy se extiende por el mundo). Una docena de mesas a lo sumo, a ser posible, con clientes habituales y poco comunicativos.

Me gusta, por ejemplo, el bar del «Hotel Plaza», de Madrid. Está instalado en el sótano, lo cual es excelente, ya que hay que desconfiar de los paisajes. El *maître* me conoce bien y me lleva inmediatamente a mi mesa favorita, junto a la pared. La luz ambiente es discreta, pero las mesas están suficientemente iluminadas.

De Madrid me gustaba también mucho «Chicote», lleno de preciosos recuerdos. Pero es más para ir con los amigos que para meditar en solitario.

En el «Hotel del Paular», al norte de Madrid, instalado en uno de los patios de un magnífico monasterio gótico, yo solía tomar el aperitivo por la noche en una sala muy larga con columnas de granito. Salvo los sábados y los domingos, siempre días nefastos en los que los turistas y los chiquillos ruidosos andaban por todas partes, yo estaba prácticamente solo, rodeado de reproducciones de cuadros de Zurbarán, uno de mis pintores favoritos. A lo lejos, de vez en cuando, pasaba la silenciosa sombra de un camarero, respetando mi recogimiento alcohólico.

Puedo decir que llegué a querer aquel lugar tanto como a un viejo amigo. Al fin de una jornada de paseo y de trabajo, Jean-Claude Carrière, que colaboraba en el guión, me dejaba solo durante tres cuartos de hora. Luego, puntualmente, sus pasos sonaban en el suelo de baldosas de piedra, se sentaba frente a mí y yo tenía la obligación –así lo habíamos acordado, pues estoy convencido de que la imaginación es una facultad de la mente que puede ejercitarse y desarrollarse al igual que la memoria–, decía que yo tenía la obligación de contarle una historia, corta o larga, que hubiera inventado durante mis cuarenta y cinco minutos de ensoñación, que podía o no tener relación con el guión en que estábamos trabajando y ser cómica o melodramática, sangrienta o seráfica. Lo importante era contar algo.

A solas con las reproducciones de Zurbarán y las columnas de granito, esa piedra admirable de Castilla y con mi bebida favorita (en seguida vuelvo sobre esto), me abstraía sin esfuerzo, abriéndome a las imágenes, que no tardaban en desfilar por la sala. A veces, mientras pensaba en asuntos familiares o en proyectos prosaicos, de repente ocurría algo extraño, se perfilaba una escena sorprendente, aparecían personajes que hablaban de sus problemas. Alguna vez, solo en mi rincón, me echaba a reír. Cuando me parecía que aquella inesperada situación podía ser útil para el guión, volvía atrás, procurando poner orden y encauzar mis errantes ideas.

Guardo excelente recuerdo del bar del «Hotel Plaza», de Nueva York, a pesar de que era un punto de reunión muy frecuentado (y vedado a las mujeres). Yo solía decir a mis amigos, algo que ellos han podido comprobar varias veces: «Si pasas por Nueva York y quieres saber si estoy allí, ve al bar del "Plaza" a las doce del día. Si estoy en Nueva York, allí me encontrarás.» Desgraciadamente, este bar magnífico, con vistas a Central Park, ha sido invadido por el restaurante. Del bar propiamente dicho no quedan más que dos mesas.

Por lo que respecta a los bares mexicanos que frecuento, me gusta mucho, en México capital, el de «El Parador», pero es para ir con amigos, como «Chicote». Durante mucho tiempo pasaba muy buenos ratos en el bar del hotel de «San José Purúa», en el Michoacán, adonde solía retirarme a escribir mis guiones durante más de treinta años.

El hotel está situado en el flanco de un gran cañón semitropical. Por tanto, las ventanas del bar se abrían a un paisaje espléndido, lo cual, en principio, es un inconveniente. Por suerte, delante de la ventana, tapando un poco el paisaje, crecía un zirando, árbol tropical de ramas ligeras, entrelazadas como una maraña de largas serpientes. Yo dejaba vagar la mirada por aquel inmenso amasijo de ramas, resiguiéndolas como si fueran los sinuosos hilos de múltiples historias y viendo posarse en ellas ora un búho, ora una mujer desnuda, etc.

Lamentablemente, y sin razón válida alguna, el bar se cerró. Aún nos veo a Silberman, a Jean-Claude y a mí, en 1980, vagando por el hotel como almas en pena, en busca de un lugar aceptable. Es un mal recuerdo. Nuestra época devastadora que todo lo destruye no respeta ni los bares.

Ahora me gustaría hablar de bebidas. Puesto que se trata de un tema del que comienzo a contar y no acabo —nuestras conversaciones con el productor Serge Silberman pueden durar horas enteras—, procuraré ser conciso. Los que no estén interesados —por desgracia, los hay— pueden saltarse varias páginas.

Yo pongo en lo más alto el vino, especialmente el tinto. En Francia se encuentran el mejor y el peor (nada más deleznable que el *coup de rouge* de los *bistrots* de París). Siento gran cariño por el Valdepeñas español, que se bebe frío, en bota de piel de cabra, y por el Yepes blanco, de la provincia de Toledo. Los vinos italianos me parecen trucados.

En los Estados Unidos hay buenos vinos californianos, como el «Cabernet» y otros. A veces bebo un vino chileno o mexicano. Y eso viene a ser todo.

Desde luego, nunca bebo vino en el bar. El vino es un placer puramente físico que no excita en modo alguno la imaginación.

En un bar, para inducir y mantener el ensueño, hay que tomar ginebra inglesa. Mi bebida preferida es el dry-martini. Dado el papel primordial que ha desempeñado el dry-martini en esta vida que estoy contando, debo consagrarle una o dos páginas. Al igual que todos los cócteles, probablemente, el dry-martini es un invento norteamericano. Básicamente, se compone de ginebra y de unas gotas de vermut, preferentemente «Noilly-Prat». Los buenos catadores que toman el dry-martini muy seco, incluso han llegado a decir que basta con dejar que un rayo de sol pase a través de una botella de «Noilly-Prat» antes de dar en la copa de ginebra. Hubo una época en la que en Norteamérica se decía que un buen dry-martini debe parecerse a la concepción de la Virgen. Efectivamente, ya se sabe que, según santo Tomás de Aquino, el poder generador del Espíritu Santo pasó a través del himen de la Virgen «como un rayo de sol atraviesa un cristal, sin romperlo». Pues el «Noilly-Prat», lo mismo. Pero a mí me parece una exageración.

Otra recomendación: el hielo debe ser muy duro, para que no suelte agua. No hay nada peor que un martini mojado.

Permítaseme dar mi fórmula personal, fruto de larga experiencia, con la que siempre obtengo un éxito bastante halagüeño.

Pongo en la nevera todo lo necesario, copas, ginebra y coctelera, la víspera del día en que espero invitados. Tengo un termómetro que me permite comprobar que el hielo está a unos veinte grados bajo cero.

Al día siguiente, cuando llegan los amigos, saco todo lo que necesito. Primeramente, sobre el hielo bien duro echo unas gotas de «Noilly-Prat» y media cucharadita de café, de angostura, lo agito bien y tiro el líquido, conservando únicamente el hielo que ha quedado, levemente perfumado por los dos ingredientes. Sobre ese hielo vierto la ginebra pura, agito y sirvo. Eso es todo, y resulta insuperable.

En Nueva York, durante los años cuarenta, el director del Museo de Arte Moderno me enseñó una versión ligeramente distinta, con pernod en lugar de angostura. Me pareció una herejía. Además, ya ha pasado de moda.

Si bien el dry-martini es mi favorito, yo soy el modesto inventor de un cóctel llamado «Buñueloni». En realidad, se trata de un simple plagio del célebre «Negroni»; pero, en lugar de mezclar «Campari» con la ginebra y el «Cinzano» dulce, pongo «Carpano».

Ese cóctel lo tomo preferentemente por la noche, antes de sentarme a cenar. También en este caso, la presencia de la ginebra, que domina en cantidad sobre los otros dos ingredientes, es un buen estímulo para la imaginación. ¿Por qué? No lo sé. Pero doy fe.

Como seguramente habrán comprendido ya, yo no soy un alcohólico. Desde luego, toda mi vida ha habido veces en las que he bebido hasta caerme; pero casi siempre se trata de un ritual delicado que no te lleva a la auténtica borrachera, sino a una especie de beatitud, de tranquilo bienestar, acaso semejante al efecto de una droga ligera. En algo que me ayuda a vivir y a trabajar. Si alguien me preguntara si alguna vez en toda mi vida he conocido el infortunio de carecer de alguna de mis bebidas, le diría que no recuerdo que eso me haya ocurrido. Siempre he tenido algo que beber, ya que siempre he tomado precauciones.

Por ejemplo, viví cinco meses en los Estados Unidos en 1930, durante la época de la Ley Seca y, que yo recuerde, nunca había bebido tanto. Tenía en Los Ángeles un amigo traficante —lo recuerdo muy bien, le faltaban tres dedos de una mano— que me enseñó a distinguir la ginebra verdadera de la falsificada. Bastaba agitar la botella de un modo especial: la ginebra verdadera hacía burbujas.

También se encontraba whisky en las farmacias, con receta, y en determinados restaurantes se servía vino en tazas de café. En Nueva York, yo conocía un buen *speak-easy* («hablen bajo»). Llamabas a la puerta de un modo especial, se abría una mirilla, entrabas rápidamente y, dentro, encontrabas un bar como cualquier otro, en el que había de todo.

La Ley Seca fue realmente una de las ideas más absurdas del siglo. Bien es verdad que, en aquella época, los norteamericanos se emborrachaban como unas cubas. Después, creo yo, aprendieron a beber.

Tenía también debilidad por los aperitivos franceses, el picón-cerveza-granadina, por ejemplo (la bebida predilecta del pintor Tanguy) y, sobre todo, el mandarín-curaçao-cerveza, que en seguida se me subía a la cabeza, más aprisa que el dry-martini. Desgraciadamente, estos admirables combinados están en trance de desaparecer. Estamos asistiendo a una espantosa decadencia del aperitivo, triste signo de los tiempos. Uno más.

Por supuesto, de vez en cuando también bebo vodka con el caviar y aquavit con el salmón ahumado. Me gustan los aguardientes mexicanos, la tequila y el mezcal; pero éstos no son sino sucedáneos. Por lo que respecta al whisky, nunca me interesó. Es un alcohol que no comprendo.

Un día, en uno de esos artículos médicos que vienen en las revistas francesas —Marie-France, si mal no recuerdo—, leí que la ginebra es un excelente calmante y un antídoto eficaz contra la angustia producida por los viajes aéreos. Decidí comprobar inmediatamente la veracidad de esta afirmación.

El avión siempre me había dado miedo, un miedo constante e irreprimible. Si uno de los pilotos pasaba por nuestro lado con cara seria, pensaba. «Se acabó. Estamos perdidos. Se lo leo en la cara.» Si, por el contrario, pasaba sonriendo amablemente, me decía: «La cosa debe de estar muy mal. Quiere tranquilizarnos.» Todos mis temores desaparecieron como por arte de magia el día en que decidí seguir los consejos de *Marie-France*. En cada viaje, tomé la costumbre de prepararme una bota de ginebra, que envolvía en papel de periódico para que no se calentara. Mientras esperaba en la sala de embarque que llamaran a los pasajeros, echaba disimuladamente varios tragos de ginebra y en seguida me sentía tranquilo y contento, dispuesto a enfrentarme con las peores borrascas.

Si tuviera que enumerar todas las virtudes del alcohol, no acabaría nunca. En 1978, en Madrid, cuando desesperaba de poder continuar el rodaje de *Ese oscuro objeto del deseo*, a consecuencia de un mal entendido con una actriz, y Serge Silberman, el productor, estaba decidido a suspender la película, lo cual suponía una pérdida considerable, estábamos una noche los dos en un bar, bastante alicaídos, cuando, de repente –aunque, eso sí, después del segundo dry-martini– se me ocurrió la idea de hacer interpretar un mismo papel por dos actrices, algo que nunca se había hecho. Serge recibió con entusiasmo la idea, que yo le propuse como una broma, y la película se salvó, gracias a un bar.

En Nueva York, en los años cuarenta, cuando era muy amigo de Juan Negrín, hijo del que fuera presidente de Gobierno de la República, y de su esposa, la actriz Rosita Díaz, entre los tres tuvimos la idea de poner un bar que se llamaría «El Cañonazo» y que sería escandalosamente caro, el más caro del mundo. En él no se encontrarían más que bebidas exquisitas, increíblemente refinadas, llegadas de las cinco partes del mundo.

Sería un bar íntimo, muy confortable, de un gusto sublime, por supuesto, con una decena de mesas a lo sumo. En la puerta, para justificar el nombre, habría una vieja bombarda, provista de mecha y pólvora negra, que se dispararía a cualquier hora del día o de la noche, cada vez que un cliente hubiera gastado mil dólares.

Este proyecto, atractivo pero poco democrático, no llegó a

ser puesto en práctica. Ahí queda la idea. Resulta interesante imaginar al modesto empleado de la casa de al lado que se despierta a las cuatro de la madrugada al oír el cañonazo y le dice a su mujer: «¡Otro sinvergüenza que se ha gastado mil dólares!»

Imposible beber sin fumar. Yo empecé a fumar a los dieciséis años y aún no lo he dejado. Desde luego, pocas veces he fumado más de veinte cigarrillos al día. ¿Qué he fumado? De todo. Tabaco negro español. Hace unos veinte años, me acostumbré a los cigarrillos franceses: los «Gitanes» y, sobre todo, los «Celtiques» son los que más me gustan.

El tabaco, que casa admirablemente con el alcohol (si el alcohol es la reina, el tabaco es el rey), es un amable compañero con el que afrontar todos los acontecimientos de una vida. Es el amigo de los buenos y de los malos momentos. Se enciende un cigarrillo para celebrar una alegría y para ahogar una pena. Estando solo o acompañado.

El tabaco es un placer de todos los sentidos: de la vista (es bonito ver bajo el papel de plata los cigarrillos blancos, alineados como para la revista), del olfato, del tacto... Si me vendaran los ojos y me pusieran entre los labios un cigarrillo encendido, me negaría a fumar. Me gusta sentir el paquete en el bolsillo, abrirlo, palpar la consistencia del cigarrillo, notar el roce del papel en los labios, gustar el sabor del tabaco en la lengua, ver brotar la llama, arrimarla, llenarme de calor.

Un hombre llamado Dorronsoro, ingeniero español de origen vasco y republicano, exiliado en México al que conocía desde la Universidad, murió de un cáncer de los llamados «de fumador». Fui a verle al hospital en México. Tenía tubos por todas partes y llevaba una mascarilla de oxígeno que él se quitaba de vez en cuando, para dar una chupada a un cigarrillo, a escondidas. Fumó hasta las últimas horas de su vida, fiel al placer que le estaba matando.

Por tanto, respetables lectores, para terminar estas consideraciones sobre el alcohol y el tabaco, padres de firmes amistades y de fecundos ensueños, me permitiré darles un doble consejo: no beban ni fumen. Es malo para la salud.

Añadiré que el alcohol y el tabaco acompañan muy gratamente al acto del amor. Por regla general, el alcohol viene antes, y el tabaco, después. No esperen de mí extraordinarias confidencias eróticas. Los hombres de mi generación, españoles por añadidura, padecíamos una timidez ancestral con las mujeres y un deseo sexual que, como decía antes, tal vez fuera el más fuerte del mundo.

Deseo, por supuesto, que era fruto de largos siglos de un catolicismo emasculador. La prohibición de toda relación sexual extramatrimonial (y aún gracias si se toleran las otras), la exclusión de toda imagen y toda palabra que, aun de lejos, pudiera relacionarse con el acto del amor, todo ello contribuía a robustecer extraordinariamente el deseo. Cuando, a despecho de todas las prohibiciones, este deseo podía ser satisfecho, el placer físico era incomparable, pues siempre se asociaba a él ese goce secreto del pecado. Sin asomo de duda, un español experimentaba en la cópula un placer muy superior al de un chino o un esquimal.

En España, cuando yo era joven, salvo raras excepciones, no se conocían más que dos posibilidades de hacer el amor: el burdel y el matrimonio. Cuando, en 1925, llegué por primera vez a Francia, me parecía extraordinario y hasta de mal gusto que un hombre y una mujer se besaran en la calle. También me asombraba que un chico y una chica pudieran vivir juntos sin estar casados. Era algo inaudito. Estas costumbres me parecían obscenas.

Desde aquellos tiempos lejanos han ocurrido muchas cosas. De modo particular durante los últimos años, he comprobado la progresiva y, finalmente, total desaparición de mi instinto sexual, incluso en sueños. Me alegro, pues me parece haberme liberado de un tirano. Si se me apareciera Mefistófeles, para proponerme recobrar eso que se ha dado en llamar virilidad, le contestaría: «No, muchas gracias, no me interesa; pero fortaléceme el hígado y los pulmones, para que pueda seguir bebiendo y fumando.»

Libre de las perversiones que acechan a los viejos impotentes, recuerdo con serenidad y sin nostalgia a las putas madrileñas, los burdeles parisienses y las *taxis girls* de Nueva York. Dejando aparte algunos cuadros plásticos, de París, creo que no he visto en toda mi vida más que una sola película pornográfica, deliciosamente titulada *Soeur Vaseline*. Salía una monjita en el jardín del convento que se tiraba al jardinero, el cual, a su vez, era sodomizado por un fraile y acababan los tres formando una figura de conjunto.

Aún me parece estar viendo las medias negras de algodón de la monja, unas medias que terminaban por encima de la rodilla. Jean Mauclair, de *Studio 28*, me regaló la película, pero la he perdido. Con René Char, físicamente tan vigoroso como yo, hicimos un plan para introducirnos en un cine para niños, atar y amordazar al operador y proyectar *Soeur Vaseline* para el público infantil. *O tempora, o mores!* La perversión de la infancia nos parecía una de las formas de subversión más atractivas. Por supuesto, no lo hicimos.

También deseo hablar de mis orgías frustradas. En aquella época, la idea de participar en una orgía nos entusiasmaba. Un día, en Hollywood, Charlie Chaplin organizó una para mí y dos amigos españoles. Llegaron tres muchachas preciosas, de Pasadena, pero en seguida empezaron a pelearse porque las tres querían a Chaplin, hasta que, por fin, se fueron.

Otra vez, en Los Ángeles, mi amigo Ugarte y yo invitamos a mi casa a Lya Lys, que salía en *La Edad de oro* y a una amiga suya. Había flores y champaña, todo estaba preparado. Otro fracaso. Las dos mujeres se fueron antes de una hora.

Por la misma época, un director soviético cuyo nombre no recuerdo, que había recibido permiso para ir a París, me pidió que le organizara una pequeña orgía parisiense. Me dirigí a Aragon, que me preguntó: «Y bien, mi querido amigo, ¿es que quieres que te...?» Aquí, con la mayor delicadeza del mundo, Aragon utilizó la palabra que el lector adivinará, pero que yo no puedo escribir. Nada me parece tan despreciable como esa proliferación de palabras mal sonantes que desde hace varios años se observa en las obras y las charlas de nuestros escritores. Esta pretendida liberalización no es más que una vil adulteración de la libertad. Es por lo que rechazo toda insolencia sexual y todo exhibicionismo verbal.

De todos modos, a la pregunta de Aragon respondí con un rotundo: «En absoluto.» Aragon me aconsejó que me dejara de orgías y el ruso tuvo que volver a Rusia sin estrenarse.

MADRID: LA RESIDENCIA DE ESTUDIANTES
1917-1925

Yo no había estado en Madrid más que una vez, con mi padre, por pocos días. Cuando volví, en 1917, con mis padres, para buscar un lugar donde continuar mis estudios, al principio, me sentía paralizado por mi provincianismo. Observaba discretamente cómo vestía y se comportaba la gente, para imitarla. Aún recuerdo a mi padre, con su sombrero de paja, dándome explicaciones en voz alta en la calle Alcalá y señalando con el bastón. Yo, con las manos en los bolsillos, miraba para otro lado, como si no fuera con él.

Visitamos varias pensiones madrileñas de tipo clásico, en las que todos los días se comía el cocido a la madrileña, con garbanzos, patatas, tocino, chorizo y, a veces, una tajada de carne o pollo. Mi madre no quiso ni oír hablar de dejarme allí y mucho menos por cuanto que temía que hubiera en ellas cierta libertad de costumbres.

Finalmente, gracias a la recomendación de un senador, don Bartolomé Esteban, me inscribieron en la Residencia de Estudiantes, donde permanecería siete años. Mis recuerdos de aquella época son tan ricos y vívidos, que puedo asegurar, sin temor a equivocarme, que, de no haber pasado por la Residencia, mi vida hubiera sido muy diferente.

La Residencia era una especie de campus universitario a

la inglesa y no costaba más que siete pesetas al día en habitación individual y cuatro pesetas en habitación doble. Mis padres pagaban la pensión y, además, me daban veinte pesetas a la semana para mis gastos, suma bastante considerable que, no obstante, casi nunca me alcanzaba. Cada vez que iba a Zaragoza de vacaciones, pedía a mi madre que encargara al administrador que pagara las deudas acumuladas durante el trimestre. Mi padre nunca se enteró.

El director de la Residencia era don Alberto Jiménez, un malagueño de gran cultura. En ella se podía preparar cualquier asignatura y contaba con salas de conferencias, cinco laboratorios, una biblioteca y varios campos de deportes. Uno podía quedarse todo el tiempo que quisiera y cambiar de disciplina durante el curso.

Cuando, antes de salir de Zaragoza, mi padre me preguntó qué sería ser, yo, que no deseaba más que marcharme de España, le contesté que mi mayor ilusión sería hacerme compositor e irme a París a estudiar en la *Schola cantorum*. No rotundo de mi padre. Lo que a mí me convenía era una profesión seria, y todo el mundo sabe que los compositores se mueren de hambre.

Entonces le hablé de mi afición a las Ciencias Naturales y a la Entomología. «Hazte ingeniero agrónomo», me aconsejó. De manera que empecé a estudiar para ingeniero agrónomo. Por desgracia, aunque era el primero en Biología, suspendí las Matemáticas durante tres cursos consecutivos. Siempre me he extraviado en pensamientos abstractos. Ciertas verdades matemáticas me saltaban a la vista, pero era incapaz de seguir y reproducir los meandros de una demostración.

Mi padre, indignado por aquellas notas vergonzosas, me tuvo varios meses en Zaragoza y me hizo tomar lecciones particulares. Cuando volví a Madrid en marzo, como en la Residencia no había habitación, acepté la invitación de Juan Centeno, hermano de mi buen amigo Augusto Centeno, de instalarme con él, y pusimos una cama suplementaria en su cuarto. Me quedé un mes. Juan Centeno estudiaba Medicina y salía todos los días muy temprano. Antes de marcharse, pasaba mucho rato delante del espejo, peinándose. Pero sólo se peinaba por delante, dejando la parte de atrás de la cabeza en desorden. Por este proceder absurdo, repetido días tras día, a las dos o tres semanas llegué a odiarle, a pesar del favor que me había hecho. Odio irracional, brotado de un recoveco oscuro del inconsciente, que recuerda una cierta escena de *El ángel exterminador*.

Para complacer a mi padre, cambié de carrera y me puse a estudiar para ingeniero industrial, estudios que incluían todas las disciplinas técnicas, mecánicas y electromagnetismo y abarcaban seis años. Aprobé los exámenes de Dibujo industrial y parte de los de Matemáticas (gracias a las lecciones particulares); y, durante el verano, en San Sebastián, consulté a dos amigos de mi padre. Uno de ellos, Asín Palacios, era un prestigioso arabista, y el otro había sido profesor mío en el Instituto de Zaragoza. Les hablé de mi aversión por las Matemáticas, de mi aburrimiento y de mi desgana por seguir una carrera tan larga. Ellos intervinieron cerca de mi padre y él accedió a dejarme seguir mi afición por las Ciencias Naturales.

El Museo de Historia Natural se levantaba a unas decenas de metros de la Residencia. Trabajé allí durante un año con gran interés, a las órdenes del eminente Ignacio Bolívar, el más célebre ortopterólogo del mundo por aquella época. Aún hoy puedo reconocer a primera vista muchos insectos y dar su nombre en latín.

Después de aquel año, durante una excursión a Alcalá de Henares dirigida por Américo Castro, profesor del Centro de Estudios Históricos, me enteré de que en varios países se solicitaban lectores de español. Era tal mi deseo de marcharme, que me ofrecí inmediatamente. Pero no aceptaban a estudiantes de Ciencias Naturales. Para optar al puesto de lector, había que estudiar Letras o Filosofía.

Esto determinó un último y brusco viraje. Me puse a preparar la licenciatura de Filosofía, que comprendía tres asignaturas: Historia, Letras y Filosofía propiamente dicha. Opté por la Historia.

Estos detalles resultan pesados, lo comprendo; pero si hay que seguir paso a paso el azaroso camino de una vida, ver de dónde viene y a dónde va, ¿cómo distinguir lo superfluo de lo indispensable?

Fue también en la Residencia donde cobré afición a los deportes. Cada mañana, con calzón corto y descalzo, incluso con el suelo cubierto de escarcha, corría por un campo de entrenamiento de la Caballería de la Guardia Civil. Fundé el equipo de atletismo del colegio, que tomó parte en varios torneos universitarios, y hasta practiqué el boxeo amateur. En total, no disputé más que dos combates. Uno lo gané por incomparecencia del contrincante y el otro lo perdí por puntos en cinco asaltos, por falta de combatividad. En realidad, yo no pensaba más que en protegerme la cara.

Cualquier ejercicio me parecía bueno. Hasta escalé la fachada de la Residencia.

Durante toda mi vida −o poco menos− he conservado la musculatura que adquirí entonces, especialmente dura en el abdomen. Hasta llegué a hacer una especie de número de circo: me tumbaba en el suelo y mis amigos me saltaban sobre el vientre. Otra de mis especialidades: echar pulsos. Hasta una edad muy avanzada, he disputado innumerables torneos, en mesas de bar y de restaurante.

En la Residencia de Estudiantes me encontré ante una elección inevitable. En aquella elección influyeron el ambiente en que vivía, el movimiento literario que existía en Madrid en aquellos momentos y el encuentro con unos excelentes amigos. ¿En qué momento se decidió mi vida? Hoy resulta casi imposible determinarlo.

España vivía entonces una época que ahora −comparada con la que le siguió− se me antoja relativamente tranquila. El gran acontecimiento fue la sublevación de Abd el-Krim en Marruecos y el gran descalabro sufrido por las tropas españolas en Annual en 1921, año en que yo debía empezar mi servicio militar. Poco antes había conocido, en la Residencia, al hermano de Abd el-Krim, razón por la cual después quisieron enviarme en misión a Marruecos, misión que rechacé.

Aquel año, a causa de la guerra de Marruecos, fue suspendida la ley que permitía a las familias pudientes acortar el período de servicio de sus hijos mediante el pago de una cuota. Fui destinado a un regimiento de artillería que, por haberse cubierto de gloria en la guerra colonial, estaba exento de ir a

Marruecos. No obstante, un día, ante el imperativo de las circunstancias, nos dijeron: «Mañana nos vamos.» Aquella noche pensé seriamente en desertar. Dos amigos míos lo hicieron y uno de ellos acabó de ingeniero en el Brasil.

A la postre, la orden de marcha fue revocada y pasé todo el servicio en Madrid. Nada de particular. Pude seguir viendo a mis amigos, ya que, salvo cuando estábamos de guardia, nos dejaban salir todas las noches y dormir en casa. Aquello duró catorce meses.

En las noches de guardia supe lo que era la envidia. En el cuerpo de guardia, mientras esperábamos que nos tocara el turno, dormíamos vestidos, hasta con las cartucheras y martirizados por las chinches. Al lado estaban los sargentos en su sala, jugando a las cartas, con su buena estufa y su buen vaso de vino al alcance de la mano. En aquellos momentos, lo que más deseaba en el mundo era ser sargento.

De algunos períodos de mi vida no recuerdo más que una imagen, un sentimiento o una impresión —supongo que lo mismo debe de ocurrirles a los demás—: mi odio por Juan Centeno y su pelo despeinado, la envidia de la estufa de los sargentos.

A diferencia de la mayoría de mis amigos, a pesar de las condiciones de vida incómodas, a pesar del frío y a pesar del aburrimiento, conservo buen recuerdo de los jesuitas y del servicio militar. Allí vi y aprendí cosas que no pueden aprenderse en otro sitio.

Después de licenciarme, encontré a mi capitán en un concierto. No supo decirme más que:

—Era usted un buen artillero.

Durante algunos años, España vivió bajo la dictadura familiar de Primo de Rivera, padre del fundador de la Falange. El movimiento obrero, sindicalista y anarquista, se desarrollaba al tiempo que nacía tímidamente el partido comunista español. Un día, al volver a Zaragoza, me entero, en la estación, de que la víspera unos anarquistas habían asesinado en plena calle a Dato, presidente del Consejo de Ministros. Tomo un coche de punto, y el cochero me enseña los impactos de las balas en la calle de Alcalá.

Otro día, con gran alegría, nos enteramos de que unos anarquistas dirigidos, si mal no recuerdo, por Ascaso y Durruti, habían asesinado a Soldevilla Romero, arzobispo de Zaragoza, un personaje antipático, detestado por todo el mundo, incluso por un tío mío canónigo. Aquella noche, en la Residencia, brindamos por la condenación de su alma.

Por lo demás, he de decir que nuestra conciencia política estaba todavía entumecida y apenas empezaba a despertarse. Con excepción de tres o cuatro de nosotros, los demás no sentimos el imperativo de manifestar nuestra conciencia política hasta 1927-1928, muy poco antes de la proclamación de la República. Hasta entonces –salvo raras excepciones–, no dedicamos más que una atención discreta a las primeras revistas anarquistas y comunistas. Estas últimas nos daban a conocer textos de Lenin y de Trotski.

Las únicas discusiones políticas en los que yo participaba –quizá fueran las únicas que había en Madrid– eran las de la peña del «Café de Platerías» de la Calle Mayor.

La peña ha desempeñado un papel muy importante en la vida de Madrid y no sólo en la vida literaria. La gente se reunía, por profesiones, siempre en el mismo establecimiento, de 3 a 5 de la tarde o a partir de las 9 de la noche. Una peña podía contar entre ocho y quince miembros, todos ellos, hombres. Las primeras mujeres no aparecieron en las peñas hasta principios de la década de los treinta y en detrimento de su reputación.

En el «Café Platerías», donde se reunía una peña política, solía encontrarse a Samblancat, un aragonés anarquizante que escribía en varias revistas, *España nueva* entre otras. Su extremismo era tan notorio, que la Policía lo detenía automáticamente al día siguiente de cualquier atentado. Así ocurrió cuando mataron a Dato.

Santolaria, que dirigía en Sevilla un periódico de tendencias anarquistas, iba también a la peña cuando estaba en Madrid. Eugenio d'Ors acudía asimismo de vez en cuando.

En ella conocí, finalmente, a ese poeta extraño y magnífico que se llamaba Pedro Garfias, un hombre que podía pasar quince días buscando un adjetivo. Cuando lo veía, le preguntaba:

–¿Encontraste ya ese adjetivo?

—No; sigo buscando —contestaba él, alejándose pensativo.

Aún me acuerdo de memoria de una poesía suya titulada *Peregrino*, de su libro *Bajo el ala del Sur*:

> *Fluían horizontes de sus ojos,*
> *Traía rumor de arenas en los dedos*
> *Y un haz de sueños rotos*
> *Sobre sus hombros trémulos.*
> *La montaña y el mar, sus dos lebreles,*
> *Le saltaban al paso*
> *La montaña, asombrada, el mar, encabritado...*

Garfias compartía una modesta habitación con su amigo Eugenio Montes en la calle Humilladero. Fui a verles una mañana, a eso de las once. Mientras charlaba, Garfias, con ademán indolente, se quitaba las chinches que se le paseaban por el pecho.

Durante la guerra civil publicó unas poesías patrióticas que ya no me gustan tanto. Emigró a Inglaterra sin saber ni una palabra de inglés y lo recogió en su casa un inglés que no sabía absolutamente nada de español. No obstante, parece ser que conversaban animadamente durante horas.

Después de la guerra vino a México, como tantos españoles republicanos. Hecho casi un mendigo, muy sucio, entraba en los cafés a leer en voz alta poesías. Murió en la miseria.

Madrid era todavía una ciudad pequeña, la capital administrativa y artística. Se andaba mucho para ir de un lado a otro. Todo el mundo se conocía y cualquier encuentro era posible.

Una noche llego al «Café Castilla» con un amigo. Veo que han puesto biombos para aislar una parte de la sala, y el camarero nos dice que Primo de Rivera irá a cenar allí con dos o tres personas. Efectivamente, llega, manda quitar los biombos inmediatamente y, al vernos, dice:

—¡Hola, jóvenes! ¡Una copita!

Me encontré hasta con Alfonso XIII. Estoy asomado a la ventana de mi habitación de la Residencia. Bajo el sombrero de paja, el pelo bien planchado con fijador. De pronto, delante de la ventana, para el coche del rey, con el chófer, el ayudante y otra persona (de joven, yo estaba enamorado de la reina, la bella Victoria). El rey se apea del coche y me hace una pregunta. Busca una dirección. Yo, aunque en aquellos momentos me consideraba teóricamente anarquista, me azaro y contesto con gran cortesía y hasta le llamo «Majestad». Cuando el coche se aleja, me doy cuenta de que no me he quitado el sombrero. El honor está a salvo.

Conté la aventura al director de la Residencia. Era tal mi fama de bromista, que mandó comprobar mis afirmaciones cerca de un secretario de Palacio.

A veces, en una peña, todo el mundo se callaba de repente y bajaba los ojos, violento. En el café acababa de entrar alguien que era tenido por gafe.

En Madrid mucha gente creía sinceramente que era mejor evitar la proximidad de ciertos personajes porque traían mala suerte. Mi cuñado, el marido de Conchita, conocía a un capitán de Estado Mayor cuya presencia era temida por todos sus compañeros. Y si era el dramaturgo Jacinto Grau, mejor ni nombrarlo. La mala suerte parecía acompañarle con extraña perseverancia. Durante una conferencia que dio en Buenos Aires, se cayó la lámpara e hirió gravemente a varias personas.

En vista de que varios actores murieron después de rodar una película conmigo, algunos amigos me acusaron de ser gafe. Eso no es cierto y yo protesto enérgicamente. Si es necesario, otros amigos pueden servirme de testigos.

A finales del siglo XIX y principios del XX, España conoció una generación de escritores portentosos que fueron los maestros de nuestro pensamiento. Yo conocí a la mayoría, entre otros, a Ortega y Gasset, Unamuno, Valle Inclán y Eugenio d'Ors, por no citar más que cuatro. Todos influyeron en nosotros. Conocí incluso al gran Galdós –de quien más adelante adaptaría *Nazarín* y *Tristana*–, mayor que los otros y de otra escuela. A decir verdad, sólo lo vi una vez, en su casa, muy viejo y casi ciego, al lado del brasero, con una manta en las rodillas.

Pío Baroja fue también un novelista ilustre que, personalmente, no me interesa en absoluto. También quiero citar a Antonio Machado, el gran poeta Juan Ramón Jiménez, a Jorge Guillén y a Salinas.

A aquella generación famosa que, inmóvil y sin pestañear, está en todos los museos de cera de España, le sucedió la llamada generación de 1927, de la que yo formo parte. Figuran en ella hombres como Lorca, Alberti, el poeta Altolaguirre, Cernuda, José Bergamín y Pedro Garfias.

Entre una y otra se sitúan dos hombres a los que conocí de cerca: Moreno Villa y Ramón Gómez de la Serna.

Aunque unos quince años mayor que yo, Moreno Villa (malagueño, como Bergamín y Picasso) no se disoció de nuestro grupo. Salía con nosotros a menudo. Incluso, por una concesión especial, se alojaba en la Residencia. Durante la epidemia de gripe de 1919, la terrible gripe española que mató a tanta gente, nos quedamos prácticamente solos en la Residencia. Era pintor y escritor de talento y me prestaba libros, concretamente *Rojo y negro*, que leí durante la epidemia. Por aquel entonces descubrí también a Apollinaire, con *L'enchanteur pourrissant*.

Pasamos juntos todos aquellos años, unidos por una cálida amistad. Cuando, en 1931, fue proclamada la República, se encargó a Moreno Villa de la biblioteca del Palacio Real. Más adelante, durante la guerra civil, se trasladó a Valencia y fue evacuado, al igual que todos los intelectuales de cierta importancia. Nos encontramos en París y, después, en México, donde murió en 1955. Venía a verme con frecuencia. Conservo un retrato que me hizo en México hacia 1948, estando yo sin trabajo.

Más adelante tendré ocasión de hablar de Ramón Gómez de la Serna, ya que algunos años después estuve a punto de empezar con él mi carrera de cineasta.

Durante los años que pasé en la Residencia, Gómez de la Serna era un gran personaje, acaso la figura más famosa de las letras españolas. Era autor de numerosas obras y escribía en todas las revistas. Por invitación de un grupo de intelectuales franceses, un día se presentó en un circo de París, el mismo en el que actuaban los Fratellini. Ramón, montado en un elefante, tenía que recitar algunas de sus greguerías. Apenas había pronunciado la primera frase, el público prorrumpió en carcajadas. Ramón se quedó sorprendido del éxito. Y es que no se había dado cuenta de que el elefante acababa de hacer sus necesidades en medio de la pista.

Todos los sábados, de nueve de la noche a una de la madrugada, Gómez de la Serna reunía a su cenáculo en el «Café Pombo», a dos pasos de la Puerta del Sol. Yo no faltaba a ninguna de aquellas reuniones, en las que encontraba a la mayoría de mis amigos y a otros. De vez en cuando asistía Jorge Luis Borges.

La hermana de Borges se casó con Guillermo de Torre, poeta y, sobre todo, crítico, que conocía a fondo a la vanguardia francesa y que fue uno de los miembros más importantes del «ultraísmo» español. Era admirador de Marinetti y coincidía con él en que una locomotora puede ser más hermosa que un cuadro de Velázquez, por lo que no es de extrañar que escribiera:

> Yo quiero por amante
> La hélice turgente de un hidroavión...

Los cafés literarios más importantes de Madrid eran el «Café Gijón», que aún existe, la «Granja del Henar», el «Café Castilla», «Fornos», «Kutz», el «Café de la Montaña», en el que hubo que cambiar los veladores, de tanto como los habían ensuciado los dibujantes (yo iba todas las tardes, después de las clases, para seguir estudiando) y el «Café Pombo», donde los sábados por la noche pontificaba Gómez de la Serna. Llegábamos, nos saludábamos, nos sentábamos, pedíamos de beber, casi siempre, café y mucha agua (los camareros no paraban de traer agua) y se iniciaba una conversación errabunda, comentario literario de las últimas publicaciones, de las últimas lecturas, noticias políticas. Nos prestábamos libros y revistas extranjeras. Criticábamos a los ausentes. A veces, un autor leía en voz alta una poesía o un artículo y Ramón daba su opinión, siempre escuchada y, en ocasiones, discutida. El tiempo pasaba de prisa. Más de una noche, unos cuantos amigos seguíamos hablando mientras deambulábamos por las calles.

El neurólogo Santiago Ramón y Cajal, Premio Nobel y uno de los sabios más grandes de su época, iba todas las tardes al «Café del Prado» y se sentaba solo a una mesa del fondo. En aquel mismo café, a pocas mesas de distancia, se reunía una peña de poetas ultraístas, de la que yo formaba parte.

Un amigo nuestro, el periodista y escritor Araquistain (al que después, durante la guerra civil, encontraría de embajador en París), se tropezó en la calle con un tal José María Carretero, novelista de la más baja estofa, un gigante de dos metros que firmaba sus obras con el seudónimo de *el Caballero Audaz*. Carretero agarró a Araquistain por las solapas, insultándole y echándole en cara cierto artículo desfavorable que nuestro amigo le había dedicado (con muchísima razón). Araquistain le contestó con una bofetada y los transeúntes tuvieron que separarlos.

El caso metió bastante ruido en el mundillo literario. Nosotros decidimos dar un banquete de homenaje a Araquistain y recoger firmas en su apoyo. Mis amigos ultraístas, sabedores de que yo conocía a Cajal del Museo de Historia Natural, en el que le preparaba plaquetas para el microscopio en la sección de Entomología, me pidieron que solicitara su firma, que hubiera sido la más prestigiosa de todas.

Así lo hice. Pero Cajal, muy viejo ya, se negó a firmar, aduciendo la excusa de que el periódico *ABC*, en el que colaboraba habitualmente *el Caballero Audaz*, iba a publicar sus propias *Memorias* y temía que, si firmaba, el periódico pudiera rescindir el contrato.

También yo, aunque por razones distintas, me niego siempre a firmar las peticiones que me presentan. Los pliegos de firmas no sirven más que para tranquilizar la conciencia. Ya sé que mi actitud es discutible. Por ello, si me ocurre algo, si me meten en la cárcel, por ejemplo, o desaparezco, pido que nadie firme por mí.

ALBERTI, LORCA, DALÍ

Rafael Alberti, nacido en Puerto de Santa María, cerca de Cádiz, era una de las grandes figuras de nuestro grupo. Es más joven que yo –tiene dos años menos, si no me equivoco–, y al principio lo tomamos por un pintor. Algunos dibujos suyos, realzados en oro, adornaban las paredes de mi habitación. Un día, tomando unas copas, otro amigo, Dámaso Alonso (actual presidente de la Real Academia de la Lengua Española), me dijo:

–¿Sabes quién es un gran poeta? ¡Alberti!

Al ver mi asombro, me tendió una hoja de papel y leí una poesía, que aún recuerdo cómo empezaba:

> *La noche ajusticiada*
> *en el patíbulo de un árbol,*
> *alegrías arrodilladas*
> *le besan y ungen las sandalias...*

En aquellos momentos, los poetas españoles procuraban encontrar adjetivos sintéticos e inesperados, como «la noche ajusticiada» y sorpresas como «las sandalias de la noche». Aquella poesía, que fue publicada en la revista *Horizonte* y marcó el comienzo de Alberti, me gustó en seguida. Nuestra amistad creció. Después de los años de la Residencia, en los que fuimos casi inseparables, volvimos a vernos en Madrid al principio de la guerra civil. Después Alberti estuvo en Moscú, donde fue condecorado por Stalin y, durante el período franquista, vivió en la Argentina y en Italia. Ahora está otra vez en España.

Buenazo, imprevisible, aragonés de Huesca, estudiante de Medicina que nunca aprobó un examen, hijo del director de la Compañía de Aguas de Madrid, ni pintor, ni poeta, Pepín Bello no fue nada más que nuestro amigo inseparable. Poco puedo decir de él, a no ser que en 1936, cuando empezó la guerra, solía propagar por Madrid las malas noticias: «Llega Franco. Va a cruzar el Manzanares.» Su hermano Manolo fue fusilado por los republicanos y él pasó el final de la guerra refugiado en una Embajada.

El poeta Hinojosa era hijo de una familia de ricos terratenientes de la región de Málaga (otro andaluz). Tan moderno y audaz en sus poesías como conservador en sus ideas y comportamiento político, se adhirió al partido de ultraderecha de Lamamié de Clairac y acabó fusilado por los republicanos. En la época en que nos conocimos en la Residencia, ya había publicado dos o tres libros de poesías.

Federico García Lorca no llegó a la Residencia hasta dos años después que yo. Venía de Granada, recomendado por su profesor de Sociología, don Fernando de los Ríos, y ya había publicado un libro en prosa, *Impresiones y paisajes*, en el que contaba sus viajes con don Fernando y otros estudiantes andaluces.

Brillante, simpático, con evidente propensión a la elegancia, la corbata impecable, la mirada oscura y brillante, Federico tenía un atractivo, un magnetismo al que nadie podía resistirse. Era dos años mayor que yo e hijo de un rico propietario rural. En principio, fue a Madrid para estudiar Filosofía, pero pronto dejó las clases para lanzarse a la vida literaria. No tardó en conocer a todo el mundo y hacer que todo el mundo le conociera. Su habitación de la Residencia se convirtió en uno de los puntos de reunión más solicitados en Madrid.

Nuestra amistad, que fue profunda, data de nuestro primer encuentro. A pesar de que el contraste no podía ser mayor, entre el aragonés tosco y el andaluz refinado —o quizás a causa de este mismo contraste—, casi siempre andábamos juntos. Por la noche nos íbamos a un descampado que había detrás de la Residencia (los campos se extendían entonces hasta el horizonte), nos sentábamos en la hierba y él me leía sus poesías. Leía divinamente. Con su trato, fui transformándome poco a poco ante un mundo nuevo que él iba revelándome día tras día.

Alguien vino a decirme que un tal Martín Domínguez, un muchachote vasco, afirmaba que Lorca era homosexual. No podía creerlo. Por aquel entonces en Madrid no se conocía más que a dos o tres pederastas, y nada permitía suponer que Federico lo fuera.

Estábamos sentados en el refectorio, uno al lado del otro, frente a la mesa presidencial en la que aquel día comían Unamuno, Eugenio d'Ors y don Alberto, nuestro director. Después de la sopa, dije a Federico en voz baja:

–Vamos fuera. Tengo que hablarte de algo muy grave.

Un poco sorprendido, accede. Nos levantamos.

Nos dan permiso para salir antes de terminar. Nos vamos a una taberna cercana. Una vez allí, digo a Federico que voy a batirme con Martín Domínguez, el vasco.

–¿Por qué? –me pregunta Lorca.

Yo vacilo un momento, no sé cómo expresarme y a quemarropa le pregunto:

–¿Es verdad que eres maricón?

Él se levanta, herido en lo más vivo, y me dice:

–Tú y yo hemos terminado.

Y se va.

Desde luego, nos reconciliamos aquella misma noche. Federico no tenía nada de afeminado ni había en él la menor afectación. Tampoco le gustaban las parodias ni las bromas al respecto, como la de Aragón, por ejemplo, que cuando, años más tarde, vino a Madrid a dar una conferencia en la Residencia, preguntó al director, con ánimo de escandalizarle –propósito plenamente logrado–: «¿No conoce usted algún meadero interesante?»

Juntos, los dos solos o en compañía de otros, pasamos horas inolvidables. Lorca me hizo descubrir la poesía, en especial la poesía española, que conocía admirablemente, y también otros libros. Por ejemplo, me hizo leer la *Leyenda áurea*, el primer libro en el que encontré algo acerca de san Simeón *el Estilita*, que más adelante devino *Simón del desierto*. Federico no creía en Dios, pero conservaba y cultivaba un gran sentido artístico de la religión.

Guardo una fotografía en la que estamos los dos en la moto de cartón de un fotógrafo, en 1924, en las fiestas de la verbena de san Antonio en Madrid. En el dorso de la foto, a las tres de la madrugada (borrachos los dos), Federico escribió una poesía improvisada en menos de tres minutos, y me la dio. El tiempo va borrando poco a poco el lápiz y yo la copié para no perderla. Dice así:

La primera verbena que Dios envía
Es la de San Antonio de la Florida.
Luis: en el encanto de la madrugada
Canta mi amistad siempre florecida,
la luna grande luce y rueda
por las altas nubes tranquilas,
mi corazón luce y rueda
en la noche verde y amarilla,
Luis, mi amistad apasionada
hace una trenza con la brisa.
El niño toca el pianillo
triste, sin una sonrisa,
bajo los arcos de papel
estrecho tu mano amiga.

Después, en 1929, en un libro que me regaló, escribió unos versos, inéditos también, que me gustan mucho:

> *Cielo azul*
> *Campo amarillo*
>
> *Monte azul*
> *Campo amarillo*
>
> *Por la llanura desierta*
> *Va caminando un olivo*
>
> *Un solo*
> *Olivo.*

Salvador Dalí, hijo de un notario de Figueras, llegó a la Residencia tres años después que yo. Quería dedicarse a las bellas artes, y nosotros, no sé por qué, le llamábamos *el pintor checoslovaco*.

Al pasar una mañana por delante de su cuarto, vi la puerta abierta y eché un vistazo. Estaba dando los últimos toques a un retrato de gran tamaño, que me gustó mucho. En seguida, dije a Lorca y a los demás:

—El pintor checoslovaco está terminando un retrato muy bonito.

Todos acudieron a la habitación, admiraron el retrato y Dalí fue admitido en nuestro grupo. A decir verdad, él y Federico serían mis mejores amigos. Los tres andábamos siempre juntos. Lorca sentía por él verdadera pasión, lo cual dejaba indiferente a Dalí.

Dalí era un muchacho tímido, con una voz grave y profunda, el pelo muy largo, que después se hizo cortar, una viva irritación hacia las exigencias cotidianas de la vida y un atuendo extravagante, consistente en un sombrero muy grande, una chalina inmensa, una americana que le llegaba hasta las rodillas y polainas. Causaba la impresión de que se vestía así por afán de provocación, cuando lo hacía, simplemente, porque le gustaba, lo cual no impedía que a veces la gente le insultara por la calle.

Dalí también escribía poesías, y las publicaba. En 1926 ó 1927, siendo todavía muy joven, participó en Madrid en una exposición con otros pintores, como Peinado y Viñes. En junio, cuando tuvo que presentarse al examen de ingreso en Bellas Artes y le hicieron sentarse ante el tribunal para el examen oral, exclamó de pronto:

—No reconozco a ninguno de los que están aquí el derecho a juzgarme. Me marcho.

Y se marchó, efectivamente. Su padre vino de Cataluña a Madrid para tratar de arreglar las cosas con la Dirección de Bellas Artes. Resultó inútil. Dalí fue expulsado.

No puedo explicar día a día lo que fueron aquellos años de formación y encuentros; nuestras charlas, nuestro trabajo, nuestros paseos, nuestras borracheras, los burdeles de Madrid (los mejores del mundo, sin duda) y nuestras largas veladas en la Residencia. El jazz me tenía cautivado, hasta el extremo de que empecé a tocar el banjo. Me había comprado un gramófono y varios discos norteamericanos, que escuchábamos con entusiasmo mientras bebíamos grogs al ron, que yo mismo preparaba (el alcohol estaba prohibido en la Residencia, incluso el vino con la comida, so pretexto de evitar las manchas en los manteles blancos). De vez en cuando montábamos una obra de teatro, casi siempre *Don Juan Tenorio*, de Zorrilla, que creo que aún me sé de memoria. Conservo una fotografía en la que aparezco yo de don Juan con Lorca, que hace de Escultor, en el acto quinto.

Yo había instituido también lo que nosotros llamábamos «las mojaduras de primavera» y que consistía, estúpidamente, en echar un cubo de agua a la cabeza de cualquiera. Alberti se habrá acordado de ellas al ver a Fernando Rey regar en el andén de una estación a Carole Bouquet en *Ese oscuro objeto del deseo*.

La chulería es un comportamiento típicamente español, compuesto de agresividad, insolencia viril y autosuficiencia. Yo he incurrido en ella algunas veces, especialmente en mis tiempos de la Residencia, para arrepentirme en seguida. Un ejemplo: a mí me gustaban el garbo y la gracia de una bailarina del «Palace del Hierro» a la que, sin conocerla, llamaba *la Rubia*. Yo frecuentaba aquel baile sólo por el gusto de verla bailar. Era una clienta habitual, no una bailarina profesional. Un día, cansados de oírme hablar de ella, Dalí y Pepín Bello decidieron ir conmigo. *La Rubia* estaba bailando con un hombre serio, con gafas y bigotito, al que yo puse el mote de *el Médico*. Dalí declaró estar terriblemente desilusionado. ¿Por qué le había molestado? *La Rubia* no tenía ningún encanto, ninguna gracia.

–Es porque su pareja no vale nada –respondí.

Me levanté, me acerqué a la mesa a la que acababan de sentarse la muchacha y *el Médico* y dije a éste:

–He venido con dos amigos para ver bailar a la señorita; pero usted la estropea. No vuelva a bailar con ella. Eso es todo.

Di media vuelta y volví a nuestra mesa, esperando recibir un botellazo en la coronilla, costumbre bastante difundida en aquella época. Pero nada. *El Médico*, que no me había contestado, se levantó y sacó a bailar a otra. Avergonzado y arrepentido, me acerqué a *la Rubia* y le dije:

–Siento mucho lo que acabo de hacer. Y yo bailo aún peor que él.

Era verdad. Por cierto que nunca bailé con *la Rubia*.

Durante el verano, cuando los españoles se iban de vacaciones se iban de vacaciones, llegaban a la Residencia grupos de profesores norteamericanos con sus esposas, algunas muy guapas, que iban a perfeccionar el español. Para ellos se organizaban conferencias y visitas. En el tablero de anuncios del vestíbulo podía leerse, por ejemplo: «Mañana, visita a Toledo con Américo Castro.»

Un día, el anuncio rezaba: «Mañana, visita a El Prado con Luis Buñuel.» Me siguió un nutrido grupo de norteamericanos, que no sospechaban la superchería, lo cual me dio un primer atisbo de la inocencia norteamericana. Mientras los llevaba por las salas del Museo, les decía lo primero que me pasaba por la imaginación: que Goya era torero y mantuvo funestas relaciones con la duquesa de Alba, que el cuadro de Berruguete *Auto de Fe* es una obra maestra porque en él aparecen ciento cincuenta personajes. Y, como todo el mundo sabe, el valor de una obra pictórica depende del número de personajes. Los norteamericanos me escuchaban muy serios, y algunos hasta tomaban notas.

Pero unos cuantos fueron a quejarse al director.

HIPNOTISMO

En aquella época, espontáneamente, me puse a practicar el hipnotismo. Conseguí hacer dormir con bastante facilidad a numerosas personas, en particular al ayudante del contable de la Residencia, un tal Lizcano, haciéndole mirar fijamente mi dedo. Un día me costó muchísimo trabajo despertarle.

Después leí varios libros serios sobre el hipnotismo y probé diversos métodos, pero nunca encontré un caso tan extraordinario como el de Rafaela.

En un burdel bastante bueno de la calle de la Reina ejercían entonces, entre otras, dos muchachas muy atractivas. Una se llamaba Lola Madrid, y la otra, Teresita.

Teresita tenía un «*amant de cœur*», Pepe, un vasco robusto y simpático que estudiaba Medicina. Una tarde estaba yo tomando una copa en la peña de los estudiantes de Medicina del «Café Fornos» en la calle Alcalá, esquina a Peligros, cuando vienen a decirnos que en casa de Leonor (así se llamaba el burdel) ha habido un drama. Pepe, que veía como la cosa más natural que Teresita le dejara un momento para ir a atender a un cliente, se enteró de que ella se había entregado desinteresadamente a otro. Esto no podía consentirlo y, hecho una fiera, había llegado a pegar a la veleidosa Teresita.

Los estudiantes de Medicina se van inmediatamente a casa de Leonor. Yo me voy con ellos. Encontramos a Teresita hecha un mar de lágrimas y al borde del ataque de nervios. La miro, le hablo, le tomo las manos y le digo que se calme y que se duerma. Ella lo hace así, quedando inmediatamente en un estado de semisonambulismo, sin oír ni responder a nadie más que a mí. Le digo frases tranquilizadoras, disponiéndola suavemente a la calma y al despertar. Entonces entra alguien y dice algo asombroso: una tal Rafaela, hermana de Lola Madrid, que estaba trabajando en la cocina, se ha quedado dormida de repente mientras yo hipnotizaba a Teresita.

Voy a la cocina y, efectivamente, veo a la muchacha en estado de sonambulismo. Es raquítica, un poco contrahecha y bizca. Me siento delante de ella, le hago varios pases con las manos, le hablo suavemente y la despierto.

Rafaela fue un caso realmente extraño. Un día cayó en trance nada más pasar yo por delante de la puerta del burdel. Puedo asegurar que todo es cierto y que lo he comprobado por todos los medios posibles. Juntos hicimos numerosos experimentos. Hasta la curé de una retención urinaria pasándole suavemente las manos por el vientre y hablándole. Pero el más sorprendente de aquellos experimentos tuvo por escenario el «Café Fornos».

Los estudiantes de Medicina, que conocían a Rafaela, desconfiaban de mí tanto como yo de ellos. Para evitar cualquier trastada, no digo nada de lo que se prepara. Me siento a su mesa –el «Café Fornos» estaba a dos minutos del burdel– y me pongo a pensar intensamente en Rafaela, ordenándole –sin hablar– que venga a reunirse conmigo. Diez minutos después, con la mirada extraviada, sin saber dónde está, Rafaela aparece en la puerta del café. Le ordeno que se siente a mi lado, ella obedece, le hablo, la tranquilizo y ella se despierta suavemente.

Rafaela murió en el hospital, siete u ocho meses después

de este experimento, cuya autenticidad afirmo. Su muerte me impresionó y dejé de practicar la hipnosis.

Por el contrario, toda la vida me ha divertido hacer bailar las mesas, sin buscar en ello nada sobrenatural. He visto levantarse y levitar las mesas, obedeciendo a una fuerza magnética generada por los presentes. También he visto mesas dar respuestas exactas, con la condición de que uno de los presentes, aun sin darse cuenta, aun sintiéndose escéptico, las supiera. Movimiento leve y automático, manifestación física y activa del inconsciente.

También me presto con frecuencia a los juegos de adivinación. Por ejemplo, el juego del asesino: en una habitación en la que se encuentran una docena de personas, elijo a una mujer que sea especialmente sensible (dos o tres pruebas muy sencillas permiten descubrirla). Pido a los demás que elijan de entre ellos a un asesino y a una víctima y que escondan en algún lugar el arma del crimen. Mientras se hace la elección, salgo de la habitación, luego vuelvo a entrar, me vendan los ojos y tomo de la mano a la mujer. Damos lentamente una vuelta por la habitación y, por regla general –no siempre– descubro con bastante facilidad a los dos personajes designados y el escondite del arma del crimen, guiado, sin que la mujer lo sepa, por las levísimas, casi imperceptibles, presiones de su mano.

Otro juego, éste ya más difícil: salgo de la habitación en las mismas condiciones. Cada uno de los presentes debe entonces elegir y tocar un objeto –un mueble, un cuadro, un libro, un adorno– que se encuentre en la habitación, esforzándose por hallar una relación sincera, una afinidad con el objeto, procurando no elegir al buen tuntún. Cuando vuelvo a entrar, tengo que adivinar lo que ha elegido cada cual. Es una mezcla de reflexión, intuición y, quizá, telepatía. Durante la guerra, en Nueva York, solía hacer este experimento con varios miembros del grupo surrealista exiliados en los Estados Unidos: André Breton, Marcel Duchamp, Max Ernst, Tanguy. Hubo ocasiones en las que no cometí ni un solo error. Otras veces me equivoqué.

Un último recuerdo: una noche, en el «Select» de París, Claude Jaeger y yo echamos del bar a todos los clientes, con bastante brutalidad. No quedó más que una mujer. Yo, más borracho que sereno, me senté delante de ella e inmediatamente le dije que era rusa, de Moscú. Añadí otros detalles, todos ciertos. La mujer estaba asombrada y yo también, pues era la primera vez que la veía.

Creo que el cine ejerce cierto poder hipnótico en el espectador. No hay más que mirar a la gente cuando sale a la calle, después de ver una película: callados, cabizbajos, ausentes. El público de teatro, de toros o de deporte, muestra mucha más energía y animación. La hipnosis cinematográfica, ligera e imperceptible, se debe sin duda, en primer lugar, a la oscuridad de la sala, pero también al cambio de planos y de luz y a los movimientos de la cámara, que debilitan el sentido crítico del espectador y ejercen sobre él una especie de fascinación y hasta de violación.

Ya que estoy recordando a mis amigos de Madrid, quiero citar también a Juan Negrín, el que sería presidente del Consejo de Ministros de la República. Había estudiado varios años en Alemania y era un excelente profesor de Fisiología. Un día traté de interceder en favor de mi amigo Pepín Bello, que siempre suspendía los exámenes de Medicina. Fue en vano.

Deseo evocar el recuerdo del gran Eugenio d'Ors, filósofo catalán, apóstol del barroco (que para él era una tendencia fundamental del arte y de la vida y no un fenómeno histórico pasajero) y autor de una frase que suelo citar en respuesta a quienes buscan la originalidad a toda costa: «Todo lo que no es tradición es plagio.» Siempre me ha parecido que había en esta paradoja una profunda verdad.

D'Ors, que en Barcelona daba clases en un Instituto obrero, se sentía un poco desplazado cuando iba a Madrid. Por eso le gustaba frecuentar el trato de los estudiantes en la Residencia y acudir de vez en cuando a la peña del «Café Gijón».

Había entonces en Madrid un cementerio en desuso en el que se encontraba la tumba de Larra, nuestro gran poeta romántico. Había en él más de cien cipreses, los más hermosos del mundo. Era la Sacramental de San Martín. Una noche decidimos ir a visitarlo con Eugenio d'Ors y toda la peña. Por la tarde, yo fui a preparar la visita, dando diez pesetas al guardián.

Cuando se hizo de noche, penetramos en silencio en el viejo cementerio abandonado, al claro de luna. Veo un panteón entreabierto, bajo unas escaleras y, a un tenue rayo de luz, distingo la tapa de un ataúd ligeramente levantada y una cabellera femenina sucia y reseca que asoma por la rendija. Impresionado, llamo a los demás, que acuden también al panteón.

Aquella cabellera muerta iluminada por la luna a la que aludiría en *El fantasma de la libertad* (¿sigue creciendo el pelo en la tumba?) es una de las imágenes más sobrecogedoras que he visto en mi vida.

José Bergamín, flaco, agudo, malagueño, amigo de Picasso y, después, de Malraux, varios años mayor que yo, ya era un poeta y ensayista de renombre. Estaba casado con una hija de Arniches, el comediógrafo (la otra hija se casó con mi amigo Ugarte), y era un señorito, hijo de un ex ministro. Bergamín cultivaba, con la afición al preciosismo, los juegos de palabras y las paradojas, algunos viejos mitos españoles como el de don Juan o el de la tauromaquia. Durante aquella época nos veíamos poco. Después, durante la guerra civil, nos hicimos muy amigos. Más recientemente, en 1961, a mi regreso a España para el rodaje de *Viridiana*, me escribió una carta magnífica, en la que me comparaba con Anteo y decía que, al contacto de la tierra natal, recobraba las fuerzas. Al igual que tantos otros, conoció un exilio muy largo. Durante los últimos años nos hemos visto a menudo. Vive en Madrid. Sigue escribiendo y luchando.

Me gustaría evocar también a Unamuno, el filósofo catedrático de Salamanca. También él, al igual que Eugenio d'Ors, iba a visitarnos a menudo a Madrid, donde ocurrían tantas cosas. Fue confinado en las Canarias por Primo de Rivera. Después lo encontré exiliado en París. Era un hombre célebre, muy serio, bastante pedante y sin pizca de humor.

Ahora deseo hablar de Toledo.

LA «ORDEN DE TOLEDO»

Me parece que fue en 1921 cuando –en compañía del filólogo Solalinde– descubrí Toledo. Llegamos de Madrid en tren y nos quedamos dos o tres días. Recuerdo una representación de *Don Juan Tenorio* y una velada que pasé en el burdel. Como no tenía el menor deseo de tocar a la muchacha que estaba conmigo, la hipnoticé y la mandé a llamar a la puerta del filólogo.

Desde el primer día quedé prendado, más que de la belleza turística de la ciudad, de su ambiente indefinible. Volví a menudo con mis amigos de la Residencia y, el día de San José de 1923, fundé la «Orden de Toledo», de la que me nombré a mí mismo condestable.

Aquella «Orden» funcionó y siguió admitiendo nuevos miembros hasta 1936. Pepín Bello era el secretario. Entre los fundadores estaban Lorca y su hermano Paquito, Sánchez Ventura, Pedro Garfias, Augusto Casteno, el pintor vasco José Uzelay y una sola mujer, muy exaltada, discípula de Unamuno en Salamanca, la bibliotecaria Ernestina González.

Venían después los caballeros. Hojeando una vieja lista, encuentro entre ellos a Hermando y Lulu Viñes, Alberti, Ugarte, Jeanne, mi esposa, Urgoiti, Solalinde, Salvador Dalí (con la indicación «*degradado*» anotada posteriormente), Hinojosa («*fusilado*»), María Teresa León, la esposa de Alberti y los franceses René Crével y Pierre Unik.

Debajo, más modestos, se encontraban los escuderos, entre los que figuraban Georges Sadoul, Roger Désormières y su esposa Colette, el operador Elie Lotar, Aliette Legendre, hija del director del Instituto Francés de Madrid, el pintor Ortiz y Ana María Custodio.

El *jefe de invitados de los escuderos* era Moreno Villa, que después escribiría un gran artículo sobre la «Orden de Toledo». A continuación venían los *invitados de los escuderos*, que eran cuatro y, en último lugar, al pie del cuadro, los *invitados de los invitados de los escuderos*, Juan Vicens y Marcelino Pascua.

Para acceder al rango de caballero había que amar a Toledo sin reserva, emborracharse por lo menos durante toda una noche y vagar por las calles. Los que preferían acostarse temprano no podían optar más que al título de escudero. De los «invitados» y de los «invitados de los invitados» ya ni hablo.

La decisión de fundar la «Orden» la tomé, como todos los fundadores, después de tener una visión.

Se encuentran por casualidad dos grupos de amigos y se van a beber por las tabernas de Toledo. Yo formo parte de uno de los grupos. Me paseo por el claustro gótico de la catedral, completamente borracho, cuando, de pronto, oigo cantar miles de pájaros y algo me dice que debo entrar inmediatamente en los Carmelitas, no para hacerme fraile, sino para robar la caja del convento.

Me voy al convento, el portero me abre la puerta y viene un fraile. Le hablo de mi súbito y ferviente deseo de hacerme carmelita. Él, que sin duda ha notado el olor a vino, me acompaña a la puerta.

Al día siguiente tomé la decisión de fundar la «Orden de Toledo».

La regla era muy simple: cada uno debía aportar diez pesetas a la caja común, es decir, pagarme diez pesetas por alojamiento y comida. Luego había que ir a Toledo con la mayor frecuencia posible y ponerse en disposición de vivir las más inolvidables experiencias.

La fonda en la que nos hospedábamos, lejos de los hoteles convencionales, era casi siempre la «Posada de la Sangre», donde Cervantes situó *La ilustre fregona*. La posada apenas había cambiado desde aquellos tiempos: burros en el corral, carreteros, sábanas sucias y estudiantes. Por supuesto, nada de agua corriente, lo cual no tenía más que una importancia relativa, ya que los miembros de la «Orden» tenían prohibido lavarse durante su permanencia en la ciudad santa.

Comíamos casi siempre en tascas, como la «Venta de Aires», en las afueras, donde siempre pedíamos tortilla a caballo (con carnes de cerdo) y una perdiz y vino blanco de Yepes. Al regreso, a pie, hacíamos un alto obligado en la tumba del cardenal Tavera, esculpida por Berruguete. Unos minutos de recogimiento delante de la estatua yacente del cardenal, muerto de alabastro, de mejillas pálidas y hundidas, captado por el escultor una o dos horas antes de que empezara la putrefacción. Se ve esta cara en *Viridiana*. Catherine Deneuve se inclina sobre esta imagen fija de la muerte.

Después, subíamos a la ciudad para perdernos en el laberinto de sus calles, acechando la aventura. Un día, un ciego nos llevó a su casa y nos presentó a su familia de ciegos. Ni una luz en toda la casa, ni una lámpara. Pero, en las paredes, cuadros de cementerios, hechos de pelo. Tumbas de pelo y cipreses de pelo.

A menudo, en un estado rayano en el delirio, fomentado por el alcohol, besábamos el suelo, subíamos al campanario de la catedral, íbamos a despertar a la hija de un coronel cuya dirección conocíamos y escuchábamos en plena noche los cantos de las monjas y los frailes a través de los muros del convento de Santo Domingo. Nos paseábamos por las calles, leyendo en alta voz poesías que resonaban en las paredes de la antigua capital de España, ciudad ibérica, romana, visigótica, judía y cristiana.

Una noche, muy tarde y nevando, mientras callejeábamos, Ugarte y yo, oímos de pronto voces de niños que cantaban las tablas de multiplicar. De vez en cuando se interrumpían las voces y se oían risitas y la voz grave del maestro. Después se reanudaba el canto.

Apoyándome en los hombros de mi amigo, conseguí izarme hasta una ventana; pero las voces callaron bruscamente y yo no pude ver más que oscuridad ni oír más que el silencio.

Tuvimos otras aventuras de cariz menos alucinante. Toledo, tenía una academia militar de cadetes. Cuando se producía una riña entre un cadete y un ciudadano, los camaradas de aquél hacían causa común y se vengaban brutalmente del insolente que había tenido la osadía de medirse con uno de ellos. Eran realmente temibles. Un día nos cruzamos con dos cadetes por la calle y uno de ellos, agarrando del brazo a María Teresa, la esposa de Alberti, le dice: «¡Qué cachonda estás!» Ella protesta, ofendida, yo acudo en su defensa y tumbo a los dos cadetes a puñetazos. Pierre Unik viene en mi ayuda y da un puntapié a uno de ellos, a pesar de que ya está en el suelo. No tenemos de qué vanagloriarnos, ya que somos siete u ocho y ellos no son más que dos. Nos vamos. Se acercan dos guardias civiles que han visto la pelea desde lejos y, en lugar de reprendernos, nos aconsejan que nos vayamos de Toledo lo antes posible, para evitar la venganza de los cadetes. Nosotros no les hacemos caso y, por una vez, no pasa nada.

Recuerdo una de tantas conversaciones mantenidas con Lorca en la «Posada de la Sangre». Una mañana le digo de repente, con la boca bastante pastosa:

−Federico, es absolutamente necesario que te diga la verdad. La verdad sobre ti.

Él me dejó hablar durante un rato y luego me preguntó:

−¿Has terminado?

−Sí.

−Está bien, ahora me toca a mí. Voy a decirte lo que pienso de ti. Dices, por ejemplo, que soy perezoso. En absoluto. En realidad, no soy perezoso. Soy...

Y estuvo hablando de sí mismo durante diez minutos.

Desde 1936, cuando Franco tomó Toledo (aquellos combates provocaron la destrucción de la «Posada de la Sangre»), yo había dejado de ir a la ciudad y no reanudé mis peregrinaciones hasta 1961, cuando regresé a España. Moreno Villa, explicaba en su artículo que, al principio de la guerra civil, en Madrid, una brigada anarquista, durante un registro, encontró en un cajón un título de la «Orden de Toledo». El infeliz que conservaba aquel pergamino se vio en grandes apuros para explicar que no se trataba de un título nobiliario auténtico. Por poco le cuesta la vida.

En 1963, en lo alto del monte que domina Toledo y el Tajo, yo contestaba a las preguntas de André Labarthe y Jeanine Bazin para un programa de la Televisión Francesa. Naturalmente, no podía faltar la pregunta clásica:

−¿Cuáles son, a su juicio, las relaciones que existen entre la cultura francesa y la cultura española?

−La respuesta es muy simple −contesté−. Los españoles, yo por ejemplo, lo saben todo de la cultura francesa. Los franceses, a su vez, lo ignoran todo de la cultura española. Ahí tienen a Monsieur Carrière, por ejemplo (que estaba presente). Ha sido profesor de Historia y hasta que llegó aquí, hasta ayer mismo, estaba convencido de que Toledo era una marca de motos.

Un día, en Madrid, Lorca me invitó a almorzar con el compositor Manuel de Falla, que acababa de llegar de Granada. Federico le pregunta por sus amigos comunes y sale a relucir un pintor andaluz llamado Morcillo.

—Estuve en su casa hace pocos días —dice Falla.

Y cuenta el caso siguiente, que me parece revelador de cierta tendencia que hay en todos nosotros.

Morcillo recibe a Falla en su estudio. El compositor contempla todos los cuadros que el pintor le enseña y dedica a cada uno una frase de elogio, sin la menor reserva. Después, al ver varias telas que están en el suelo, de cara a la pared, pregunta si podría verlas también. El pintor responde que no. Son cuadros que no le gustan y que prefiere no enseñar.

Falla insiste y, por fin, el pintor se deja convencer. A regañadientes, da la vuelta a uno de los cuadros, diciendo:

—Mire. No vale nada.

Falla protesta. El cuadro le parece muy interesante.

—No, no —responde Morcillo—. La idea general me gusta, algunos detalles son bastante buenos, pero el fondo no está logrado.

—¿El fondo? —pregunta Falla, mirando el cuadro más de cerca.

—Sí, el fondo, el cielo, las nubes. Esas nubes no valen nada, ¿no le parece?

—Efectivamente —admite, al fin, el compositor—. Puede que tenga usted razón. Quizá las nubes no estén a la altura del resto.

—¿Usted cree?

—Sí.

—Pues ya ve —dice entonces el pintor—, precisamente son las nubes lo que más me gusta. Yo diría que son lo mejor que he hecho durante los últimos años.

Toda la vida he encontrado ejemplos más o menos disimulados de esta actitud, que yo llamo morcillismo. Todos somos un poco «morcillistas». Lesage, en *Gil Blas*, nos presenta un caso típico de esta actitud por medio del magnífico personaje del obispo de Granada. El *morcillismo* nace del afán insaciable de elogio. Se pretende agotar todas las posibilidades de alabanza. Y uno provoca la crítica —una crítica justificada, por regla general—, no sin un punto de masoquismo, a fin de confundir mejor al imprudente que no supo ver la trampa.

Durante aquellos años se abrían en Madrid nuevos cines, que atraían a un público cada vez más asiduo. Íbamos al cine unas veces con alguna novia, para poder arrimarnos a ella en la oscuridad, y entonces cualquier película era buena, y otras, con los amigos de la Residencia. En este último caso preferíamos las películas cómicas norteamericanas, que nos encantaban: Ben Turpin, Harold Lloyd, Buster Keaton, todos los cómicos del equipo de Mack Sennett. El que menos nos gustaba era Chaplin.

El cine no era todavía más que una diversión. Ninguno de nosotros pensaba que pudiera tratarse de un nuevo medio de expresión, y mucho menos, de un arte. Sólo contaban la poesía, la literatura y la pintura. En aquellos tiempos nunca pensé que un día pudiera hacerme cineasta.

Al igual que los demás, también yo escribía poesías. La primera que me publicaron, en la revista *Ultra* (o quizá fuera en *Horizonte*), se titulaba *Orquestación*, y presentaba una treintena de instrumentos musicales, con unas frases, unos versos, dedicados a cada uno de ellos. Gómez de la Serna me felicitó efusivamente. Claro está que debió de reconocer fácilmente en ella su influencia.

El movimiento al que yo, más o menos, me asimilaba, se llamaba *los Ultraístas* y pretendía, ser la vanguardia más adelantada de la expresión artística. Conocíamos a Dada y a Cocteau y admirábamos a Marinetti. El surrealismo aún no existía.

La revista más importante en la que todos nosotros colaborábamos se llamaba *La Gaceta Literaria*. Su director era Giménez Caballero, y en sus páginas reunía toda la generación del 27 y algún escritor anterior. La revista acogía también a los poetas catalanes a los que no conocíamos y a los autores portugueses, país más alejado de nosotros que la India.

Yo le debo mucho a Giménez Caballero, que aún vive en Madrid. Pero muchas veces la amistad se lleva mal con la política. El director de *La Gaceta Literaria*, que no perdía ocasión de evocar el gran Imperio español, obedecía a tendencias fascistas. Unos diez años después, en vísperas de la guerra civil, cuando cada cual iba escogiendo campo, vi a Giménez Caballero en el andén de la estación del Norte de Madrid. Nos cruzamos sin saludarnos.

Publiqué en *La Gaceta* otras poesías y, más adelante, enviaba desde París críticas de cine.

Entretanto, seguía haciendo deporte. Un tal Lorenzana, campeón de boxeo de aficionados, me presentó al magnífico Johnson. Aquel negro, hermoso como un tigre, había sido campeón del mundo de boxeo durante varios años. Se decía que, en su último combate, hubo tongo, que se dejó ganar por dinero. Se había retirado y vivía en el «Palace» de Madrid con su esposa, Lucilla. Al parecer, sus costumbres no eran irreprochables. Muchos días, yo salía por la mañana a hacer *footing* con Johnson y Lorenzana. Íbamos desde el «Palace» hasta el hipódromo, situado a tres o cuatro kilómetros. Y, echando un pulso, yo ganaba al boxeador.

Mi padre murió en 1923.

Recibí un telegrama de Zaragoza que decía: *Papá gravísimo. Ven inmediatamente.* Aun pude verle vivo, muy débil (murió de pulmonía), y le dije que había ido a la provincia de Zaragoza para hacer unos estudios entomológicos sobre el terreno. Él me pidió que fuera bueno con mi madre y murió cuatro horas después.

Aquella noche se reunió toda la familia. Faltaba sitio. El jardinero y el cochero de Calanda dormían en unos colchones que habían puesto en el suelo del salón. Una de las criadas me ayudó a vestir a mi padre muerto y hacerle el nudo de la corbata. Para ponerle las botas tuvimos que cortarlas por un lado.

Todos se acostaron y yo me quedé solo velándolo. Un primo nuestro, José Amorós, llegaba de Barcelona en el tren de la una de la madrugada. Yo había bebido mucho coñac y, sentado al lado de la cama, me parecía ver respirar a mi padre. Salí al balcón a fumar un cigarrillo, mientras esperaba que llegara el coche que había ido a la estación a recoger a mi primo —estábamos en mayo y el aire olía a acacias en flor— cuando, de repente, oí un ruido en el comedor, como de una silla que golpeara la pared. Volví la cabeza y vi a mi padre de pie, con gesto amenazador y las manos extendidas hacia mí. Aquella alucinación —la única que he tenido en mi vida— duró unos diez segundos y se desvaneció. Me fui al cuarto en el que dormían los criados y me acosté con ellos. En realidad no tenía miedo, sabía que había sido una alucinación, pero no quería estar solo.

El entierro fue al día siguiente. Al otro día, dormí en la cama en que había muerto mi padre. Por precaución, puse su revólver —muy bonito, con sus iniciales en oro y nácar— debajo de la almohada, para disparar sobre el espectro si se presentaba. Pero no volvió.

Aquella muerte fue una fecha decisiva para mí. Mi viejo amigo Mantecón todavía recuerda que, a los pocos días, me puse las botas de mi padre, abrí su escritorio y empecé a fumar sus habanos. Había asumido la jefatura de la familia. Mi madre tenía apenas cuarenta años. Poco después me compré un coche, un «Renault».

De no ser por la muerte de mi padre, tal vez me hubiera quedado mucho más tiempo en Madrid. Acababa de licenciarme en Filosofía y no tenía intención de hacer el doctorado. Quería marcharme a toda costa y sólo esperaba la ocasión.

Ésta se presentó en 1925.

PARÍS
1925-1929

En 1925 me enteré de que, bajo la autoridad de la Sociedad de Naciones, iba a crearse en París un organismo llamado *Société internationale de coopération intellectuelle*. De antemano se veía que Eugenio d'Ors sería designado representante de España.

Yo expresé al director de la Residencia mi deseo de acompañar a Eugenio D'Ors en calidad de algo así como su secretario. Candidatura aceptada. Como el organismo no existía aún, me pidieron que me trasladara a París y esperase allí. Una sola recomendación: leer todos los días *Le Temps* y el *Times*, a fin de perfeccionar el francés, lengua que yo conocía un poco, y empezar a tomar contacto con el inglés.

Mi madre me pagó el viaje y me prometió mandarme dinero todos los meses. Al llegar a París, sin saber dónde hospedarme, me fui directamente al «Hotel Ronceray» del passage Jouffroy, donde mis padres pasaron su luna de miel en 1899 y me engendraron.

NOSOTROS, LOS METECOS

Tres días después de mi llegada, me entero de que Unamuno está en París. Un grupo de intelectuales franceses fletaron un barco y fueron a recogerlo a Canarias, donde estaba confinado. Todos los días, él acudía a una peña que se reunía en «La Rotonde». Allí se sitúan mis primeros contactos con los que la derecha francesa llamaba despectivamente *les métèques*, extranjeros que viven en París y ocupan las terrazas de los cafés.

Yo, reanudando sin el menor esfuerzo mis hábitos madrileños, iba todos los días a «La Rotonde». En dos o tres ocasiones, incluso acompañé a Unamuno a pie hasta su alojamiento, situado cerca de l'Etoile. Dos buenas horas de paseo y de conversación.

En «La Rotonde» apenas una semana después de mi llegada, conocí a un tal Angulo, estudiante de Pediatría, que me enseñó el hotel en el que se hospedaba, en la rue de l'École de Médecine, a dos pasos del boulevard Saint-Michel. El hotel, simpático y modesto, situado al lado de un cabaret chino, me gustó y me instalé en él.

Al día siguiente, tuve que quedarme en cama con gripe. Por la noche, a través de la pared de mi cuarto, oía el bombo del cabaret chino. Por la ventana veía un restaurante griego situado enfrente y una bodega. Angulo me aconsejó que combatiera la gripe a fuerza de champaña. Yo no me lo hice repetir. Y entonces descubrí una de las causas del desprecio y hasta de la aversión que la derecha sentía hacia los metecos. El franco, a consecuencia de no sé qué devaluación, estaba a un cambio bajísimo. Las monedas extranjeras y, especialmente, la peseta permitían a los metecos vivir como príncipes o poco menos. La botella de champaña que luchó victoriosamente contra mi gripe me costó once francos: una sola peseta.

En los autobuses de París había letreros en los que se leía: «No desperdiciéis el pan.» Y nosotros bebíamos Moët Chandon a peseta la botella.

Una noche, ya restablecido, entré solo en el cabaret chino. Una de las animadoras se sentó a mi mesa y se puso a hablar conmigo, como era su obligación. Segundo motivo de asombro para un español en París: aquella mujer se expresaba admirablemente y poseía un sentido de la conversación sutil y natural. Por supuesto, no hablaba de literatura ni de filosofía. Hablaba de vinos, de París y de las cosas de la vida diaria, pero con fina naturalidad, sin asomo de afectación ni pedantería. Yo estaba admirado; acababa de descubrir una relación entre el lenguaje y la vida, desconocida para mí. No me acosté con aquella mujer, de la que no sé ni el nombre y a la que no volví a ver; pero ella fue mi primer contacto auténtico con la cultura francesa.

Otros motivos de asombro a los que me he referido a menudo: las parejas que se besaban en la calle. Semejante comportamiento abría un abismo entre Francia y España, lo mismo que la posibilidad de que un hombre y una mujer vivieran juntos sin las bendiciones.

Se decía entonces que en París, capital indiscutible del mundo artístico, había cuarenta y cinco mil pintores –cifra prodigiosa– muchos de los cuales frecuentaban Montparnasse (después de la Primera Guerra Mundial, Montmartre había pasado de moda).

Les Cahiers d'Art, sin duda la mejor revista de la época, dedicó todo un número a los pintores españoles que trabajaban en París y a los que yo frecuentaba casi a diario. Entre otros, Ismael de la Serna, un andaluz un poco mayor que yo, Castanyer, un catalán que puso el restaurante *Le Catalan* frente al estudio de Picasso, en la rue des Grands-Agustins, Juan Gris a quien visité una sola vez en su casa de las afueras y que murió poco después de mi llegada. También veía a Cossío, bajito, cojo y tuerto, que miraba con cierta amargura a los hombres robustos y sanos. Después, llegó a ser jefe de centuria de Falange y alcanzó cierto renombre como pintor, antes de morir en Madrid.

Borés, por el contrario, está enterrado en París, en el cementerio de Montparnasse. Procedía del grupo ultraísta. Era un pintor serio, ya famoso, que fue a Brujas, Bélgica, con Hernando Viñes y conmigo y durante aquel viaje recorrió detenidamente todos los museos.

Aquellos pintores tenían una peña a la que iba también Huidobro, el célebre poeta chileno, y un escritor vasco llamado Miliena, bajo y delgado. No sé exactamente por qué, más adelante, después del estreno de *La Edad de oro*, varios de ellos –Huidobro, Castanyer, Cossío– me mandaron una carta llena de insultos. Estuvimos distanciados una temporada, y después nos reconciliamos.

De todos aquellos pintores, mis mejores amigos eran Joaquín Peinado y Hernando Viñes. Hernando, de origen catalán y más joven que yo, fue un amigo para toda la vida. Se casó con una mujer a la que quiero muchísimo, Loulou, hija de Francis Jourdain, el escritor que frecuentaba muy de cerca a los impresionistas y que fue gran amigo de Huysmans.

La abuela de Loulou, mantenía un salón literario a fines del siglo pasado. Loulou me regaló un objeto extraordinario que ella conservaba de aquella abuela. Es un abanico en el que la mayoría de los grandes escritores de fin de siglo y también algunos músicos (Massanet, Gounod) escribieron unas palabras, unas notas musicales, unos versos o, sencillamente, pusieron su firma. Mistral, Alphonse Daudet, Heredia, Banville, Mallarmé, Zola, Octave Mirbeau, Pierre Loti, Huysmans y otros, como el escultor Rodin, se hallan reunidos en este abanico objeto trivial, compendio de un mundo. Lo miro con frecuencia y en él se lee, por ejemplo, una frase de Alphonse Daudet: «Al subir hacia el Norte, los ojos se afinan y se extinguen.» Muy cerca, unas líneas decisivas de Edmond de Goncourt: «Todo ser que no tenga en sí un fondo de amor apasionado por las mujeres, las flores, los objetos de arte, el vino o lo que sea, todo aquel que no tenga una veta un poco desquiciada, todo ser perfectamente equilibrado, nunca, nunca, nunca poseerá talento literario. Fuerte pensamiento inédito.»

Citaré por último unos versos de Zola (muy raros) copiados del abanico:

Ce que je veux pour mon royaume
C'est à ma porte un vert sentier,

Berceau formé d'un églantier
Et long comme trois brins de chaume[1].

En el estudio del pintor Manolo Ángeles Ortiz de la rue Vercingétorix conocí, poco después de mi llegada, a Picasso que ya era célebre y discutido. A pesar de su llaneza y su jovialidad, me pareció frío y egocéntrico —no se humanizó hasta la época de la guerra civil, cuando tomó partido— no obstante lo cual, nos veíamos a menudo. Me regaló un cuadrito —una mujer en la playa— que se perdió durante la guerra.

De él se dice que, con motivo del famoso episodio del robo de la *Gioconda*, ocurrido antes de la Primera Guerra Mundial, cuando su amigo Apollinaire fue interrogado por un policía, Picasso, al ser citado a su vez a declarar, renegó del poeta como san Pedro negara a Cristo.

Posteriormente, hacia 1934, el ceramista catalán Artigas, amigo íntimo de Picasso, y un marchante hicieron una visita en Barcelona a la madre del pintor, quien los invitó a almorzar. Durante el almuerzo, la señora reveló a los dos hombres la existencia en la buhardilla de una caja llena de dibujos hechos por Picasso durante su infancia y adolescencia. Ellos le piden que se los enseñe, suben a la buhardilla, abren la caja, el marchante hace una oferta y se zanja la operación. El hombre se lleva una treintena de dibujos.

Algún tiempo después, en París, el marchante organiza una exposición en una galería de Saint-Germain-des-Prés. Picasso es invitado al *vernissage*, acude, mira los dibujos, los reconoce y se muestra emocionado. Lo cual no le impide, a la salida del *vernissage*, ir a denunciar a la Policía al marchante y al ceramista. La fotografía de este último fue publicada en un periódico, como si se tratara de un estafador internacional.

Que nadie me pida opinión en materia de pintura: no la tengo. La estética nunca me ha preocupado y cuando algún crítico habla, por ejemplo, de mi «paleta» no puedo menos que sonreír. No soy de los que pueden pasar horas en una sala

(1) Lo que yo quiero para mi reino – Es ante mi puerta un sendero verde – Cuna formada por un escaramujo – Tan largo como tres briznas de paja. *(Nota del T.)*

de exposiciones gesticulando e improvisando sobre la marcha. Había momentos en los que su legendaria facilidad me hartaba. Lo único que puedo decir es que el *Guernica* no me gusta nada, a pesar de que ayudé a colgarlo. De él me desagrada todo, tanto la factura grandilocuente de la obra como la politización a toda costa de la pintura. Comparto esta aversión con Alberti y José Bergamín, cosa que he descubierto hace poco. A los tres nos gustaría volar el *Guernica*, pero ya estamos muy viejos para andar poniendo bombas.

Yo me había creado ya unos hábitos en Montparnasse, donde aún no existía «La Coupole». Íbamos al «Dôme», a «La Rotonde», al «Sélect» y a los cabarets más célebres de la época.

Todos los años, los diecinueve estudios de Bellas Artes organizaban un baile que yo suponía había de ser fabuloso. Unos amigos pintores me habían dicho que era la mejor orgía del mundo, única en su género. Decidí asistir. Se llamaba *le Bal des Quart'zarts*.

Me presentaron a uno de los que se hacían llamar organizadores, que me vendió unas entradas soberbias, enormes y bastante caras. Decidimos ir en grupo: un amigo de Zaragoza llamado Juan Vicens, el gran escultor español José de Creeft con su esposa, un chileno cuyo nombre no recuerdo –acompañado por una amiga– y yo. El que me había vendido las entradas me advirtió que dijéramos que pertenecíamos al estudio de Saint-Julien.

Llega el día del baile. La fiesta empieza con una cena organizada por el estudio de Saint-Julien, en un restaurante. Durante la cena, un estudiante se levanta, coloca delicadamente los testículos en un plato y da la vuelta al comedor. Yo no he visto cosa parecida en España. Estoy horrorizado.

Después nos vamos a la «Sala Wagram», donde se celebra el baile. Un cordón de policías trata de contener a los curiosos. Allí veo otra escena increíble para mí: una mujer completamente desnuda llega sobre los hombros de un estudiante vestido de asirio. La cabeza del estudiante le tapaba el sexo. Así entraron en la sala, entre los gritos de la multitud.

Yo no salgo de mi asombro. ¿A qué mundo he ido a parar?, me pregunto.

La entrada a la «Sala Wagram» está guardada por los estudiantes más forzudos de cada estudio. Nos acercamos y exhibimos nuestras soberbias entradas. Nada que hacer. No nos dejan entrar. Alguien nos dice:

–¡Os han timado!

Y nos ponen de patitas en la calle. Aquellas entradas no valen.

De Creeft, indignado, se da a conocer y grita de tal modo que le dejan entrar con su esposa. Vicens, el chileno y yo, nada. Los estudiantes habrían admitido de buen grado a la acompañante del chileno que llevaba un espléndido abrigo de piel; pero como la mujer se negara a entrar sola, ellos le trazaron una gran cruz de alquitrán en la espalda del abrigo.

Por ello no pude participar en la orgía más espectacular del mundo, costumbre ya desaparecida. Acerca de lo que ocurría en el interior, corrían rumores de escándalo. Los profesores, todos los cuales estaban invitados, se quedaban sólo hasta las doce. Entonces, según se decía, empezaba lo más fuerte. Los supervivientes, completamente borrachos, iban a zambullirse en las fuentes de la place de la Concorde hacia las cuatro o las cinco de la madrugada.

Dos o tres semanas después, encontré al vendedor de entradas falsas que me había timado. Acababa de pillar una fuerte blenorragia y andaba con tanta dificultad, apoyándose en un bastón, que al verlo renuncié a toda idea de venganza.

Por aquel entonces, «La Closerie des Lilas» no era más que un café al que yo iba todos los días. Al lado estaba el «Bal Bullier» que frecuentábamos con bastante asiduidad, siempre disfrazados. Una noche yo iba de monja. Era un disfraz excelente, no le faltaba un detalle, hasta me puse un poco de carmín en los labios y pestañas postizas. Íbamos por el boulevard Montparnasse con unos amigos, entre ellos, Juan Vicens, vestido de fraile, cuando vemos venir hacia nosotros a dos policías. Yo me pongo a temblar bajo mi blanca toca, ya que en

España estas bromas se castigan con cinco años de prisión. Pero los dos policías se paran sonrientes y uno me pregunta muy amablemente:

—Buenas noches, hermana, ¿puedo hacer algo por usted?

Orbea, el vicecónsul de España, nos acompañaba algunas veces al «Bal Bullier». Una noche nos pidió un disfraz y yo me quité el hábito y se lo di. Debajo llevaba, en previsión, un equipo de futbolista.

A Juan Vicens y a mí nos seducía la idea de abrir un cabaret en el boulevard Raspail. Yo hice un viaje a Zaragoza para pedir a mi madre el dinero necesario, pero ella no quiso dármelo. Poco después, Vicens se puso al frente de la librería española de la rue Gay-Lussac. Murió en Pekín, después de la guerra, de enfermedad.

En París aprendí a bailar como es debido. Iba a una academia. Lo bailaba todo, incluso la java, a pesar de mi aversión por el acordeón. Todavía me acuerdo: *On fait un'petite belote, et puis voilà...* París estaba lleno de acordeones.

Seguía gustándome el jazz y aún tocaba el banjo. Tenía por lo menos sesenta discos, cantidad considerable en aquel tiempo. Íbamos a oír jazz al hotel «Mac-Mahon» y a bailar al «Château de Madrid» en el Bois de Boulogne. Finalmente, por la tarde, como buen meteco, yo tomaba clases de francés.

Ya he dicho que, cuando llegué a Francia, ni siquiera conocía la existencia del antisemitismo. Lo descubrí en París y con gran sorpresa. Un día, un hombre contó a varios amigos que la víspera su hermano había entrado en un restaurante próximo a la Etoile y, al ver a un judío que estaba comiendo, lo tiró al suelo de un bofetón. Yo hice varias preguntas inocentes a las que me contestaron con vaguedades. Así descubrí la existencia de un problema judío, inexplicable para un español.

En aquella época, ciertas agrupaciones de derecha, Camelots du Roi y Jeunesses Patriotiques, organizaban incursiones en Montparnasse. Saltaban de sus camiones, blandiendo bastones amarillos y se ponían a sacudir a los «metecos» que estaban sentados en las terrazas de los mejores cafés. Dos o tres veces, repartí entre ellos algunos puñetazos.

Yo acababa de mudarme a una habitación amueblada del número 3 bis, place de la Sorbonne, una plazoleta provinciana, tranquila y arbolada. En las calles aún se veían coches de punto y escaseaban los automóviles. Yo vestía con cierta elegancia, usaba botines y bombín. Todos los hombres llevaban sombrero o boina. En San Sebastián, el que salía con la cabeza descubierta se exponía a que lo agredieran o le llamaran maricón. Un día, puse el bombín en el bordillo de la acera del boulevard Saint-Michel y salté sobre él con los pies juntos. Un adiós definitivo.

También por aquel entonces conocí a una muchacha menuda y morena, una francesa llamada Rita. La encontré en el «Sélect». Tenía un amante argentino al que no llegué a ver y vivía en un hotel de la rue Delambre. Salíamos a menudo, para ir al cabaret o al cine. Nada más. Yo notaba que ella se interesaba por mí y, a su vez, tampoco me dejaba indiferente.

De manera que me voy a Zaragoza para pedir dinero a mi madre. A poco de llegar, recibo un telegrama de Vicens en el que mi amigo me comunica que Rita se ha suicidado. Después de la información judicial, se supo que las cosas andaban muy mal entre ella y su amigo argentino (quizás en parte por culpa mía). El día en que yo me fui, él la vio entrar en su hotel y la siguió hasta su habitación. No se sabe lo que ocurriría allí, pero al fin Rita sacó una pequeña pistola que poseía, disparó contra su amante y volvió el arma contra sí misma.

Joaquín Peinado y Hernando Viñes compartían un estudio. Apenas una semana después de mi llegada a París, estando en aquel estudio, vi llegar a tres simpáticas muchachas que estudiaban Anatomía en el barrio.

Una se llamaba Jeanne Rucar. A mí me pareció muy guapa. Era natural del norte de Francia, conocía ya los medios españoles de París gracias a su costurera y practicaba la gimnasia rítmica. Incluso había ganado una medalla de bronce en los Juegos Olímpicos de París de 1924, bajo la dirección de Irène Poppart.

Inmediatamente, se me ocurrió una idea maquiavélica –pero, en el fondo, muy ingenua– para ganarnos a las tres muchachas. En Zaragoza, un teniente de Caballería me había hablado hacía poco de un afrodisíaco potentísimo, *el clorhidrato de yohimbina*, capaz de vencer la más terca resistencia. Yo expuse la idea a Peinado y a Viñes: invitábamos a las tres chicas, les ofrecíamos champaña y les echábamos en la copa unas gotas de *clorhidrato de yohimbina*. Yo creía sinceramente en la viabilidad del plan. Pero Hernando Viñes me respondió que él era católico y que nunca tomaría parte en una canallada semejante.

En otras palabras, no ocurrió nada —excepto que yo vería en lo sucesivo con bastante frecuencia a Jeanne Rucar porque con el tiempo sería mi mujer; y sigue siéndolo.

PRIMERAS PUESTAS EN ESCENA

Durante aquellos primeros años de mi estancia en París, en los que prácticamente sólo frecuentaba a españoles, apenas oí hablar de los surrealistas. Una noche, al pasar por delante de la «Closerie des Lilas», vi vidrios rotos en el suelo. Durante una cena de homenaje a Madame Rachilde, dos surrealistas —no me acuerdo quiénes fueron— la insultaron y abofetearon, desencadenando una trifulca general.

A decir verdad, en un primer momento, el surrealismo me interesaba poco. Yo había escrito una obra de una decena de páginas que se llamaba, sencillamente, *Hamlet* y que representamos nosotros mismos en el sótano de «Sélect». Aquéllos fueron mis primeros pasos de director.

A finales del año 1926, se presentó una gran oportunidad. Hernando Viñes era sobrino del ilustre pianista Ricardo Viñes, el que dio a conocer a Erik Satie.

En aquellos momentos, la ciudad de Amsterdam contaba con dos grandes formaciones orquestales, de las mejores de Europa. La primera acababa de interpretar con gran éxito la *Historia de un soldado*, de Stravinski. La segunda de aquellas formaciones estaba dirigida por el gran Mengelberg. A fin de dar réplica al otro conjunto sinfónico, querían ofrecer el *Retablo de Maese Pedro*, de Manuel de Falla, obra corta, inspirada en un episodio de *Don Quijote*, con la que cerrarían un concierto. Y estaban buscando un director de escena.

Ricardo Viñes conocía a Mengelberg. Gracias a *Hamlet*,

yo tenía una referencia, aunque, a decir verdad, bastante exigua. En fin, me ofrecieron la dirección escénica y yo acepté.

Tenía que trabajar con un director de orquesta de fama mundial y unos cantantes muy notables. Ensayamos quince días en París, en casa de Hernando. El *retablo* es en realidad el teatrito de un titiritero. Teóricamente, todos sus personajes son títeres doblados por las voces de los cantantes. Yo lo innové traduciendo a cuatro personajes de carne y hueso que asistían, enmascarados, al espectáculo de Maese Pedro y de vez en cuando intervenían en la acción, doblados también por los cantantes que se encontraban en el foso de la orquesta. Por supuesto, di los papeles –mudos– de los cuatro personajes a amigos míos. Peinado hacía de posadero y mi primo, Rafael Saura, de «don Quijote». También figuraba en el reparto Cossío, otro pintor.

Dimos tres o cuatro representaciones en Amsterdam, a teatro lleno. La primera noche, olvidé preparar las luces. No se veía ni torta. Ayudado por un electricista, tras largas horas de trabajo, pude disponerlo todo para la segunda representación, que se desarrolló con normalidad.

Ya no volvería a dirigir teatro más que una sola vez, en México, mucho después, hacia 1960. La obra era el eterno *Don Juan Tenorio*, de Zorrilla, escrita en ocho días y, a mi modo de ver, admirablemente construida. Termina en el Paraíso, pues «don Juan», que ha muerto en duelo, salva su alma gracias al amor de «doña Inés».

El montaje fue clásico, muy distinto de las parodias que hacíamos en la Residencia de Estudiantes. En México se dieron tres representaciones en la fiesta de Todos los Santos, como es tradicional en España y el éxito fue enorme. A causa de la aglomeración, se rompieron las vidrieras del teatro. En aquella ocasión, en la que Luis Alcoriza hacía de «don Juan» yo me reservé el papel de «don Diego», su padre. Pero la sordera me impedía seguir el texto. Yo jugaba distraídamente con los guantes y Alcoriza tuvo que modificar su manera de actuar y venir a agarrarme por el codo para darme la entrada.

HACER CINE

Desde que llegué de París, yo iba al cine con frecuencia, mucho más que en Madrid y hasta tres veces al día. Por la mañana, gracias a un pase de Prensa proporcionado por un amigo, veía películas norteamericanas en proyección privada, en un local situado cerca de la «Sala Wagram». Por la tarde, una película en un cine de barrio. Por la noche iba al «Vieux Colombier» o al «Studio des Ursulines».

Mi pase de Prensa no era del todo usurpado. Gracias a Zervos, yo escribía críticas en las «feuilles volantes» de los *Cahiers d'Art* y enviaba algunos de mis artículos a Madrid. He escrito acerca de Adolphe Menjou, Buster Keaton y *Avaricia* de Stroheim.

De las películas que más me impresionaron, imposible olvidar *El acorazado Potemkin*. A la salida −en una calle de la zona de Alésia−, incluso queríamos poner barricadas y tuvo que intervenir la Policía. Durante mucho tiempo, sostuve que aquella película era para mí la mejor de toda la historia del cine. Ahora ya no sé.

También me acuerdo de las películas de Pabst, de *El último hombre*, de Murnau y, sobre todo, de las películas de Fritz Lang.

Fue al ver *Der müde Tod* cuando comprendí sin la menor duda que yo quería hacer cine. No me interesaron las tres historias en sí, sino el episodio central, la llegada del hombre del sombrero negro −en seguida supe que se trataba de la Muerte− a un pueblo flamenco, y la escena del cementerio. Algo que había en aquella película me conmovió profundamente, iluminando mi vida. Esta sensación se agudizó con otras películas de Fritz Lang como *Los Nibelungos* y *Metrópolis*.

Hacer cine. Pero, ¿cómo? Yo, un español y crítico de ocasión, no tenía eso que se llama relaciones.

Antes de salir de Madrid, conocía ya el nombre de Jean Epstein que escribía en *l'Esprit nouveau*. Este director, de origen ruso, figuraba entre los más célebres del cine francés, junto a Abel Gance y Marcel L'Herbier. Yo me enteré de que, con la colaboración de un actor ruso emigrado y de un actor francés cuyo nombre he olvidado, acababa de fundar una especie de academia de actores.

Inmediatamente, fui a inscribirme. Casi todos los alumnos, menos yo, eran rusos blancos emigrados. Durante dos o tres semanas, participé en los ejercicios, en improvisaciones. Epstein nos decía, por ejemplo: «Sois unos condenados a muerte la víspera de la ejecución.» A uno le decía que fuera patético y desesperado, al otro, desenvuelto e insolente. Y nosotros hacíamos lo que podíamos.

A los mejores les prometía pequeños papeles en sus películas. Cuando yo me inscribí, él estaba terminando *Les Aventures de Robert Macaire* y ya era tarde para que me admitiera. Cuando terminó la película, un día tomé el autobús y me presenté en los estudios «Albatros» de Montreuil-sous-Bois. Sabía que estaba preparando otra película, *Mauprat*. Me recibió y le dije:

–Verá, sé que va a hacer una película. El cine me interesa mucho, pero técnicamente no sé nada. No podré serle muy útil; pero no le pido dinero. Deje que barra el decorado y le haga los recados, lo que sea.

Me aceptó. El rodaje de *Mauprat* (en París y también en Romorantin y Châteauroux) fue mi primera experiencia cinematográfica. En aquella película hice un poco de todo, incluso doblar caídos. En la escena de una batalla, encarnaba a un gendarme de los tiempos de Luis XV (o Luis XIV) que recibía un balazo estando en lo alto de una pared y tenía que caer desde una altura de unos tres metros. Pusieron un colchón en el suelo para amortiguar el golpe, a pesar de lo cual me hice daño.

Durante aquel rodaje, trabé amistad con el actor Maurice Schultz y la actriz Sandra Milovanov y me interesé de modo especial por la cámara que hasta aquel momento desconocía por completo. El cameraman –Albert Duverger– trabajaba solo, sin ayudante. Él mismo tenía que cambiar las cargas y hacer las pruebas. Él hacía girar la manivela de la cámara, siempre con el mismo ritmo.

Como eran películas mudas, los estudios no estaban insonorizados. Algunos –como el de Epinay, por ejemplo– tenían paredes acristaladas de arriba abajo. Los proyectores y los reflectores eran tan potentes que todos teníamos que usar gafas ahumadas para protegernos los ojos y evitar lesiones graves.

Epstein me mantenía un tanto al margen, tal vez por mi tendencia a hacer reír a los actores. Un extraño recuerdo de aquel rodaje es mi encuentro con Maurice Maeterlinck, ya viejo, en Romorantin. Se hospedaba con su secretaria en el mismo hotel que nosotros. Tomamos café juntos.

Después de *Mauprat*, Epstein que preparaba *La caída de la casa Usher* según la obra de Edgar Allan Poe, con Jean Debucourt y la esposa de Abel Gance en los papeles principales, me tomó en calidad de segundo ayudante. Hice todos los interiores que se rodaron en Epinay. Un día, el regidor −Maurice Morlot− me mandó a la farmacia de la esquina a comprar hemoglobina. El farmacéutico resultó ser un xenófobo que, adivinando por mi acento que yo era meteco, se negó rotundamente a atenderme y, además, me insultó.

La noche en que se terminó el rodaje de interiores, mientras Morlot convocaba a todo el mundo para el día siguiente en la estación, pues salíamos para Dordoña, donde debían rodarse los exteriores, Epstein me dijo:

−Quédese un momento con el operador. Va a venir Abel Gance a hacer unas pruebas a dos muchachas y me gustaría que le echara usted una mano.

Yo, con mi brutalidad habitual, le respondí que era ayudante suyo, pero que no tenía nada que ver con Monsieur Abel Gance, cuyo cine no me gustaba (lo cual era inexacto, ya que su *Napoleón* proyectado en tres pantallas, me había impresionado bastante). Añadí que Gance me parecía ramplón.

Entonces Jean Epstein me respondió −alguna de las frases oídas hace tiempo las recuerdo palabra por palabra:

−¿Cómo se atreve un pequeño idiota como usted a hablar así de un director tan grande?

Añadió que nuestra colaboración había terminado, y así fue. Yo no participé en el rodaje de exteriores de *La caída de la casa Usher*. No obstante, al poco rato, más tranquilo, Epstein me llevó a París en su coche. Por el camino, me dio algunos consejos:

−Tenga cuidado. Advierto en usted tendencias surrealistas. Aléjese de esta gente.

Yo seguía trabajando en el cine aquí y allí.

En los estudios «Albatros» de Montreuil hice un papelito de contrabandista en *Carmen*, con Raquel Meller, dirigida por Jacques Feyder, director al que aún admiro. Algunos meses atrás, cuando yo trabajaba en la Academia de actores, fui a ver a su esposa, Françoise Rosay, acompañado por una rusa blanca muy elegante que, por extraño que parezca, se hacía llamar Ada Brazil. Françoise Rodsay nos recibió muy amablemente, pero no pudo hacer nada por nosotros.

Peinado y Hernando salían también en *Carmen* —España obliga— haciendo de guitarristas. En una escena en la que «Carmen», en compañía de «don José» aparecía inmóvil junto a la mesa, con las manos en la cabeza, Feyder me pidió que le hiciera al pasar un gesto galante. Yo obedecí, pero mi gesto elegante fue un pizco aragonés que me valió una sonora bofetada de la actriz.

Albert Duverger, operador de Jean Epstein (que fotografiaría para mí *Un chien andalou* y *La Edad de oro*), me presentó a dos directores, Etiévant y Nalpas, que preparaban una película con Joséphine Baker, *La Sirène des Tropiques*. Aquella película, rodada en los estudios Frankeur, no es precisamente uno de mis mejores recuerdos. Ni mucho menos. Los caprichos de la vedette me parecían insoportables. Un día en que la esperábamos a las nueve de la mañana, preparada para rodar, se presentó a las cinco de la tarde, se encerró en su camerino dando un portazo y empezó a romper tarros de maquillaje. A uno que preguntaba la causa de aquel furor le respondieron: «Cree que su perro está enfermo.»

Pierre Batcheff, que también salía en la película, estaba a mi lado en aquel momento. Yo le dije:

—Cosas del cine.

Él me respondió secamente:

—Será de su cine; no del mío.

No pude menos que darle la razón. Luego nos hicimos muy buenos amigos e intervino en *Un chien andalou*.

Sacco y Vanzetti acababan de ser asesinados en los Estados Unidos. Conmoción en todo el mundo. Durante toda la noche, los manifestantes se hicieron dueños de París. Yo fui a l'Etole con uno de los electricistas de la película y vi a unos hombres apagar la llama de la tumba del soldado desconocido meándose en ella. Se rompían escaparates, todo parecía estar en efervescencia. La actriz inglesa que interpretaba la película me dijo que habían tiroteado el vestíbulo de su hotel. El boulevard Sebastopol fue especialmente castigado. Diez días después, aún se detenía a sospechosos de saqueo.

Yo dejé por propia voluntad el rodaje de *La Sirène des Tropiques* antes de empezar los exteriores.

SUEÑOS Y ENSUEÑOS

Si me dijeran: te quedan veinte años de vida, ¿qué te gustaría hacer durante las veinticuatro horas de cada uno de los días que vas a vivir?, yo respondería: dadme dos horas de vida activa y veinte horas de sueños, con la condición de que luego pueda recordarlos; porque el sueño sólo existe por el recuerdo que lo acaricia.

Adoro los sueños, aunque mis sueños sean pesadillas y eso son las más de las veces. Están sembrados de obstáculos que conozco y reconozco. Pero me es igual.

Esta locura por los sueños, por el placer de soñar, que nunca he tratado de explicar, es una de las inclinaciones profundas que me han acercado al surrealismo. *Un chien andalou* (más adelante tendré ocasión de volver sobre ello) nació de la convergencia de uno de mis sueños con un sueño de Dalí. Posteriormente he introducido sueños en mis películas, tratando de evitar el aspecto racional explicativo que suelen tener. Un día dije a un productor mexicano, a quien la broma no hizo mucha gracia: «Si la película es demasiado corta, meteré un sueño.»

Dicen que, durante el sueño, el cerebro se protege del mundo exterior, que es mucho menos sensible a los ruidos, a los olores y a la luz. Pero, por el contrario, parece estar bombardeado desde el interior por una tempestad de sueños que afluyen en oleadas. Miles y miles de millones de imágenes surgen, pues, cada noche, para disiparse casi en seguida, envolviendo la Tierra en un manto de sueños perdidos. Todo, absolutamente todo, es imaginado una u otra noche por uno u otro cerebro, y olvidado.

Yo he llegado a catalogar una quincena de sueños reiterativos que me han seguido toda la vida, como fieles compañeros de viaje. Algunos son de una gran trivialidad: caigo deliciosamente por un precipicio o soy perseguido por un tigre o por un toro. Entro en una habitación, cierro la puerta, el toro la derriba y vuelta a empezar.

O bien, a cualquier edad, tengo que examinarme otra vez. Yo creía haberlos aprobado, pero resulta que tengo que volver a presentarme y, por supuesto, lo he olvidado todo.

Otro sueño del mismo tipo, frecuente entre la gente de teatro y de cine: tengo que salir a escena dentro de pocos minutos a representar un papel del que no sé ni una palabra. Este sueño puede alargarse y complicarse mucho. Yo estoy alarmado, incluso horrorizado, el público se impacienta y silba, busco a alguien, al regidor, al director y le digo: Esto es espantoso, ¿qué hago? Él me responde fríamente que me apañe, que el telón va a levantarse, que ya no se puede esperar más. Me ahoga la angustia. Traté de reconstruir algunas imágenes de este sueño en *El discreto encanto de la burguesía*.

Otra angustia: la vuelta al cuartel. A los cincuenta o sesenta años, vuelvo al cuartel de Madrid en el que hice el servicio militar, vestido con mi viejo uniforme. Estoy violento, ando pegado a la pared, tengo miedo de que alguien me reconozca. Siento en mi interior cierta vergüenza de ser soldado a mis años, pero así es que, no puedo remediarlo y tengo que hablar con el coronel, explicarle mi caso. ¿Cómo es posible que, después de todo lo que he visto y vivido, todavía esté en el cuartel?

Otras veces, ya mayor, vuelvo a la casa de la familia, en Calanda, donde sé que se esconde un espectro. Recuerdo de la aparición de mi padre, después de su muerte. Entro valientemente en una habitación a oscuras y llamo al espectro, quienquiera que sea, le provoco y hasta le insulto. Entonces, suena un ruido detrás de mí, una puerta se cierra con un chasquido y me despierto, asustado, sin haber visto a nadie.

También me ocurre lo que a todo el mundo: sueño con mi padre. Está sentado a la mesa, con cara seria. Come despacio, muy poco, casi sin hablar. Yo sé que está muerto y susurra a mi madre o a una de mis hermanas que está sentada a mi lado: «Sobre todo, que nadie se lo diga.»

Durante el sueño me acosa la falta de dinero. No tengo nada, la cuenta del Banco está a cero, ¿cómo voy a pagar el hotel? Ésta es una de las pesadillas que me ha perseguido con más obstinación. Y sigue persiguiéndome.

Por su asiduidad, sólo puede compararse al sueño del tren. Éste lo he tenido cientos de veces. El argumento siempre es igual, pero los detalles, los matices varían con una sutileza inesperada. Voy en tren, no sé adónde voy, las maletas están en la red. De repente, el tren entra en una estación y se para. Yo me levanto para estirar las piernas por el andén y tomar una copa en el bar de la estación.

No obstante, soy muy precavido, pues he viajado ya muchas veces en este sueño y sé que en cuanto ponga el pie en el andén el tren arrancará bruscamente. Es una trampa que se me tiende.

Por eso desconfío, pongo lentamente un pie en el suelo, miro a derecha e izquierda silbando para disimular, el tren está quieto, otros viajeros bajan tranquilamente, entonces me decido a poner el otro pie y en aquel momento, ¡zas!, el tren sale disparado como una bala de cañón. Y, lo peor es que se ha llevado mi equipaje. Suelto un buen taco, me he quedado solo en un andén que se ha vaciado de repente y me despierto.

A veces, cuando trabajamos juntos y ocupamos habitaciones contiguas, Jean-Claude Carrière me oye gritar a través del tabique. Él ni se inmuta. «Es el tren que se ha ido», piensa. Efectivamente, al día siguiente, aún recuerdo ese tren que, una vez más, ha escapado bruscamente en plena noche, dejándome solo y sin equipaje.

Ni una sola vez he soñado con un avión. Me gustaría saber por qué.

Puesto que nadie se interesa por los sueños ajenos –pero, ¿cómo contar la propia vida sin hablar de la parte subterránea, imaginativa, irreal?–, no me alargaré excesivamente. Un par de sueños más y basta.

Primeramente, el de mi primo Rafael, transcrito casi exactamente en *El discreto encanto*. Es un sueño macabro, bastante melancólico y dulce. Mi primo Rafael Sacura ha muerto hace tiempo, lo sé, sin embargo, me lo encuentro de repente en una calle desierta y le pregunto, asombrado: «¿Qué haces ahí?» Él responde tristemente: «Paso por aquí todos los días.» De repente, me encuentro en una casa oscura y revuelta, llena de telarañas, en la que he visto entrar a Rafael. Le llamo, pero no contesta. Salgo y, en la misma calle vacía, llamo ahora a mi madre y le pregunto: «Madre, madre, ¿qué haces perdida entre las sombras?»

Este sueño me impresionó vivamente. Yo tenía unos setenta años cuando me visitó. Algún tiempo después, otro sueño me conmovió aún con mayor fuerza. Vi de pronto a la Virgen Santísima inundada de luz que me tendía dulcemente las manos. Presencia fuerte, indiscutible. Ella me hablaba, a mí, siniestro descreído, con toda la ternura del mundo, con un fondo de música de Schubert que yo oía claramente. En *La Vía láctea* traté de reconstruir esta imagen, pero allí no tiene la fuerza de convicción inmediata que poseía en mi sueño. Me arrodillé, se me llenaron los ojos de lágrimas y me sentí de pronto inundado de fe, una fe vibrante e invencible. Cuando desperté, tardé dos o tres minutos en tranquilizarme. Medio dormido, repetía: ¡Sí, sí, Santísima Virgen María, creo! El corazón me latía con fuerza.

Añadiré que este sueño presentaba un cierto carácter erótico. Por supuesto, el erotismo permanecía dentro de los castos límites del amor platónico. Pero tal vez, si el sueño se hubiera prolongado, aquella castidad habría desaparecido para dejar paso a un verdadero deseo. No sé. Yo me sentía, sencillamente, prendado, conmovido, extasiado. Sensación que he experimentado en numerosas ocasiones a lo largo de mi vida, y no sólo en sueños.

A menudo –pero este sueño, por desgracia, me ha abandonado desde hace unos quince años. ¿Cómo recobrar un sueño perdido?– yo me encontraba en una iglesia, apretaba un botón disimulado detrás de una columna y el altar giraba lentamente sobre sí mismo, descubriendo una escalera secreta. Yo bajaba por ella con el corazón palpitante, a unas salas subterráneas. Era un sueño bastante largo, levemente angustioso, que me gustaba.

Una noche, en Madrid, me desperté riendo a carcajadas. No podía parar de reír. Mi mujer me preguntó de qué me reía y yo le contesté: «Estaba soñando que mi hermana María me regalaba una almohada», frase que brindo a los psicoanalistas.

Para terminar, unas palabras sobre Gala. Es una mujer a la que siempre he procurado evitar, no tengo por qué ocultarlo. La conocí en Cadaqués, en 1929, con motivo de la Exposición Internacional de Barcelona. Vino con Paul Éluard, su marido, y su hijita Cécile. Los acompañaban Magritte y su mujer y el dueño de una galería belga, Goémans.

Todo empezó por una metedura de pata.

Yo me alojaba en casa de Dalí, a un kilómetro de Cadaqués, y ellos, en un hotel del pueblo. Dalí me dijo, muy agitado: «Acaba de llegar una mujer magnífica.» Por la tarde, salimos todos juntos a tomar una copa y, después, ellos decidieron acompañarnos dando un paseo hasta la casa de Dalí. Por el camino, hablábamos de cosas sin importancia y yo dije –Gala iba a mi lado– que lo que más me repugna de una mujer es que tenga los muslos separados.

Al día siguiente, vamos a bañarnos y observo que los muslos de Gala son como los que yo había dicho detestar.

De la noche a la mañana, Dalí ya no era el mismo. Toda concordancia de ideas desapareció entre nosotros, hasta el extremo de que yo renuncié a trabajar con él en el guión de *La edad de oro*. No hablaba más que de Gala, repitiendo todo lo que decía ella. Una transformación total.

Éluard y los belgas se marcharon a los pocos días, dejando en Cadaqués a Gala y a su hija Cécile. Un día, salimos en barca con la esposa de un pescador, Lidia, para almorzar en las rocas. Señalé a Dalí un rincón del paisaje y le dije que me recordaba a Sorolla, un pintor valenciano bastante mediocre. Dalí, indignado, me gritó:

–¿Cómo puedes decir esas burradas de unas rocas tan hermosas?

Gala metió baza, dándole la razón. La cosa empezó mal.

Después del almuerzo, durante el que bebimos mucho, Gala volvió a atacarme, no recuerdo exactamente por qué. Yo me levanté bruscamente, la tiré al suelo y la agarré por el cuello.

La pequeña Cécile, asustada, echó a correr por las rocas con la mujer del pescador. Dalí, de rodillas, me suplicaba que perdonase a Gala. Yo, aunque furioso, seguía siendo dueño de mí y sabía que no la mataría. Lo único que yo quería era verle asomar la punta de la lengua entre los dientes.

Al fin la solté. Ella se marchó a los dos días.

Después me contaron que en París —más adelante vivimos algún tiempo en el mismo hotel, encima del cementerio de Montmartre—, Éluard nunca salía de casa sin llevar un pequeño revólver con empuñadura de nácar, pues Gala le había dicho que yo quería matarla.

Todo esto para confesar que una noche, en México, cincuenta años después, a los ochenta, soñé con Gala.

La vi de espaldas, en el palco de un teatro. La llamé en voz baja, ella se levantó, vino hacia mí y me besó amorosamente en los labios. Aún recuerdo su perfume y la suavidad de su piel.

Éste fue, sin duda, el sueño más sorprendente de mi vida, más que el de la Virgen.

A propósito de sueños, recuerdo ahora una anécdota muy interesante ocurrida en París en 1978. Mi amigo Gironella, excelente pintor mexicano, vino a Francia con su esposa, Carmen Parra, decoradora de teatro, y el hijo de ambos, de siete años. Daba la impresión de que su matrimonio no iba precisamente viento en popa. La mujer regresó a México, el pintor se quedó en París y, tres días después, recibió la noticia de que su esposa había presentado demanda de divorcio. Sorprendido, el hombre preguntó la causa. El abogado le respondió: «Es por un sueño que ella tuvo.»

Hubo divorcio.

En sueños, y creo que mi caso no es insólito ni mucho menos, nunca he podido hacer el amor de una manera realmente completa y satisfactoria. El obstáculo más frecuente consiste en las miradas. Por una ventana situada frente a la habitación en la que estaba yo con una mujer, unas personas nos miraban y sonreían.

Cambiábamos de habitación y, a veces, hasta de casa. Todo inútil. Aquellas miradas burlonas y curiosas nos perseguían. Cuando por fin creía que había llegado el momento de la penetración, encontraba el sexo cosido, obturado. A veces, ni siquiera podía encontrarlo, se había borrado, como en el cuerpo liso de una estatua.

En la ensoñación diurna, por el contrario, que he practicado durante toda mi vida con deleite, la aventura erótica, larga y minuciosamente preparada, ha podido o no alcanzar su objetivo, según los casos. Por ejemplo, de muy joven soñaba despierto con la guapa reina Victoria de España, la esposa de Alfonso XIII. A los catorce años, incluso imaginé un pequeño guión en el que se hallaba ya el origen de *Viridiana*. Una noche, la reina se retiraba a sus aposentos, sus doncellas la ayudaban a acostarse y la dejaban sola. Ella bebía entonces un vaso de leche en el que yo había puesto un narcótico irresistible. Un instante después, cuando ella ya estaba profundamente dormida, yo me introducía en el lecho real, donde podía gozar de la reina.

La ensoñación es casi tan importante como los sueños, y tan imprevisible y poderosa. Durante toda mi vida, con gran regodeo, como sin duda les habrá ocurrido a muchas otras personas, he imaginado que era invisible e impalpable. Por este milagro, me convertía en el hombre más poderoso e invulnerable del mundo. Esta ensoñación me persiguió durante mucho tiempo, con innumerables variantes, durante la Segunda Guerra Mundial. Giraba principalmente en torno a la idea del ultimátum. Mi mano invisible tendía a Hitler una hoja de papel en la que estaba escrito que tenía veinticuatro horas para mandar fusilar a Goering, a Goebbels y a toda la pandilla. De lo contrario, ya podía prepararse. Hitler llamaba a sus ayudantes y a sus secretarios y gritaba: «¿Quién ha traído este papel?» Invisible, desde un rincón de su despacho, yo asistía a la escena y contemplaba su furor inútil. Al día siguiente, asesinaba a Goebbels, por ejemplo. Desde allí me trasladaba a Roma —pues la ubicuidad va siempre de la mano con la invisibilidad– para hacer lo mismo con Mussolini. Entre unas copas y otras, me colaba en el dormitorio de una señora estupenda, me sentaba en una butaca y la veía desnudarse lentamente. Luego, volvía a presentar mi ultimátum al Führer, que agarraba una pataleta. Y así sucesivamente, a gran velocidad.

En mis tiempos de estudiante en Madrid, durante las excursiones que hacía con Pepín Bello por la sierra del Guadarrama, a veces me paraba para enseñarle el magnífico paisaje, el vasto anfiteatro rodeado de montañas y le decía: «Imagina que todo alrededor hay murallas con almenas, fosos y matacanes. Todo lo que hay dentro es mío. Tengo soldados y campesinos. Tengo artesanos y una capilla. Vivimos en paz y nos contentamos con lanzarles flechas a los curiosos que tratan de acercarse a las poternas.»

Una vaga y persistente atracción por la Edad Media me trae con bastante frecuencia la imagen del señor feudal aislado del mundo, que gobierna su señoría con mano dura, pero bueno en el fondo. No hace gran cosa, sólo una pequeña orgía de vez en cuando. Bebe hidromiel y buen vino delante de un fuego de leña en el que se asan animales enteros. El tiempo no altera las cosas. Uno vive dentro de sí mismo. Los viajes no existen.

Imagino también, y sin duda no soy el único, que un golpe de Estado inesperado y providencial me ha convertido en dictador mundial. Dispongo de todos los poderes. Nada puede oponerse a mis deseos. Siempre que se presenta esta ensoñación, mis primeras decisiones se dirigen a combatir la proliferación de la información, fuente de toda zozobra.

Luego, cuando me entra el pánico ante la explosión demográfica que está agobiando a México, imagino que convoco a una decena de biólogos y les doy la orden terminante de lanzar sobre el planeta un virus atroz que lo libre de dos mil millones de habitantes. Aunque, eso sí, empiezo diciéndoles valerosamente: «Aunque ese virus tenga que atacarme a mí.» Luego, secretamente, trato de escurrir el bulto, hago una lista de personas a las que hay que salvar: algunos miembros de mi familia, mis mejores amigos, las familias y amigos de mis amigos. Empiezo y no acabo. Abandono.

Durante los diez últimos años, me ha dado también por

imaginar que libero al mundo del petróleo, otra fuente de sin-sabores, haciendo explorar setenta y cinco bombas atómicas subterráneas en los yacimientos más importantes. Un mundo sin petróleo me ha parecido –y sigue pareciéndome– una especie de paraíso posible en el marco de mi utopía medieval. Pero me parece que las setenta y cinco explosiones atómicas plantean ciertos problemas de orden práctico, por lo que habrá que esperar. Quizá volvamos sobre ellos.

Un día, estando con Luis Alcoriza en San José Purúa, trabajando en un guión, bajamos los dos al río con un rifle. Al llegar a la orilla agarro de repente a Alcoriza por un brazo y señalo hacia la otra orilla. Hay un pájaro soberbio posado en una rama. ¡Es un águila!

Luis se echa el rifle a la cara y dispara. El ave cae entre los matorrales. Luis cruza el río, metiéndose en el agua hasta los hombros, aparta las ramas y encuentra un pájaro disecado. De una pata cuelga una etiqueta con el nombre de la tienda en que lo compré y el precio.

Otro día, Alcoriza y yo estamos cenando en el comedor de San José. Una mujer guapísima y sola se sienta en una mesa cercana. Inmediatamente y como es natural, la mirada de Luis se dirige hacia ella. Yo le digo:

–Luis, ya sabes que hemos venido aquí a trabajar y que no me gusta que pierdas el tiempo mirando a las mujeres.

–Sí, ya lo sé –contesta él–. Perdona.

Seguimos cenando.

Al cabo de un rato, a los postres, la mirada de Luis se vuelve otra vez irresistiblemente hacia la bella solitaria. Ella le devuelve la sonrisa.

Yo me pongo furioso y le recuerdo que hemos ido a San José para escribir un guión. Le digo también que su actitud de macho me desagrada. Él se enfada y me contesta que, cuando una mujer le sonríe, su deber de caballero es devolverle la sonrisa.

Indignado, me levanto de la mesa y me voy a mi cuarto.

Alcoriza se calma, termina el postre y se sienta con su hermosa vecina. Se presentan, toman café y charlan un rato. Después, Alcoriza acompaña a su conquista a su habitación, la desnuda amorosamente y descubre, *tatuadas* en su vientre, estas cuatro palabras: *cortesía de Luis Buñuel.*

La mujer es una elegante puta de México a la que yo he traído a San José, pagando su peso en oro, y que ha seguido fielmente mis instrucciones.

Por supuesto, tanto el lance del águila como el de la puta son bromas soñadas, nada más. Pero estoy seguro de que Alcoriza habría sucumbido, por lo menos la segunda vez.

EL SURREALISMO
1929-1933

Entre 1925 y 1929 volví varias veces a España y vi a mis amigos de la Residencia. Durante uno de aquellos viajes, Dalí me anunció, entusiasmado, que Lorca había escrito una obra magnífica, *Amor de don Perlimplín con Belisa en su jardín*.

−Tengo que leértela.

Federico se mostró reticente. Con frecuencia, y no sin razón, consideraba que yo era demasiado elemental, demasiado rústico, para apreciar la sutileza de la literatura dramática. Un día en que iba a casa de no sé qué aristócrata, incluso se negó a que yo le acompañara. De todos modos, ante la insistencia de Dalí, accedió a leerme la obra. Los tres nos reunimos en el bar del sótano del «Hotel Nacional» que tenía tabiques de madera formando compartimientos como los de algunas cervecerías de la Europa Central.

Lorca empezó la lectura. Como ya he dicho, leía admirablemente. Sin embargo, había algo que me desagradaba en aquella historia del viejo y la muchacha que, al final del primer acto, terminan en una cama con dosel y cortinas. Entonces, de la concha del apuntador sale un gnomo que dice: «Pues bien, respetable público, entonces don Perlimplín y Belisa...»

Yo interrumpo la lectura dando una palmada en la mesa y digo:

—Basta, Federico. Es una mierda.

Él palidece, cierra el manuscrito y mira a Dalí. Éste, con su vozarrón, corrobora:

—Buñuel tiene razón. Es una mierda.

No llegué a saber cómo terminaba la obra. Tengo que confesar aquí que la admiración que me merece el teatro de Lorca es más bien escasa. Su vida y su personalidad superaban con mucho a su obra, que me parece a menudo retórica y amanerada.

Algún tiempo después, asistí al estreno de *Yerma* en el «Teatro Español» de Madrid, con mi madre, mi hermana Conchita y su marido. Aquella noche, me atormentaba de tal modo la ciática que tenía que estar con la pierna extendida sobre un taburete, en un palco. Se levanta el telón: un pastor cruza la escena muy despacio, para que le dé tiempo de recitar una larga poesía. Lleva en las pantorrillas pieles de cordero atadas con tiras de cuero. No acaba. Yo, impaciente, procuro resistir. Van sucediéndose las escenas. Empieza el tercer acto. Unas lavanderas lavan la ropa junto al decorado de un arroyo. Al oír unos cascabeles, exclaman: «¡El rebaño! ¡Viene el rebaño!»

En el fondo de la sala, dos acomodadoras hacen sonar unos cascabeles. El todo Madrid encontraba muy original y moderna esta presentación. A mí me irritó vivamente y salí del teatro apoyándome en mi hermana.

Mi paso al surrealismo me había alejado —y así me mantendría durante mucho tiempo— de esta pretendida «vanguardia».

Desde la rotura de cristales de «La Closerie des Lilas», yo me sentía más y más atraído por la forma de expresión más irracional que proponía el surrealismo, como aquel surrealismo contra el que en vano intentara ponerme en guardia Jean Epstein. En la publicación *La Révolution surréaliste* apareció la fotografía de «Benjamín Péret insultando a un sacerdote» que me impresionó vivamente. Y en la misma revista se publicó una encuesta sobre sexualidad que me fascinó. Las preguntas habían sido formuladas a los distintos miembros del grupo, los cuales, aparentemente, respondían con plena libertad y franqueza. Hoy tal vez esto parezca trivial, pero entonces aquella encuesta −«¿Dónde prefiere hacer el amor? ¿Con quién? ¿Cómo se masturba usted?»− se me antojó extraordinaria. Fue, sin duda, la primera en su género.

En 1928, por iniciativa de la Sociedad de Cursos y Conferencias de la Residencia, vine a Madrid para hablar del cine de vanguardia y presentar varias películas: *Entreacto*, de René Clair, la secuencia del sueño de *La Fille de l'eau*, de Renoir, *Rien que les heures*, de Cavalcanti, así como varios planos con ejemplos de máximo ralentí, como el de una bala saliendo lentamente del cañón de un arma. Lo mejor de la sociedad madrileña, como suele decirse, asistió a la conferencia, que tuvo verdadero éxito. Después de las proyecciones, Ortega y Gasset me confesó que, de haber sido más joven, se habría dedicado al cine.

Antes de empezar la conferencia, dije a Pepín Bello que el momento me parecía muy indicado, ante aquel distinguido público, para anunciar la apertura de un concurso de menstruación y señalar el primer premio. Pero aquel acto surrealista −al igual que tantos otros− no llegó a realizarse.

En aquellos momentos, yo era sin duda el único español −de los que se habían ido de España− que tenía nociones de cine. Fue sin duda por esta razón que, con ocasión del centenario de la muerte de Goya, el Comité Goya de Zaragoza me propuso que escribiera y realizara una película sobre la vida del pintor aragonés, desde su nacimiento hasta su muerte. Yo hice un guión completo, ayudado por los consejos técnicos de Marie Epstein, hermana de Jean. Después hice una visita a Valle-Inclán, en el Círculo de Bellas Artes, donde me enteré de que también él preparaba una película sobre la vida de Goya. Yo me disponía a inclinarme respetuosamente ante el maestro cuando éste se retiró, no sin darme algunos consejos. A la postre, el proyecto fue abandonado por falta de dinero. Hoy puedo decirlo: afortunadamente.

Yo conservaba una viva admiración por Ramón Gómez de la Serna. El segundo guión en el que trabajé estaba inspirado en siete u ocho cuentos breves del escritor. Para enlazarlos, se me ocurrió presentar en forma de documental las distintas etapas de formación de un periódico. Un hombre compra un periódico en la calle y se sienta en un banco a leerlo. Entonces aparecerían uno a uno los cuentos de Gómez de la Serna en las distintas secciones del periódico: un suceso, un acontecimiento político, una noticia deportiva, etc. Creo que al final el hombre se levantaba, arrugaba el periódico y lo tiraba.

Varios meses después, realicé mi primera película, *Un chien andalou*. Gómez de la Serna se sintió un poco defraudado de que se abandonara el proyecto de la película inspirada en sus cuentos. Pero se consoló cuando la *Revue du cinéma* publicó el guión.

UN CHIEN ANDALOU (1929)

Esta película nació de la confluencia de dos sueños. Dalí me invitó a pasar unos días en su casa y, al llegar a Figueras, yo le conté un sueño que había tenido poco antes, en el que una nube desflecada cortaba la luna y una cuchilla de afeitar hendía un ojo. Él, a su vez, me dijo que la noche anterior había visto en sueños una mano llena de hormigas. Y añadió: «¿Y si, partiendo de esto, hiciéramos una película?»

En un principio, me quedé indeciso; pero pronto pusimos mano a la obra, en Figueras.

Escribimos el guión en menos de una semana, siguiendo una regla muy simple, adoptada de común acuerdo: no aceptar idea ni imagen alguna que pudiera dar lugar a una explicación racional, psicológica o cultural. Abrir todas las puertas a lo irracional. No admitir más que las imágenes que nos impresionaran, sin tratar de averiguar por qué.

En ningún momento se suscitó entre nosotros ni la menor discusión. Fue una semana de identificación completa. Uno decía, por ejemplo: «El hombre saca un contrabajo.» «No», respondía el otro. Y el que había propuesto la idea aceptaba de inmediato la negativa. Le parecía justa. Por el contrario, cuando la imagen que uno proponía era aceptada por el otro, inmediatamente nos parecía luminosa, indiscutible y al momento entraba en el guión.

Cuando éste estuvo terminado, en seguida advertí que la película sería totalmente insólita y provocativa y que ningún sistema normal de producción la aceptaría. Por eso pedí a mi madre una cantidad de dinero, para producirla yo mismo. Ella, convencida gracias a la intervención de un notario, accedió a darme lo que le pedía.

Regresé a París. Cuando hube gastado la mitad del dinero de mi madre en salas de fiestas, me dije que era necesario tener un poco de seriedad y que había que hacer algo. Me puse en contacto con los intérpretes, Pierre Batcheff y Simone Mareuil, con Duverger, el operador y con los estudios de Billancourt, donde, en unos quince días, se rodó la película.

En el plató no éramos más que cinco o seis. Los intérpretes no sabían absolutamente nada de lo que estaban haciendo. Yo le decía a Batcheff, por ejemplo: «Mira por la ventana, como si estuvieras escuchando a Wagner. Más patético todavía.» Pero él no sabía lo que estaba mirando. Técnicamente, yo poseía ya un conocimiento, una autoridad suficiente y me entendía perfectamente con Duverger, el operador.

Dalí no llegó hasta tres o cuatro días antes del final del rodaje. En el estudio, se encargó de echar pez en los ojos de las cabezas de asno disecadas. En una de las tomas, era uno de los hermanos maristas que Batcheff arrastra penosamente; pero no sería ésta la toma que se montara al fin (no recuerdo por qué razón). Se le ve un momento de lejos, corriendo en compañía de Jeanne, mi novia, después de la caída mortal del protagonista. El último día de rodaje, en El Havre, Dalí estaba con nosotros.

Una vez terminada, y montada la película, ¿qué podíamos hacer con ella? Un día, en el «Dôme», Thériade, de *Cahiers d'art*, que había oído hablar de *Un chien andalou* (yo guardaba cierta reserva con mis amigos de Montparnasse), me presentó a Man Ray. Éste había terminado hacia poco en Hyères, en casa de los Noailles, el rodaje de una película titulada *Le Mystère du château de Dé* (documental sobre la mansión de los Noailles y sus invitados) y estaba buscando un complemento de programa.

Man Ray me citó días después en el bar de «La Coupole»

(que se había inaugurado hacía un año o dos) y me presentó a Louis Aragon. Yo sabía que los dos pertenecían al grupo surrealista. Aragon, tres años mayor que yo, estaba adornado con toda la gracia de los buenos modales franceses. Charlamos un rato y yo le dije que, en algunos aspectos, mi película podía considerarse surrealista, o así me parecía a mí.

Man Ray y Aragon vieron la película al día siguiente en el «Studio des Ursulines». A la salida, muy convencidos, me dijeron que había que darle vida cuanto antes, exhibirla, organizar una presentación.

El surrealismo fue, ante todo, una especie de llamada que oyeron aquí y allí, en los Estados Unidos, en Alemania, en España o en Yugoslavia, ciertas personas que utilizaban ya una forma de expresión instintiva e irracional, incluso antes de conocerse unos a otros. Las poesías que yo había publicado en España antes de oír hablar de surrealismo dan testimonio de esta llamada que nos dirigía a todos hacia París. Así también, Dalí y yo, cuando trabajábamos en el guión de *Un chien andalou*, practicábamos una especie de escritura automática, éramos surrealistas sin etiqueta.

Había algo en el aire, como ocurre siempre. Pero tengo que añadir que, por lo que a mí respecta, mi encuentro con el grupo fue esencial y decisivo para el resto de mi vida.

Aquel encuentro tuvo lugar en el café «Cyrano» de la place Blanche, en el que el grupo celebraba sus sesiones diariamente. Me presentaron a Max Ernst, André Breton, Paul Éluard, Tristan Tzara, René Char, Pierre Unik, Tanguy, Jean Arp, Maxime Alexandre, Magritte. Todos salvo Benjamin Péret, que entonces estaba en el Brasil. Me estrecharon la mano, me ofrecieron una copa y prometieron no faltar a la presentación de la película, de la que Aragon y Man Ray les habían hecho grandes elogios.

Aquella primera proyección pública de *Un chien andalou* fue organizada con invitaciones de pago en las «Ursulines» y reunió a la flor y nata de París, es decir, aristócratas, escritores y pintores célebres (Picasso, Le Corbusier, Cocteau, Christian Bérad, el músico Georges Auric) y, por supuesto, el grupo surrealista al completo.

Muy nervioso, como es de suponer, yo me situé detrás de la pantalla con un gramófono y, durante la proyección, alternaba los tangos argentinos con *Tristán e Isolda*. Me había puesto unas piedras en el bolsillo, para tirárselas al público si la película era un fracaso. Tiempo atrás, los surrealistas habían abucheado *La coquille et le clergyman*, película de Germaine Dulac (sobre guión de Antonin Artaud) que a mí, no obstante, me gustaba. Yo esperaba lo peor.

No necesité las piedras. Cuando terminó la película, desde detrás de la pantalla oí grandes aplausos y, discretamente, me deshice de mis proyectiles, dejándolos caer al suelo.

Mi entrada en el grupo surrealista se produjo como algo sencillo y natural. Fui admitido a las reuniones que se celebraban diariamente en «Cyrano» y, alguna que otra vez, en casa de Breton, en el 42 de la rue Fontaine.

El «Cyrano» era un auténtico café de Pigalle, popular, con putas y chulos. Llegábamos, generalmente, entre cinco y seis de la tarde. Las bebidas consistían en «Pernod», mandarín-curaçao y picón-cerveza (con una gota de granadina). Esta última era la bebida favorita del pintor Tanguy. Bebía un vaso y luego otro. Al tercero, tenía que taparse la nariz con dos dedos.

Aquello se parecía a una peña española. Se leía, se discutía tal o cual artículo, se hablaba de la revista, de un testimonio que había que dar, de una carta que había que escribir, de una manifestación. Cada cual exponía su idea y daba su opinión. Cuando la conversación debía girar en torno de un tema concreto y más confidencial, la reunión se celebraba en el estudio de Breton, que quedaba muy cerca.

Cuando yo llegaba de los últimos, no daba la mano más que a los que estaban cerca de donde yo iba a sentarme y me limitaba a saludar con un ademán a André Breton si estaba lejos de mí. Un día preguntó a otro miembro del grupo: «¿Es que Buñuel tiene algo contra mí?» Le respondieron que yo no tenía nada contra él, pero que detestaba la costumbre francesa de dar la mano a todo el mundo en todo momento (costumbre que después prohibiría en el plató de *Esto se llama la aurora*).

Al igual que todos los miembros del grupo, yo me sentía atraído por una cierta idea de la revolución. Los surrealistas, que no se consideraban terroristas, activistas armados, luchaban contra una sociedad a la que detestaban utilizando como arma principal el escándalo. Contra las desigualdades sociales, la explotación del hombre por el hombre, la influencia embrutecedora de la religión, el militarismo burdo y materialista, vieron durante mucho tiempo en el escándalo el revelador potente, capaz de hacer aparecer los resortes secretos y odiosos del sistema que había que derribar. Algunos no tardaron en apartarse de esta línea de acción para pasar a la política propiamente dicha y, principalmente, al único movimiento que entonces nos parecía digno de ser llamado revolucionario: el movimiento comunista. Ello daba lugar a discusiones, escisiones y querellas incesantes. Sin embargo, el verdadero objetivo del surrealismo no era el de crear un movimiento literario, plástico, ni siquiera filosófico nuevo, sino el de hacer estallar la sociedad, cambiar la vida.

La mayoría de aquellos revolucionarios −al igual que los señoritos que yo frecuentaba en Madrid− eran de buena familia. Burgueses que se rebelaban contra la burguesía. Éste era mi caso. A ello se sumaba en mí cierto instinto negativo, destructor que siempre he sentido con más fuerza que toda tendencia creadora. Por ejemplo, siempre me ha parecido más atractiva la idea de incendiar un museo que la de abrir un centro cultural o fundar un hospital.

Pero lo que más me fascinaba de nuestras discusiones del «Cyrano» era la fuerza del aspecto moral. Por primera vez en mi vida, había encontrado una moral coherente y estricta, sin una falla. Por supuesto, aquella moral surrealista, agresiva y clarividente solía ser contraria a la moral corriente, que nos parecía abominable, pues nosotros rechazábamos en bloque los valores convencionales. Nuestra moral se apoyaba en otros criterios, exaltaba la pasión, la mixtificación, el insulto, la risa malévola, la atracción de las simas. Pero, dentro de este ámbito nuevo cuyos reflejos se ensanchaban día tras día, todos nuestros gestos, nuestros reflejos y pensamientos nos parecían justificados, sin posible sombra de duda. Todo se sostenía en pie. Nuestra moral era más exigente y peligrosa pero también más firme, más coherente y más densa que la otra.

Añadiré −Dalí me lo hizo observar− que los surrealistas

eran guapos. Belleza luminosa y leonada la de André Breton, que saltaba a la vista. Belleza más sutil la de Aragon. Éluard, Crevel y el mismo Dalí, y Max Ernst con su sorprendente cara de pájaro de ojos claros, y Pierre Unik y todos los demás: un grupo ardoroso, gallardo, inolvidable.

Después del «estreno triunfal» de *Un chien andalou*, Mauclair, de *Studio 28*, compró la película. Al principio me dio mil francos. Después, como la película tenía éxito (estuvo ocho meses en cartel), me dio otros mil, y otros. En total, siete u ocho mil francos, si no me equivoco. Hubo cuarenta o cincuenta denuncias en la comisaría de policía de personas que afirmaban: «Hay que prohibir esa película obscena y cruel.» Entonces empezó una larga serie de insultos y amenazas que me ha perseguido hasta la vejez.

Hubo incluso dos abortos durante las proyecciones. Pero la película no fue prohibida.

Yo había aceptado una propuesta de Auriol y de Jacques Brunius para publicar el guión en la *Revue du Cinéma* editada por «Gallimard». Buena la hice.

Resulta que la revista belga *Variétés* había decidido dedicar un número íntegro al movimiento surrealista. Éluard me pidió que publicara el guión en *Variétés* y yo tuve que decirle que lo sentía mucho pero que acababa de darlo a la *Revue du Cinéma*. Esto provocó un incidente que me planteó un problema de conciencia de suma gravedad y que ilustra concretamente la mentalidad, el talante surrealista.

Algunos días después de mi conversación con Éluard, Breton me preguntó:

—Buñuel, ¿podría usted ir a mi casa esta noche? Habrá una pequeña reunión.

Yo acepté sin el menor recelo y aquella noche encontré reunido al grupo completo. Se trataba de un proceso en toda regla. Aragon, que desempeñaba con autoridad el papel de fiscal, me acusó en términos muy duros de haber cedido mi guión a una revista burguesa. Además, el éxito comercial de *Un chien andalou* empezaba a resultar sospechoso. ¿Cómo podía una película tan provocativa llenar el cine? ¿Qué explicación cabía?

Solo frente a todo el grupo, yo trataba de defenderme, pero era difícil. Hasta oí preguntar a Breton:

—Está con la Policía o con nosotros?

Yo me encontraba ante un dilema realmente dramático, aunque hoy tal vez haga sonreír la dureza de la acusación. En realidad aquel problema de conciencia, muy enconado, era el primero de mi vida. De regreso en mi casa, sin poder dormir, me decía: «Sí, soy libre de hacer lo que quiera: ellos no tienen ningún derecho sobre mí. Puedo tirarles mi guión a la cara y marcharme, no tengo por qué obedecerles. Ellos no son más que yo.»

Al mismo tiempo, sentía otra fuerza que me decía: «Tienen razón, reconócelo. Te has creído que tu único juez es tu conciencia, y estás equivocado. A esos hombres los quieres, confías en ellos. Te consideran uno de los suyos. No eres libre como imaginas. Tu libertad no es más que un fantasma que va por el mundo con un manto de niebla. Cuando tratas de asirla se te escapa sin dejarte más que un rastro de humedad en los dedos.»

Este conflicto interior me atormentó durante mucho tiempo. Aún hoy pienso en ello y cuando alguien me pregunta qué era el surrealismo, respondo invariablemente: un movimiento poético, revolucionario y *moral*.

Finalmente, pregunté a mis nuevos amigos qué querían que hiciera. Impedir que Gallimard publicara el guión, me respondieron. Pero, ¿cómo podría arreglármelas para ver a Gallimard? ¿Cómo hablar con él? Ni siquiera conocía la dirección. «Éluard le acompañará», me dijo Breton.

Allá fuimos los dos, Paul Éluard y yo, a hablar con Gallimard. Yo digo que he cambiado de opinión y que renuncio a la publicación del guión en la *Revue du Cinéma*. Me contestan que ni hablar, que he dado mi palabra y el director de la imprenta añade que las planchas ya están compuestas.

Regreso e informo al grupo. Nueva decisión: debo hacerme con un martillo, volver a «Gallimard» y romper las planchas.

Acompañado también por Éluard, vuelvo a «Gallimard» con un gran martillo escondido bajo el impermeable. Pero ya es tarde. La revista ya está impresa y los primeros ejemplares, distribuidos.

La última decisión fue que la revista *Variétés* publicara también el guión de *Un chien andalou* (y así lo hizo) y que yo enviara a dieciséis diarios parisinos una carta «de indignada protesta» en la que afirmara que había sido víctima de una infame maquinación burguesa. Siete u ocho periódicos publicaron la carta.

Además, para *Variétés* y para la *Révolution surréaliste* escribí un prólogo en el que declaraba que, a mi modo de ver, la película no era más que un llamamiento público al asesinato.

Algún tiempo después, propuse quemar el negativo de la película en la place du Tertre de Montmartre. Así lo habría hecho sin titubear, lo juro, si me hubieran dejado. Y aún lo haría. No me importaría ver arder en mi pequeño jardín todos los negativos y copias de mis películas. Me sería completamente igual.

Rechazaron mi proposición.

Benjamin Péret era para mí el poeta surrealista por excelencia: libertad total, inspiración límpida, de manantial, sin ningún esfuerzo cultural y recreando inmediatamente otro mundo. En 1929, Dalí y yo leíamos en voz alta algunas poesías de Gran Jeu y a veces acabábamos revolcándonos por el suelo de risa.

Cuando yo entré en el grupo, Péret estaba en el Brasil, en calidad de representante del movimiento trotskista. Nunca lo vi en las reuniones y no lo conocí hasta su regreso del Brasil, de donde fue expulsado. Nos veríamos sobre todo en México, después de la guerra. Cuando yo rodaba mi primera película mexicana, *Gran Casino*, vino a pedirme trabajo, algo que hacer. Yo traté de ayudarlo, lo cual era bastante difícil, ya que yo mismo me encontraba en una situación precaria. En México vivió con la pintora Remedios Varo (incluso tal vez se casaran, no sé) a la que admiro tanto como a Max Ernst. Péret era un surrealista en estado natural, puro de todo compromiso, y, casi siempre, muy pobre.

Hablé de Dalí al grupo y les mostré varias fotografías de sus cuadros (entre ellas, el retrato que me había hecho) que les merecieron una opinión mediana. Pero los surrealistas cambiaron de actitud cuando vieron los cuadros originales que Dalí trajo de España. Fue admitido inmediatamente y asistió a las reuniones. Sus primeros contactos con Breton, que se entusiasmó por su método «paranoico-crítico», fueron excelentes. La influencia de Gala no tardaría en transformar a Salvador Dalí en *Avida Dollars*. Tres o cuatro años después, fue excluido del movimiento.

Dentro del grupo, se formaban núcleos, aglutinados por afinidades particulares. Por ejemplo, los mejores amigos de Dalí eran Crevel y Éluard. Yo congeniaba mucho con Aragon, Georges Sadoul, Max Ernst y Pierre Unik.

Pierre Unik, hoy olvidado, me parecía entonces un muchacho formidable (yo tenía cinco años más que él), apasionado y brillante, un amigo muy querido. Era hijo de un sastre judío, rabino por más señas, y un ateo convencido. Un día, comunicó a su padre mi deseo —expresado puramente para escandalizar a mi familia— de convertirme al judaísmo. El padre se mostró dispuesto a recibirme, pero en el último momento decidí permanecer fiel al cristianismo.

Juntos pasábamos largas veladas, con su amiga Agnès Capri, con una librera ligeramente coja pero muy guapa que se llamaba Yolanda Oliviero y una fotógrafa llamada Denise, charlando y contestando con la mayor franqueza posible la encuesta sobre el sexo y practicando juegos que yo calificaría de castamente libertinos. Unik publicó un libro de poesías, *Le Théâtre des nuits blanches*, y otro libro póstumo. Dirigía una revista para niños editada por el partido comunista, hacia el que me sentía muy atraído. El 6 de febrero de 1934, durante los disturbios fascistas, llevaba en una boina fragmentos del cerebro de un obrero que había muerto aplastado. Lo vieron entrar en el Metro, a la cabeza de un grupo de manifestantes gritando. La Policía los perseguía y tuvieron que huir por los túneles.

Durante la guerra, Unik fue internado en un campo de prisioneros en Austria. Cuando se enteró del avance de los ejércitos soviéticos, se escapó para unirse a ellos. Se supone que fue arrollado por un alud y se despeñó por un precipicio. Su cadáver no fue hallado.

Louis Aragon, bajo su aspecto amanerado, tenía un alma recia. De todos los recuerdos que guardo de él (aún seguíamos viéndonos hacia 1970), uno se me grabó para siempre.

Yo vivía entonces en la rue Pascal. Una mañana, a eso de las ocho, recibo una carta por correo neumático, en la que Aragon me pide que vaya a verlo cuanto antes. Me espera. Tiene que decirme algo muy grave.

Media hora después, llego a su casa de la rue Campagne-Première. En pocas palabras, me dice que Elsa Triolet le ha dejado para siempre, que los surrealistas han publicado un folleto injurioso contra él y que el partido comunista en el que estaba afiliado ha decidido expulsarlo. Por una increíble acumulación de circunstancias, toda su vida se desmorona y en un momento ha perdido todo lo que le importa. Sin embargo, en su desgracia, pasea por el estudio como un león, ofreciendo una de las más admirables estampas de valor que yo recuerde.

Al día siguiente, todo se arreglaba. Elsa regresó y el partido comunista renunció a expulsarlo. Por lo que respecta a los surrealistas, ya no le importaban.

Guardo un testimonio de aquel día, un ejemplar de *Persécuté Persécuteur* con una dedicatoria de Aragon que dice que hay días en los que se agradece que un amigo venga a estrecharte la mano, «cuando sientes que ya todo se acaba...» De eso hace cincuenta años.

Albert Valentin también formaba parte del grupo en la época en que yo entré. Era ayudante de René Clair, participaba en el rodaje de *A nous la liberté* y no hacía más que repetirnos: «Ya veréis, creo que es una película revolucionaria de verdad, os va a gustar mucho.» Todo el grupo fue al estreno. La película defraudó de tal modo, fue considerada tan poco revolucionaria que se expulsó del grupo a Albert Valentin por habernos engañado. Volví a verlo mucho después en el festival de Cannes; era muy simpático y muy aficionado a la ruleta.

René Crevel era de una amabilidad extrema. Era el único homosexual del grupo, inclinación que él trataba de dominar. Aquella lucha, agravada por infinidad de disputas entre comunistas y surrealistas, terminó en suicidio, una noche, a las once. El cadáver fue encontrado al día siguiente por la portera. En aquel momento, yo no estaba en París. Todos sentimos su muerte, provocada por una angustia personal.

André Breton era hombre muy educado y ceremonioso que besaba la mano a las señoras. Era muy sensible al humor sublime, pero aborrecía las bromas groseras y mantenía en todas sus cosas una cierta seriedad. Para mí, la poesía que escribió acerca de su mujer es, junto con las obras de Péret, el más hermoso recuerdo literario del surrealismo.

Su calma, su apostura, su elegancia, su buen criterio no impedía que tuviera súbitos y temibles accesos de cólera. Como siempre estaba reprochándome que no quisiera presentar a Jeanne, mi prometida, a los demás surrealistas y me acusaba de ser celoso como un español, accedí a ir a cenar a su casa con Jeanne.

En la cena estaban también Magritte y su mujer. El ágape empezó en un ambiente sombrío. Por alguna razón inexplicable, Breton no levantó la nariz del plato, mantuvo el entrecejo fruncido y hablaba con monosílabos. Nosotros nos preguntábamos qué habría ocurrido cuando, de repente, sin poder resistir más, Breton señaló con el dedo una crucecita que la mujer de Magritte llevaba en el cuello, colgada de una cadena de oro, y declaró con altivez que eso era una provocación intolerable y que ya hubiera podido ponerse otra cosa para ir a cenar a su casa. Magritte salió en defensa de su mujer. La disputa —muy violenta— duró algún tiempo y se calmó. Magritte y su esposa hicieron un esfuerzo para no marcharse antes de que terminara la velada. Sus relaciones se enfriaron durante algún tiempo.

Breton podía dar también una importancia desmesurada a detalles que a otro se le hubieran escapado. Después de que visitara a Trotski en México, le pregunté qué impresión le había causado el personaje y me contestó:

—Trotski tiene un perro al que quiere mucho. Un día en que el perro estaba a su lado, mirándole, Trotski me dijo: «Este perro tiene mirada humana, ¿verdad?» ¿Se da usted cuenta? No comprendo que un hombre como Trotski pueda decir semejante estupidez. ¡Un perro no tiene mirada humana! ¡Un perro tiene mirada de perro!

Y me lo decía indignado. Otro día salió corriendo de su casa para volcar a puntapiés el cajón portátil de un vendedor de biblias ambulante.

Breton odiaba la música, al igual que muchos surrealistas, especialmente, la ópera. Empeñado en sacarle de su error, un día conseguí convencerlo para que me acompañara a la

Ópera Cómica, con otros varios miembros del grupo, seguramente, René Char y Éluard. Se representaba *Louise* de Charpentier, que yo conocía. Nada más levantarse el telón, quedamos desconcertados por el decorado y los personajes. Aquello en nada se parecía a la ópera tradicional que a mí me gustaba. Entra en escena una mujer con una sopera y se pone a cantar el aria de la sopa. Es demasiado. Breton se levanta y se marcha con insolencia, indignado por haber perdido el tiempo. Los demás lo siguen. Yo también.

Durante la guerra, veía con frecuencia a Breton en Nueva York y, después, en París. Fuimos buenos amigos hasta el fin. A pesar de los premios que se me han concedido en diversos festivales, él nunca me amenazó con excomulgarme. Incluso me confesó que *Viridiana* le había hecho llorar. *El ángel exterminador*, por el contrario, le defraudó un poco, no sé por qué.

Hacia 1955, me encontré con él en París, un día en que los dos íbamos a casa de Ionesco. Como era un poco temprano, fuimos a tomar una copa. Le pregunté por qué habían expulsado del grupo a Max Ernst, culpable de haber obtenido el gran premio de la Bienal de Venecia.

–¿Qué quiere que le diga, amigo mío? –me respondió–. Nos separamos de Dalí porque se convirtió en un miserable comerciante. Ahora lo mismo le ha ocurrido a Max.

Queda en silencio un momento, y luego añade –y yo veo en su rostro una pena profunda, auténtica:

–Es triste tener que reconocerlo, mi querido Luis; pero el escándalo ya no existe.

Yo estaba en París cuando murió Breton y fui al cementerio. Para no ser reconocido, para no tener que hablar con personas a las que hacía cuarenta años que no veía, me disfracé un poco, con un sombrero y unas gafas y me quedé a un lado.

Fue un acto rápido y silencioso. Luego, cada cual se fue por su lado. Siento que nadie dijera unas palabras junto a su tumba, como una especie de adiós.

Después de *Un chien andalou*, imposible pensar en realizar una de esas películas que ya llamaban «comerciales». Yo
quería seguir siendo surrealista a toda costa. Como me parecía imposible pedir otro financiamiento a mi madre, no veía
solución y decidí renunciar al cine.

No obstante, había imaginado una veintena de ideas, de
gags –como la de una carreta llena de obreros atravesando un
salón elegante, o un padre matando con una escopeta a su
propio hijo porque le había tirado la ceniza del cigarrillo– y
los anotaba, por si acaso. Durante un viaje a España, se los
conté a Dalí que se mostró muy interesado. Aquí había una
película. ¿Cómo hacerla?

Regresé a París. Zervos, de *Cahiers d'Art*, me puso en contacto con George-Henri Rivière, que me propuso presentarme a los Noailles que habían «adorado» *Un chien andalou*.
En un principio yo respondí lo que debía responder, que no
esperaba nada de los aristócratas. «Está equivocado –me dijeron Zervos y Rivière–; son unas personas estupendas a las
que es preciso que conozca.» Por fin, acepté ir a cenar a su
casa, en compañía de Georges y Nora Auric. Su casa de la
place des Etats-Units era esplendorosa y contenía una colección casi inconcebible de obras de arte. Después de la cena,
delante del fuego de la chimenea, Charles de Noailles me dijo:

–Se trata de lo siguiente: realizar una película de unos
veinte minutos. Libertad total. Única condición: tenemos un
compromiso con Stravinski que se encargará de la música.

–Lo siento mucho –contesté–; pero, ¿cómo pueden imaginar que yo vaya a colaborar con un señor que se pone de rodillas y se da golpes en el pecho?

Porque esto era lo que se decía de Stravinski.

Charles de Noailles tuvo una reacción que yo no esperaba
y que me dio una primera oportunidad de estimarlo.

–Tiene razón –me dijo sin levantar la voz–. Stravinski y
usted son incompatibles. Elija usted mismo al músico para su
película. Ya encontraremos otra cosa para Stravinski.

Acepté, incluso cobré un anticipo de mi salario y me fui a Figueras, para reunirme con Dalí.

Era la Navidad de 1929.

Llego a Figueras procedente de París, vía Zaragoza (donde siempre paraba, para ver a mi familia), y oigo gritos de cólera. La notaría del padre de Dalí estaba en la planta baja y la familia (el padre, la tía y la hermana, Ana María) vivían en el primer piso. El padre abre la puerta bruscamente, indignado, y pone a su hijo en la calle, llamándole miserable. Dalí replica y se defiende. Yo me acerco. El padre, señalando a su hijo, me dice que no quiere volver a ver a ese cerdo en su casa. La causa (justificada) de la cólera paterna es ésta: durante una exposición celebrada en Barcelona, Dalí ha escrito en uno de sus cuadros, con tinta negra y mala letra: «Escupo en el retrato de mi madre.»

Dalí, expulsado de Figueras, me pide que vaya con él a la casa de Cadaqués. Allí nos ponemos a trabajar dos o tres días. Pero a mí me parece que el encanto de *Un chien andalou* se ha perdido por completo. ¿Era ya la influencia de Gala? No estábamos de acuerdo en nada. Cada uno encontraba malo aquello que proponía el otro y lo rechazaba.

Nos separamos amigablemente y yo escribí el guión solo en Hyères, en la finca de Charles y Maria-Laure de Noailles. Ellos me dejaban tranquilo durante todo el día. Por la noche, yo les leía las páginas que había escrito. No pusieron ni una sola objeción. Todo —casi no exagero—, todo les parecía «exquisito, delicioso».

Finalmente, sería una película de una hora, mucho más larga que *Un chien andalou*. Dalí me había enviado varias ideas por carta y por lo menos una aparecía en la película: un hombre andando por un parque público con una piedra en la cabeza. Pasa junto a una estatua. La estatua tiene también una piedra en la cabeza.

Cuando vio la película terminada, le gustó mucho y me dijo: «Parece una película americana.»

El rodaje fue preparado cuidadosamente, sin malgastar. Jeanne, mi novia, fue nombrada contable. Cuando, terminada la película, rendí cuentas a Charles de Noailles, le devolví dinero.

Él dejó las cuentas encima de una mesa del salón y pasa-

131

mos al comedor. Después, por unos restos de papel calcinado que reconocí, comprendí que había quemado mis cuentas. Pero no lo hizo delante de mí. El gesto no tenía nada de ostentoso, y esto era lo que más me gustaba.

La Edad de oro se rodó en los estudios «Billancourt». En un plató contiguo, Einsenstein realizaba *Sonate de printemps* de la que hablaré más adelante. Yo conocía a Gaston Modot de Montparnasse. Era un enamorado de España y tocaba la guitarra. Lya Lys, la protagonista femenina, me fue enviada por un agente, al mismo tiempo que Elsa Kuprine, la hija del escritor ruso. No recuerdo por qué elegí a Lya Lys. Duverger se encargaba de la cámara, y Marval era el regidor, lo mismo que en *Un chien andalou*. Este último era también uno de los obispos defenestrados.

Un escenógrafo ruso se encargó de construir los decorados del estudio. Los exteriores se rodaron en Cataluña, cerca de Cadaqués y en las afueras de París. Max Ernst interpretaba al jefe de los bandidos, y Pierre Prévert al bandido enfermo. Entre los invitados que aparecen en el salón, se ve a Valentine Hugo, alta y guapa, al lado del célebre ceramista español Artigas, amigo de Picasso, un hombre pequeñito a quien adorné de un bigotazo enorme. La Embajada italiana vio en este personaje una alusión al rey Víctor Manuel, que era minúsculo, y formuló una protesta.

Varios de los actores me ocasionaron problemas, en especial el emigrado ruso que hacía de director de orquesta. En realidad, no era muy bueno. Por el contrario, me sentía muy contento de la estatua, hecha especialmente para la película. Añadiré que se ve un momento a Jacques Prévert cruzando una calle y que la voz en *off* –*La Edad de oro* fue la segunda o tercera película sonora que se rodó en Francia–, la voz que dice, lo recuerdo bien: *approche la tête, ici l'oreiller est plus frais*[1], es la de Paul Éluard.

Finalmente, el actor que hacía el papel de duque de Blangis en la última parte de la película –homenaje a Sade– se llamaba Lionel Salem. Se había especializado en el papel de Cristo y lo interpretó en varias producciones de la época.

No volví a ver la película. Hoy me es imposible decir lo

(1) Acerca la cabeza. Aquí está más fresca la almohada.

que pienso de ella. Después de compararla a una película americana (por la técnica, sin duda) Dalí, cuyo nombre mantuve en la ficha técnica, escribió después que *sus* intenciones al hacer el guión eran: mostrar al desnudo los innobles mecanismos de la sociedad actual.

Para mí, se trataba también –y sobre todo– de una película de amor loco, de un impulso irresistible que, en cualquiera circunstancias, empuja el uno hacia el otro a un hombre y una mujer que nunca pueden unirse.

Durante el rodaje de una película, el grupo surrealista atacó un cabaret del boulevard Edgar Quinet que imprudentemente se había apropiado del título de la poesía de Lautréamont *Les Chants de Maldoror*. Ya se sabe la veneración intransigente que los surrealistas profesaban a Lautréamont.

En atención a mi calidad de extranjero y de las consecuencias policiales que podía acarrearnos el ataque a un lugar público, yo estaba dispensado, junto con algunos otros. Era un asunto nacional. El cabaret fue saqueado y Aragon recibió un navajazo.

Se encontraba en el local un periodista rumano que había hablado bien de *Un chien andalou*, pero protestó airadamente por la irrupción de los surrealistas en el cabaret.

Se presentó en «Billancourt» dos días después. Yo mandé que lo echaran a la calle.

La primera proyección, reservada a un grupo de íntimos, tuvo lugar en casa de los Noailles quienes –lo decían siempre con una leve entonación británica– encontraron la película «exquisita, deliciosa».

Algún tiempo después, organizaron una proyección en el cine «Panthéon», a las diez de la mañana, a la que invitaron a «la flor y nata de París» y en particular a cierto número de aristócratas. Marie-Laure y Charles recibían a los invitados en la puerta (esto me lo contó Juan Vicens, ya que yo estaba entonces en París), les estrechaban la mano sonriendo y a algunos incluso los besaban. Después de la sesión, volvieron a situarse en la puerta, para despedir a los invitados y recoger sus impresiones. Pero los invitados se marcharon de prisa, muy serios, sin decir una palabra.

Al día siguiente, Charles de Noailles fue expulsado del Jockey-Club. Su madre tuvo que hacer un viaje a Roma para par-

lamentar con el Papa, ya que incluso se hablaba de exco-
munión.

La película se estrenó en el «Studio 28», al igual que *Un
chien andalou* y se proyectó durante seis días a sala llena. Después, mientras la Prensa de derechas arremetía contra la película, los Camelots du Roi y las Jeunesses Patriotiques atacaron el cine, rasgaron los cuadros de la exposición surrealista
que se había montado en el vestíbulo, lanzaron bombas a la
pantalla y rompieron butacas. Fue «el escándalo de *La Edad
de oro*».

Una semana después, Chiappe, el prefecto de Policía, en
nombre del orden público, pura y simplemente prohibió la
película. Prohibición que se mantuvo durante cincuenta
años. La película no podía verse más que en proyección privada o en cine-clubs. Por fin en 1980 fue distribuida en Nueva
York y en 1981, en París.

Los Noailles nunca me tomaron a mal aquella prohibición; es más, se felicitaban de la calurosa acogida que tuvo la
película entre el grupo surrealista.

Yo los veía con frecuencia, cada vez que iba a París. En
1933 organizaron una fiesta en Hyères, en la que cada uno de
los artistas invitados podía hacer lo que quisiera. Dalí y Crevel, invitados, se excusaron no recuerdo por qué. Por el contrario, Darius Milhaud, Francis Poulenc, Georges Auric, Igor
Markevich y Henri Sauguet compusieron y dirigieron cada
uno una pieza en el teatro municipal de Hyères. Cocteau di-
bujó el programa y Christian Bérard, los trajes de los invitados (había un palco reservado para los invitados disfrazados).

Instigado por Breton, que estimaba a los creadores y les
incitaba a expresarse –continuamente me preguntaba:
«¿Cuándo nos dará algo para la revista?»–, en una hora escribí los textos de *Une girafe*.

Pierre Unik me corrigió el francés, después de lo cual fui a
ver a Giacometti a su estudio (acababa de unirse al grupo) y le
pedí que dibujara y recortara en contraplacado una jirafa de
tamaño natural. Giacometti accedió, me acompañó a Hyères
e hizo la jirafa. Las manchas de la jirafa estaban montadas con
bisagras y podían levantarse. Debajo, se leían las frases escri-
tas por mí en una hora. De haber tenido que realizar lo que en
ellas se pedía, hubiera habido que desembolsar cuatrocientos

millones de dólares en el espectáculo. El texto completo fue publicado en *Le Surréalisme au service de la Révolution*. En una mancha se leía, por ejemplo: «Una orquesta de cien músicos empieza a tocar *La Walkiria* en un subterráneo.» En otra: *Cristo riendo a carcajadas.* (Me ufano de haber sido el inventor de esta imagen que tantas veces se utilizaría después.)

La jirafa se instaló en el jardín de la abadía de Saint-Bernard, propiedad de los Noailles. Se había anunciado a los invitados que había una sorpresa. Antes de la cena, se les pidió que, con ayuda de un taburete, fueran a leer lo que había debajo de las manchas.

Ellos obedecieron y pareció que les gustaba. Después del café, Giacometti y yo volvimos al jardín. La jirafa había desaparecido. Ni rastro de ella. Ni una explicación. ¿Resultaba demasiado escandalosa, después del escándalo de *La Edad de oro*? No sé qué sería de la jirafa. Ni Charles ni Marie-Laure volvieron a hablar de ella delante de mí. Y yo no me atreví a preguntar la razón de aquel súbito destierro.

Después de pasar unos días en Hyères, Roger Désormières, el director de orquesta, me dijo que iba a Montecarlo a dirigir la primera representación de los nuevos Ballets Rusos. Me invitó a acompañarle y yo acepté inmediatamente. Algunos de los invitados, entre ellos, Cocteau, fueron a despedirnos a la estación y alguien me previno: «Tenga cuidado con las bailarinas, son muy jóvenes y muy inocentes y les dan un sueldo mísero. Que por lo menos una no quede encinta.»

En el tren, durante las dos horas de viaje, me puse a soñar despierto, como acostumbro. Veía aquel enjambre de bailarinas como un harén, sentadas en varias filas de sillas, todas con sus medias negras, esperando mis órdenes. Señalaba a una con el dedo y ella se levantaba y se acercaba a mí dócilmente. Entonces yo cambiaba de opinión, señalaba a otra, tan sumisa como la primera. Mecido por el traqueteo del tren, no encontraba obstáculo para mi erotismo.

En realidad, esto es lo que ocurrió.

Désormières tenía por amiga a una de las bailarinas. Después de la primera representación, me propuso ir a tomar una copa a un cabaret con su amiga y otra chica de la compañía. Yo, como es de suponer, no opuse objeción.

La representación se desarrolló normalmente. Al final,

dos o tres bailarinas se desmayaron de agotamiento (¿estarían realmente mal pagadas y desnutridas?), entre ellas la amiga de Désormières. Cuando volvió en sí, pidió a una de sus compañeras –una rusa blanca muy bonita– que nos acompañara y los cuatro nos encontramos en un cabaret, tal como estaba previsto.

Todo se presentaba espléndidamente. Désormières y su amiga no tardaron en retirarse, dejándome solo con la rusa blanca. Entonces, no sé por qué, impulsado por esa torpeza que suele marcar mis relaciones con las mujeres, yo me enfrasqué enérgicamente en una discusión política sobre Rusia, el comunismo y la revolución. De entrada, la bailarina se declaró abiertamente antisoviética y no vaciló en hablar de los crímenes del régimen comunista. Yo me enfadé, la llamé reaccionaria asquerosa, estuvimos discutiendo un rato, le dejé dinero para un taxi y me fui a mi casa.

Después me he arrepentido muchas veces de aquel enfado y de algunos más.

Entre las hermosas hazañas del surrealismo hay una que me parece especialmente deliciosa. Se la debemos a Georges Sadoul y a Jean Caupenne.

Un día de 1930, Georges Sadoul y Jean Caupenne, sin nada que hacer, leen el periódico en un café de una ciudad de provincias. De pronto, su mirada tropieza con los resultados de los exámenes de la Academia Militar de Saint-Cyr. El primero, el número uno de la promoción, es un tal Keller.

Lo que más me gusta del caso es que Sadoul y Caupenne no tengan nada que hacer. Que estén solos, en provincias. Se aburren un poco. De pronto, se les ocurre una idea luminosa:

–¿Y si le escribiéramos una carta a ese cretino?

Dicho y hecho. Piden papel y pluma al camarero y redactan una de las más hermosas cartas de insultos de la historia del surrealismo. Firman la carta y la envían sin demora al número uno de Saint-Cyr. Hay en la carta frases inolvidables. Por ejemplo: «Nosotros escupimos en los tres colores. Con vuestros hombres sublevados, tenderemos al sol las tripas de todos los oficiales del Ejército francés. Si nos obligan

136

a ir a la guerra, por lo menos serviremos bajo el glorioso casco puntiagudo alemán...» Etcétera.

El tal Keller recibió la carta, la pasó al director de Saint-Cyr quien, a su vez, la transmitió al general Gouraud, mientras que *Le Surréalisme au service de la Révolution* la publicaba.

El caso metió bastante ruido. Sadoul vino a verme y me dijo que tenía que huir, marcharse de Francia. Yo hablé de él a los Noailles que, siempre generosos, le dieron cuatro mil francos. Jean Caupenne fue detenido. El padre de Sadoul y el padre de Caupenne fueron a presentar excusas al Estado Mayor de París. Fue inútil. Saint-Cyr exigía una reparación pública. Sadoul se fue de Francia y Caupenne, según me dijeron, pidió perdón de rodillas ante los alumnos de la academia militar al completo. No sé si es verdad.

Cuando me acuerdo de este caso, me parece volver a ver la expresión de profunda tristeza y desamparo de André Breton cuando, en 1955, se me lamentaba de que el escándalo ya no fuera posible.

En torno al surrealismo, traté y, en ocasiones, llegué a conocer bastante bien a escritores y pintores que rozaban un instante el movimiento, establecían contacto, luego lo rechazaban y volvían a él para rechazarlo otra vez. Y a otros que estaban empeñados en búsquedas más solitarias. En Montparnasse conocí a Fernand Léger al que veía con frecuencia. André Masson casi nunca asistía a nuestras reuniones, pero mantenía relaciones amistosas con el grupo. Los verdaderos pintores surrealistas eran Dalí, Tanguy, Arp, Miró, Magritte y Max Ernst.

Este último, que fue muy buen amigo mío, pertenecía ya al movimiento Dada. La eclosión surrealista le pilló en Alemania, como a Man Ray en los Estados Unidos. Max Ernst me contó que en Zurich, con Arp y Tzara, antes de la formación del grupo surrealista, durante un espectáculo ofrecido con ocasión de una exposición, pidió a una niña —siempre ese afán de perversión de la infancia— que, vestida con un traje de primera comunión y con un cirio en la mano recitara desde el escenario, un texto francamente pornográfico del que ella no entendía nada. El escándalo fue considerable.

Max Ernst, hermoso como un águila, se fugó con la hermana del escenógrafo Jean Aurenche, Marie-Berthe, que hace un papelito en *La Edad de oro* y se casó con ella. Un año –¿fue antes o después de su matrimonio?; no me acuerdo–, él pasó las vacaciones en el mismo pueblo que Ángeles Ortiz. Éste, verdadera plaga de los salones, ya ni contaba sus conquistas. Ocurrió que aquel año Max Ernst y Ortiz se enamoraron de la misma mujer, y Ortiz se la llevó.

Algún tiempo después, Breton y Éluard fueron a verme a mi casa de la rue Pascal y me dijeron que venían de parte de mi amigo Max Ernst que se había quedado esperando en la esquina. No sé exactamente por qué, Max me acusaba de haber intrigado en favor de Ortiz. Y, en su nombre, Breton y Éluard venían a pedirme explicaciones. Yo les respondí que no tenía nada que ver con aquella historia y que nunca había sido consejero erótico de Ángeles Ortiz. Ellos se retiraron.

André Derain nunca tuvo nada que ver con el surrealismo. Era mucho mayor que yo –por lo menos, treinta o treinta y cinco años– y solía hablarme de la Commune de París. Fue el primero que me habló del caso de los fusilados durante la feroz represión dirigida por los versalleses, por tener las manos encallecidas, señal de que pertenecían a la clase obrera.

Derain, alto y corpulento, exhalaba una viva simpatía. Una noche me llevó a un burdel que conocía, a tomar cervezas en aguardiente. Iba con nosotros el marchante Pierre Collé. «Buenas noches, monsieur André, ¿cómo está? ¡Cuánto tiempo sin verlo!»

Y añadió la dueña:

–Tengo una chiquita... Ahora se la traigo. Verá qué inocencia. Pero mucho cuidado, ¿eh? Tiene que ser delicado con ella.

Al poco rato, vemos entrar a una criatura con zapatos de tacón bajo y calcetines blancos. Lleva trenzas y juega al aro. Desilusión. Una enana de cuarenta años.

De los escritores conocí muy bien a Roger Vitrac a quien Breton y Éluard no tenían en gran estima, nunca he sabido por qué. André Thirion, que formaba parte del grupo, era el único político verdadero. Paul Éluard me previno al salir de una reunión: «A ése sólo le interesa la política.»

Con posterioridad, Thirion, que se declaraba comunista revolucionario, fue a verme a la rue Pascal con un gran mapa de España. Puesto que estaba de moda el golpe de Estado, había preparado uno minuciosamente para derrocar la monarquía española, y quería que yo le facilitara detalles geográficos concretos, cotas y senderos, para indicarlos en el mapa. Yo no pude ayudarle.

Escribió un libro sobre aquel período, titulado *Révolutionnaires sans révolution*, que me gustó mucho. Por supuesto, él se atribuía el mejor papel (aunque eso lo hacemos todos, a menudo sin darnos cuenta) y revelaba ciertos detalles íntimos que me parecieron ofensivos e inútiles. Pero corroboro sin reserva lo que escribe acerca de André Breton. Después de la guerra, Sadoul me dijo que Thirion había «traicionado» por completo sus ideas y que, desde las filas gaullistas, era responsable de la subida de las tarifas del Metro.

Maxime Alexandre se adhirió al catolicismo. Jacques Prévert me presentó a Georges Bataille, autor de l'*Histoire de l'oeil* que quería conocerme a causa del ojo cortado de *Un chien andalou*. Comimos todos juntos. Sylvia, la esposa de Bataille, a la que después volvería a encontrar, casada con Jean Lacan, es una de las mujeres más hermosas que he visto en mi vida, con Bronja, la esposa de René Clair. El propio Bataille —a quien Breton no estimaba mucho, por encontrarlo excesivamente rudo y materialista—, tenía una cara adusta, seria. La sonrisa le parecía inasequible.

A Antonin Artaud lo traté poco. Lo vi sólo dos o tres veces. Concretamente, el 6 de febrero de 1934, lo encontré en el Metro. Estaba haciendo cola para sacar el billete y yo me encontraba justamente detrás de él. Hablaba solo, gesticulando mucho. No quise molestarle.

A menudo me preguntan qué ha sido del surrealismo. No sé qué respuesta dar. A veces digo que el surrealismo triunfó en lo accesorio y fracasó en lo esencial. André Breton, Éluard y Aragon figuran entre los mejores escritores franceses del siglo XX, y están en buen lugar en todas las bibliotecas. Max Ernst, Magritte y Dalí se encuentran entre los pintores más caros y reconocidos y están en buen lugar en todos los museos. Reconocimiento artístico y éxito cultural que eran precisamente las cosas que menos nos importaban a la mayoría. Al movimiento surrealista le tenía sin cuidado entrar gloriosamente en los anales de la literatura y la pintura. Lo que deseaba más que nada, deseo imperioso e irrealizable, era transformar el mundo y cambiar la vida. En este punto –el esencial– basta echar un vistazo alrededor para percatarnos de nuestro fracaso.

Desde luego, no podía ser de otro modo. Hoy medimos el ínfimo lugar que ocupaba el surrealismo en el mundo en relación con las fuerzas incalculables y en constante renovación de la realidad histórica. Devorados por unos sueños tan grandes como la Tierra, no éramos nada, nada más que un grupito de intelectuales insolentes que peroraban en un café y publicaban una revista. Un puñado de idealistas que se dividían en cuanto había que tomar parte, directa y violentamente, en la acción.

De todos modos, durante toda mi vida he conservado algo de mi paso –poco más de tres años– por las filas exaltadas y desordenadas del surrealismo. Lo que me queda es, ante todo, el libre acceso a las profundidades del ser, reconocido y deseado, este llamamiento a lo irracional, a la oscuridad, a todos los impulsos que vienen de nuestro yo profundo. Llamamiento que sonaba por primera vez con tal fuerza, con tal vigor, en medio de una singular insolencia, de una afición al juego, de una decidida perseverancia en el combate contra todo lo que nos parecía nefasto. De nada de esto he renegado yo.

Añadiré que la mayor parte de las intuiciones surrealistas han resultado justas. No pondré más que un ejemplo, el del trabajo, valor sacrosanto de la sociedad burguesa, palabra intocable. Los surrealistas fueron los primeros que lo atacaron sistemáticamente, que sacaron a la luz su falacia, que proclamaron que el trabajo asalariado es una vergüenza. Se encuentra un eco de esta diatriba en *Tristana*, cuando «don Lope» le dice al mudo:

–Pobres trabajadores. ¡Cornudos y apaleados! El trabajo es una maldición, Saturno. ¡Abajo el trabajo que se hace para ganarse la vida! Ese trabajo no dignifica, como dicen, no sirve más que para llenarles la panza a los cerdos que nos explotan.

Por el contrario, el trabajo que se hace por gusto, por vocación, ennoblece al hombre. Todo el mundo tendría que poder trabajar así. Mírame a mí: yo no trabajo. Y, ya lo ves, vivo, vivo mal, pero vivo sin trabajar.

Algunos elementos de esta réplica se encontraban ya en la obra de Galdós, pero tenían otro sentido. El novelista culpaba al personaje por su ociosidad. La consideraba una tara.

Los surrealistas fueron los primeros en intuir que el valor «trabajo» empezaba a tambalearse sobre una base frágil. Hoy, al cabo de cincuenta años, en todas partes se habla de esa decadencia de un valor que se creía eterno. Se plantea la pregunta de si el hombre ha nacido para trabajar y se empieza a pensar en las civilizaciones del ocio. En Francia incluso existe un Ministerio del Tiempo Libre.

Otra cosa que me queda del surrealismo es el descubrimiento en mí de un muy duro conflicto entre los principios de toda moral adquirida y mi moral personal, nacida de mi instinto y de mi experiencia activa. Hasta mi entrada en el grupo, yo nunca imaginé que tal conflicto pudiera alcanzarme. Y es un conflicto que me parece indispensable para la vida de todo ser humano.

Por consiguiente, lo que conservo de aquellos años, más allá de todo descubrimiento artístico, de todo afinamiento de mis gustos y pensamientos, es una exigencia moral clara e irreductible a la que he tratado de mantenerme fiel contra viento y marea. Y no es tan fácil guardar fidelidad a una moral precisa. Constantemente, tropieza con el egoísmo, la vanidad, la codicia, el exhibicionismo, la ramplonería y el olvido. Algunas veces, he sucumbido a una de estas tentaciones y he quebrantado mis propias reglas por cosas que yo considero de poca importancia. En la mayor parte de los casos, mi paso por el surrealismo me ha ayudado a resistir. En el fondo, acaso sea esto lo esencial.

A principios de mayo de 1968, yo estaba en París, empezando con mis ayudantes los preparativos y localizaciones de *La Vía Láctea*. Un día, bruscamente, tropezamos con una barricada levantada por los estudiantes en el Barrio Latino. Como se recordará, en poco tiempo, la vida de París quedó trastornada.

Yo conocía las obras de Marcuse y las aplaudía. Aprobaba todo lo que leía y lo que oía decir acerca de la sociedad de consumo y la necesidad de cambiar, antes de que fuera tarde, el rumbo de una vida árida y peligrosa. Mayo del 68 tuvo momentos maravillosos. Mientras paseaba por las calles levantadas, reconocía en las paredes, no sin cierta sorpresa, algunos de nuestros viejos eslóganes surrealistas: «La imaginación al poder», por ejemplo y «Prohibido prohibir».

Sin embargo, habíamos tenido que parar el trabajo, como casi todo el mundo y yo no sabía qué hacer, aislado en París, turista interesado y cada día más intranquilo. Cuando, después de una noche de disturbios, atravesaba el boulevard Saint-Michel, los gases lacrimógenos me hacían llorar. No acababa de comprender todo lo que ocurría. Por ejemplo, por qué algunos manifestantes maullaban «¡Mao! ¡Mao!» como si clamaran por el establecimiento de un régimen maoísta en Francia. Personas habitualmente razonables perdían la cabeza. Louis Malle –un muy querido amigo–, jefe de no sé qué grupo de acción, distribuía sus fuerzas por la gran batalla y ordenaba a mi hijo Jean-Louis que disparara contra los polis en cuanto asomaran por la esquina (si le hubiera obedecido, habría sido el único guillotinado de mayo). Junto a la sinceridad y la seriedad de unos, se hacían un hueco la palabrería y el confusionismo de otros. Cada cual buscaba su revolución con su linternita. Yo no dejaba de repetirme: «Si esto ocurriera en México, lo acabarían en dos horas. ¡Y con dos o trescientos muertos!» (Por cierto, así ocurrió en octubre en la plaza de las Tres Culturas, muertos incluidos.)

Serge Silberman, productor de la película, me llevó a pasar unos días en Bruselas, desde donde podría regresar fácilmente a casa en avión. Pero yo decidí volver a París. Al cabo de una semana, volvió a imperar lo que se ha dado en llamar el orden y la gran fiesta, en la que, milagrosamente, apenas corrió la sangre, tocó a su fin. Además de los eslóganes, Mayo del 68 tuvo muchos puntos de contacto con el movimiento surrealista: los mismos temas ideológicos, la misma dificultad de elección entre la palabra y la acción. Al igual que nosotros, los estudiantes de Mayo del 68 hablaron mucho y actuaron poco. Pero no les reprocho nada. Como podría decir André Breton, la acción se ha hecho imposible, lo mismo que el escándalo.

A no ser que se elija el terrorismo, como hicieron algunos. Tampoco éste puede sustraerse a las frases de nuestra juventud, a lo que decía Breton, por ejemplo: «El gesto surrealista más simple consiste en salir a la calle revólver en mano y disparar al azar contra la gente.» Por lo que a mí respecta, no olvido haber escrito que *Un chien andalou* no era sino un llamamiento al asesinato.

El símbolo del terrorismo, inevitable en nuestro siglo, siempre me ha atraído; pero del terrorismo total cuyo objetivo es la destrucción de toda sociedad, es decir, de toda la especie humana. No tengo sino desprecio para aquellos que hacen del terrorismo un arma política al servicio de una causa cualquiera, por ejemplo, esos que matan y hieren a madrileños para llamar la atención del mundo sobre los problemas de Armenia. De esos terroristas ni hablo. Me dan horror.

Yo hablo de la Banda de Bonnot, a la que adoraba, de Ascaso y de Durruti que elegían a sus víctimas cuidadosamente, de los anarquistas franceses de finales del siglo XIX, de todos los que quisieron dinamitar un mundo que les parecía indigno de subsistir, volando con él. A ésos los comprendo y, muchas veces los admiro. Pero ocurre que entre mi imaginación y mi realidad media un profundo foso, como le ocurre a la mayoría de la gente. Yo no soy ni he sido nunca un hombre de acción, de los que ponen bombas y, aunque a veces me sentía identificado con esos hombres, nunca fui capaz de imitarlos.

Mantuve relación con Charles de Noailles hasta el fin. Cuando yo estaba en París, almorzábamos o cenábamos juntos.

La última vez, me invitó a su casa, donde me había recibido cincuenta años antes. Parecía otro mundo. Marie-Laure había muerto. En las paredes y en las repisas no quedaba nada de los tesoros de antaño.

Charles se había quedado sordo, como yo, y nos costaba trabajo entendernos. Comimos a solas, hablando muy poco.

AMÉRICA

1930. *La Edad de oro* aún no se había estrenado. Los Noailles, que habían mandado instalar en su residencia la primera sala de proyecciones «sonora» de París, me autorizaron a presentar la película a los surrealistas, en su ausencia. Éstos acudieron todos y, antes de la proyección, empezaron a probar las botellas del bar que luego terminaron por vaciar en el fregadero. Me parece que los más turbulentos fueron Tririon y Tzara. A su regreso, algún tiempo después, los Noailles me preguntaron qué tal había estado la proyección –estupendamente– y tuvieron la delicadeza de evitar toda alusión a las botellas vacías.

Gracias a los Noailles, vio la película el delegado general de la «Metro-Goldwin-Mayer» en Europa que, al igual que muchos norteamericanos, gustaba de frecuentar a los aristócratas europeos. Me llamó a su despacho.

Después de mandarle decir que maldito lo que se me había perdido a mí en su despacho, finalmente acepté la entrevista. Él me dijo, poco más o menos:

–He visto *La Edad de oro*, que no me ha gustado nada. No la he entendido, pero me ha impresionado. Esto es lo que yo le propongo: usted va a Hollywood para aprender la magnífica técnica americana, la primera del mundo. Yo le envío allá, le pago el viaje y usted se queda seis meses, cobrando doscientos cincuenta dólares a la semana (que, en aquel tiempo, estaba muy bien) y sin más obligación que la de mirar cómo se hace una película. Después, veremos lo que podemos hacer de usted.

Yo asombradísimo, le pedí cuarenta y ocho horas para pensarlo. Aquella noche había reunión en casa de Breton. Yo tenía que ir a Jarkov, con Aragon y Georges Sadoul, para asistir al congreso de Intelectuales Revolucionarios. Comuniqué al grupo la propuesta de la «M.G.M.». Ninguna objeción.

Firmé un contrato y, en diciembre de 1930, embarqué en El Havre en el transatlántico norteamericano *Leviathan*, el más grande del mundo en aquella época. Hice el viaje –una maravilla– en compañía del humorista Tono y de su esposa, Leonor.

Tono iba a Hollywood a trabajar en las versiones españolas de las películas norteamericanas. En 1930 el cine se convertía en sonoro, con lo que, automáticamente, perdía su carácter internacional. En una película muda, bastaba cambiar los cartones, según el país. Pero ahora había que rodar distintas versiones de una misma película, con el mismo decorado y la misma iluminación, pero con actores franceses o españoles. Esto hacía que se produjera hacia el fabuloso Hollywood una gran afluencia de escritores y actores, para escribir e interpretar los diálogos en su propia lengua.

Yo adoraba América antes de conocerla. Todo me gustaba: las costumbres, las películas, los rascacielos y hasta los uniformes de los policías. Pasé cinco días en Nueva York, en el hotel «Algonquin», completamente deslumbrado y acompañado por un intérprete argentino, ya que no sabía ni una palabra de inglés.

Luego, siempre con Tono y su mujer, tomé un tren para Los Ángeles. Una delicia. Creo que los Estados Unidos son el país más hermoso del mundo. Llegamos a las cinco de la tarde, después de cuatro días de viaje. En la estación nos esperaban tres escritores españoles que también trabajaban en Hollywood: Edgar Neville, López Rubio y Ugarte.

Nos metieron en coches y nos llevaron a cenar a casa de Neville. «Vas a cenar con tu supervisor», me dijo Ugarte. Efectivamente a eso de las siete, llegó un señor de pelo gris, al que me presentaron como mi supervisor, acompañado de una

146

mujer estupenda. Nos sentamos a la mesa y yo comí aguacates por primera vez en mi vida.

Mientras Neville hacía las veces de intérprete, yo miraba a mi supervisor y me decía: «Le conozco. Estoy seguro de haberle visto en algún sitio.» De repente, al final de la cena, lo reconocí: Chaplin y la mujer que le acompañaba era Georgia Hale, la protagonista de *La quimera de oro*.

Chaplin no sabía ni una palabra de español, pero decía adorar a España, una España folklórica y superficial, de taconeo y olé. Conocía bien a Neville y por eso estaba allí.

Al día siguiente, me instalé con Ugarte en un apartamento de Oakhurst Drive en Beverly Hills. Mi madre me había dado dinero. Me compré un coche, un rifle y mi primera «Leica». Empecé a cobrar. Todo iba bien. Los Ángeles me gustaba mucho, y no sólo por Hollywood.

Dos o tres días después de mi llegada, me presentaron a un productor-director llamado Lewine, que dependía de Thalberg, el gran jefe de la «M.G.M.». Un tal Frank Davis, con el que después nos hicimos muy amigos, estaba encargado de atenderme.

Mi contrato le pareció «extraño» y me dijo:

–¿Por dónde desea empezar? ¿Por el montaje, el guión, el rodaje, los decorados?

–Por el rodaje.

–Muy bien. En los estudios de la «Metro» hay veinticuatro platós. Elija el que quiera. Le van a dar un pase para que pueda entrar en todas partes.

Elegí un plató en el que se rodaba una película con Greta Garbo. Provisto de mi pase, entré discretamente y, puesto que ya sabía lo que era el cine, me mantuve a cierta distancia. Los maquilladores andaban muy atareados en torno a la estrella. Supongo que se preparaba un primer plano.

A pesar de mi discreción, ella me descubrió. Vi que hacía una seña a un señor con un bigotito muy fino y le decía unas palabras. El del bigotito fino se acercó a mí y me preguntó:

–*What are you doing here?*

Yo no podía entenderle y mucho menos contestarle.

Conque me echaron de allí.

Aquel día decidí quedarme tranquilamente en mi casa y no acercarme por los estudios más que el sábado, para cobrar. Por otra parte, ellos me dejaron tranquilo durante cuatro meses. Nadie se interesaba por mis actividades.

A decir verdad, hubo algunas excepciones. Una vez, en la versión española de una película, hice un papelito de barman, detrás de la barra (siempre los bares). Otra vez, visité un decorado que realmente valía la pena.

En los terrenos contiguos a los estudios, el *back-lot*, había una inmensa piscina en la que se veía medio barco, perfectamente reproducido. Se iba a rodar una escena de tempestad. El barco, impulsado por un potente mecanismo, se balanceaba como movido por las olas. Alrededor había unos ventiladores gigantescos y, encima, unos enormes depósitos de agua, preparados para derramarse sobre la nave a punto de naufragar, por unos toboganes. Lo que más me impresionó, y sigue impresionándome, era la magnitud de los medios y la calidad de los trucajes. Parecía que todo era posible y que hasta se podía volver a crear el mundo.

También me gustaba ver a ciertos personajes mitológicos, especialmente a los «malos» como Wallace Beery, por ejemplo. Me gustaba hacerme limpiar los zapatos en el vestíbulo de los estudios mientras veía pasar las caras conocidas. Un día, Ambrosio se sentó a mi lado. Ambrosio era aquel cómico enorme de mirada carbonífera y terrible que salía en muchas películas de Chaplin. Otra vez, en un teatro, me encontré sentado al lado de Ben Turpin, tan bizco al natural como en las películas.

Un día, empujado por la curiosidad, acudí al plató principal de la «M.G.M.». Por todas partes se anunciaba que el todopoderoso Louis B. Mayer deseaba dirigirse a todos los empleados de la Compañía.

Éramos varios centenares, sentados en bancos, de cara a una tribuna en la que se situó el gran jefe, con sus principales dirigentes. Allí estaba Thalberg, desde luego. Secretarias, técnicos, actores, obreros, no faltaba nadie.

Aquel día, tuve una especie de revelación sobre Norteamérica. Hablaron varios directores que fueron aplaudidos. Finalmente, se levantó el jefazo y, en medio de un respetuoso y atento silencio, nos dijo:

—Queridos amigos, tras larga reflexión, creo haber logrado condensar en una fórmula muy simple, y tal vez definitiva, el secreto que, con el respeto de todos, nos asegurará el progreso constante y una duradera prosperidad para nuestra Compañía. Voy a escribirles la fórmula.

Detrás de él había una gran pizarra negra. Louis B. Mayer –entre la expectación que es de imaginar– se volvió hacia ella y escribió lentamente con tiza, en letras mayúsculas: CO-OPERATE.

Después de lo cual se sentó entre estruendosos aplausos. Yo me quedé estupefacto.

Salvo estas incursiones instructivas en el mundo del cine, yo me dedicaba a dar largos paseos en el «Ford», solo o con mi amigo Ugarte, durante los que habíamos llegado hasta el desierto. Todos los días encontraba caras nuevas (en aquella época conocí a Dolores del Río, que estaba casada con un decorador, a Jacques Feyder, director francés, al que yo admiraba, y hasta a Bertolt Brecht, que pasó algún tiempo en California), y me quedaba en casa. Me habían mandado de París todos los periódicos que contaban con todo detalle el escándalo de *La Edad de oro* y en los que se me insultaba espantosamente. Un escándalo encantador.

Todos los sábados, Chaplin invitaba a nuestro grupito de españoles al restaurante. Yo iba a menudo a su casa de las colinas, a jugar al tenis, a nadar y a tomar baños de vapor. Una vez hasta dormí allí. En el modesto capítulo dedicado a mi vida sexual hablo de nuestra orgía frustrada con unas muchachas de Pasadena. En casa de Chaplin vi muchas veces a Eisenstein que preparaba un viaje a México para rodar *Que viva México*.

Después de haberme estremecido con el *Potemkin*, me sentí indignado al ver en Francia, en Epinay, una película de Eisenstein llamada *Sonate de printemps*, en la que salía un piano blanco en un campo de trigo mecido suavemente por el viento, unos cisnes que nadaban en un estanque de estudio y otras canalladas. Yo estuve buscando a Eisenstein por los cafés de Montparnasse, furioso, para abofetearle, pero no lo encontré. Después, él dijo que *Sonate de printemps* era la obra de Alexandrov, su operador. Mentira. Yo vi a Eisenstein rodar la escena de los cisnes en Billancourt.

Pero en Hollywood olvidé mi enfado y bebíamos refrescos junto a la piscina de Chaplin, hablando de todo y de nada.

En otros estudios, los de la «Paramount» conocí a Josef von Sternberg, que me invitó a su mesa. Momentos después, fueron a buscarle diciendo que todo estaba preparado y él me pidió que lo acompañara al *back-lot*.

La acción de la película, que estaba rodando se desarrollaba en China. Una multitud oriental, dirigida por los ayudantes, navegaba por los canales y circulaba por los puentes y las estrechas calles.

Me llamó la atención que las cámaras hubieran sido colocadas por el decorador y no por Sternberg, cuyo cometido se limitaba a decir «acción» y a dirigir a los intérpretes. Y no obstante, él era un director de renombre. Los demás, en general, no eran sino esclavos a sueldo de los directivos de las Compañías, que se limitaban a hacer lo mejor posible lo que les mandaban. Sobre la película no se les concedía el menor derecho. Ni siquiera podían controlar el montaje.

En mis momentos de ocio, que no eran raros, imaginé y confeccioné un documento bastante curioso, que por desgracia se ha perdido (durante mi vida, he extraviado, regalado y tirado muchas cosas): un cuadro sinóptico del cine americano.

Sobre una plancha de cartón o de madera bastante grande, dispuse varias columnas móviles consistentes en unas tiras de fácil manipulación. En la primera columna se leía, por ejemplo: *ambientes*: ambiente parisino de western, de gángsters, de guerra, tropical, de comedia, medieval, etc. En la segunda columna se leía: *épocas*: en la tercera, *personajes principales*, etc. Había cuatro o cinco columnas.

El principio era el siguiente: en aquella época, el cine americano se regía por una codificación tan precisa y mecánica que, con mi sistema de tiritas, alineando un ambiente, una época y unos personajes determinados, se podía averiguar infaliblemente el argumento de la película.

Mi amigo Ugarte, que vivía en la misma casa que yo, en el piso de arriba, se conocía aquel cuadro sinóptico al dedillo. Debo añadir que el cuadro daba datos especialmente precisos e indiscutibles acerca del destino de las heroínas femeninas.

Una noche, el productor de Sternberg me invita a una «sneak-preview» de la película *Dishonored*, con Marlene Dietrich (película que en francés se titulaba *Agent X-27*, y cuenta una historia de espionaje inspirada libremente en la vida de Mata-Hari). Una «sneak-preview» es un preestreno o proyección sorpresa de una película inédita, para averiguar la reacción del público. Suele pasarse en unas salas determinadas, una vez terminado el programa normal.

Regresábamos a casa muy tarde en coche, con el productor. Cuando dejamos a Sternberg, el productor me dijo:

–Bonita película, ¿verdad?

–Muy bonita.

–¡Y qué director!

–Sin duda.

–¡Qué tema tan original!

A esto yo me permito responder que, en mi opinión, Sternberg no se distingue precisamente por la originalidad de los temas que trata. Suele partir de melodramas baratos, de historias triviales que él transforma con su dirección.

–¡Historias triviales! –exclama el productor–. ¿Cómo puede decir eso? ¡Ahí no hay nada trivial! ¡Todo lo contrario! ¿No se ha dado cuenta de que al final de la película fusila a la estrella? ¡A Marlene Dietrich! ¡La fusila! ¡Nunca se había visto cosa igual!

–Perdone, a los cinco minutos de película yo ya sabía que la iban a fusilar.

–¿Qué dice? ¡Si nunca se había visto en toda la historia del cine! ¿Y usted pretende haberlo adivinado? ¡Vamos, hombre! Además, creo que al público no le gustará ese final. En absoluto.

Como observo que empieza a ponerse nervioso, para tranquilizarle, le invito a tomar una copa en mi casa.

Entramos y yo subo a despertar a mi amigo Ugarte.

–Baja. Te necesito –le digo.

En pijama, rezongando, y con los ojos cargados de sueño, él baja y yo le hago sentarse frente al productor. Luego le digo lentamente:

–Escúchame bien. Se trata de una película.

–Sí.

–Ambiente vienés.

–Sí.

–Época: la Gran Guerra.

–Sí.

—Empieza la película y se ve a una puta. Se ve claramente que es una puta. Aborda a un oficial en la calle. Ella...

Ugarte se pone en pie bostezando, me interrumpe con un ademán y ante los ojos asombrados —pero, en el fondo, más tranquilos— del productor, sube otra vez a acostarse diciendo:

—Corta. Al final la fusilan.

En Navidad de 1930, Tono y su mujer organizaron una comida a la que asistimos una docena de españoles, actores y escritores, Chaplin y Georgia Hale. Cada uno llevó un regalo, de veinte a treinta dólares, que colgamos de un árbol de Navidad.

Empezamos a beber —el alcohol corría en abundancia a pesar de la Ley Seca— y un actor llamado Rivelles, muy conocido en aquella época, recitó en español unos versos de Marquina, bastante grandilocuentes, ensalzando a los antiguos soldados de Flandes.

Aquella poesía me repugnó. Me pareció innoble, como todo alarde de patriotismo. Durante la cena, yo estaba sentado entre Ugarte y otro amigo, Peña, un joven actor de veintiún año. Yo le digo en voz baja:

—Cuando me suene, es la señal. Yo me levanto, vosotros me seguís y entre los tres destruimos ese miserable árbol de Navidad.

Así lo hicimos. Me soné, los tres nos levantamos y, ante las miradas de asombro de los invitados, nos pusimos a destruir el árbol.

Desgraciadamente, es muy difícil partir un árbol de Navidad. Nos desollábamos las manos sin resultado. Entonces cogimos los regalos y los tiramos al suelo, para pisotearlos.

En la habitación había un gran silencio. Chaplin nos miraba sin comprender. Leonor, la esposa de Tono, me dijo:

—Luis, eso es una verdadera grosería.

—En absoluto —respondí—. Es cualquier cosa menos una grosería. Es un acto de vandalismo y de subversión.

La velada terminó temprano.

Al día siguiente, estupenda coincidencia: leí en el periódico que en una iglesia de Berlín uno de los fieles se había levantado durante el oficio y había intentado destruir el árbol de Navidad.

Nuestro acto de subversión tuvo una secuela. Chaplin nos invitó a su casa la noche de Fin de Año. Allí había otro árbol con otros regalos. Antes de pasar a la mesa, nos retuvo un instante y me dijo (Neville hacía de intérprete):

–Puesto que le gusta romper árboles, hágalo ahora, Buñuel, y así ya no tenemos que volver a pensar en ello.

Yo le contesté que no tenía nada contra los árboles; que, sencillamente, no soportaba las ostentaciones de patriotismo y eso era lo que me había irritado en Nochebuena.

Era la época de *Luces de la ciudad*. Un día, vi la película durante el montaje. La escena en la que él se traga el pito me pareció increíblemente larga, pero no me atreví a decírselo. Neville, que compartía mi opinión, me dijo que Chaplin ya la había cortado. Aún volvería a cortarla.

Chaplin era un hombre que no estaba muy seguro de sí mismo. A menudo, dudaba y pedía consejo. Como componía la música de sus películas durmiendo, se hizo instalar al lado de la cama un aparato registrador complicadísimo. Se despertaba a medias, tarareaba unas notas y volvía a dormirse. Así fue como, con toda buena fe, recompuso la música de *La Violetera* para una de sus películas, lo cual le costó un proceso y una buena suma de dólares.

Chaplin vio *Un chien andalou* por lo menos diez veces, en su casa. La primera vez, cuando acababa de empezar la proyección, oímos un ruido bastante fuerte. Su mayordomo chino que hacía de operador acababa de desplomarse, desmayado.

Años después, Carlos Saura me dijo que, cuando Géraldine Chaplin era pequeña, su padre le contaba escenas de *Un chien andalou* para darle miedo.

También me hice amigo de un joven técnico llamado Jack Gordon, quien, a su vez, tenía gran amistad con Greta Garbo, con la que solía pasear bajo la lluvia. Era un norteamericano aparentemente muy antinorteamericano y muy simpático que venía a mi casa con frecuencia, a tomar una copa (yo tenía todo lo necesario). La víspera de mi regreso a Europa, en marzo de 1931, vino a despedirme. Charlamos un rato y, de repente, me hace una pregunta inesperada y sorprendente que se me ha olvidado, pero que no tenía nada que ver con el tema de nuestra conversación. Yo me quedo sorprendido, pero contesto. Al poco rato, él se despide y se va.

Al día siguiente, el de mi marcha, comentó el incidente con otro amigo, que me dice: «Ah, sí; es típico. Se trata de un test. Juzga tu personalidad según tu respuesta.»

De manera que un hombre que hacía cuatro meses que me conocía, el úlitmo día, me somete a un test clandestino. Un hombre que se decía amigo mío. Y que se consideraba antinorteamericano.

Uno de mis amigos de verdad fue Thomas Kilkpatrick, guionista y ayudante de Frank Davis. No sé por qué milagro, hablaba un español perfecto. Había rodado una película bastante famosa, sobre un hombre que se hace muy pequeñito.

Un día me lo encuentro y me dice:

—Thalberg quiere que tú y otros españoles vayáis mañana a ver ensayar a Lily Damita. Es para que le digáis si habla español con acento.

—En primer lugar —contesté yo—, yo he sido contratado como francés y no como español. Y en segundo lugar, puede decirle al señor Thalberg que yo no voy a escuchar a las putas.

Al día siguiente, me despedí y empecé a preparar mi regreso. La «M.G.M.», sin ningún rencor, me dio una carta magnífica en la que se decía que se me recordaría durante mucho tiempo.

Vendí mi coche a la esposa de Neville. También vendí el rifle. Me llevaba un recuerdo maravilloso. Hoy, al recordar aquella visita, los olores de la primavera en Laurel Canyon, el restaurante italiano en el que bebíamos el vino en tazas de café, los policías que un día me detuvieron para ver si llevaba alcohol en el coche y luego me acompañaron a casa porque me había perdido, cuando me acuerdo de mis amigos, Frank Davis, Kilkpatrick, de aquella vida tan distinta, de la cordialidad y la inocencia norteamericana, siento emoción, ahora todavía.

En aquella época yo tenía una ilusión: la Polinesia. En Los Ángeles preparé mi viaje a las islas de la felicidad, viaje al que renuncié por dos razones. Primera, estaba enamorado —muy castamente, como de costumbre—, de una amiga de Lya Lys. En segundo lugar, antes de mi partida de París, André Breton pasó dos o tres días haciéndome el horóscopo (que también se ha perdido). En él se decía que yo moriría o por una confusión de medicamentos o en un mar lejano.

Por lo tanto, renuncié al viaje y tomé el tren para Nueva York, que volvió a deslumbrarme. Me quedé unos diez días –era la época de los *speak-easy*– y embarqué para Francia en el *La Fayette*. En el mismo barco viajaban varios actores franceses que regresaban a Europa, y Mr. Uncle, un industrial inglés que dirigía una fábrica de sombreros en México y que me sirvió de intérprete.

Entre todos armábamos bastante jarana. Yo me veo todavía sentado desde las once de la mañana en el bar, por supuesto, con una muchacha en las rodillas. Durante la travesía, mis firmes convicciones surrealistas ocasionaron un miniescándalo. En una fiesta que se ofreció en el gran salón con ocasión del cumpleaños del capitán, una orquesta interpretó el himno americano. Todo el mundo se puso en pie menos yo. Al himno americano siguió *La Marsellesa* y yo, ostensiblemente, puse los pies encima de la mesa. Un joven se acercó y me dijo en inglés que aquella actitud era abominable. Yo le contesté que nada parecía tan abominable como los himnos nacionales. Intercambiamos unos cuantos insultos y el joven se retiró.

Al cabo de media hora, volvió, me presentó sus excusas y me tendió la mano. Yo, irreductible, golpeé la mano que me tendía. En París conté la anécdota con cierto orgullo (que hoy me parece infantil) a mis amigos surrealistas, que me esucharon complacidos.

Durante aquella travesía, tuve una aventura sentimental bastante curiosa y, por supuesto, platónica con una muchachita norteamericana de dieciocho años que decía estar loca por mí. Viajaba sola, iba a pasear por Europa y seguramente pertenecía a una familia de millonarios, puesto que a la llegada la esperaba un «Rolls» y un chófer.

No me gustaba excesivamente; pero le hacía compañía y dábamos largos paseos por cubierta. El primer día me llevó a su camarote y me enseñó la foto de un guapo muchacho en un marco dorado. «Es mi novio –me dijo–. Nos casaremos en cuanto yo regrese.» Tres días después, antes de tocar tierra, la seguí de nuevo a su camarote y vi la foto del novio hecha pedazos. Ella me dijo:

—Es por culpa de usted.

Yo preferí no responder a aquella manifestación de una pasión frívola, momentánea, de una norteamericana excesivamente delgada a la que no he vuelto a ver.

A mi llegada a París encontré a Jeanne, mi novia. Como yo no tenía ni un céntimo, su familia me prestó un poco de dinero para que pudiera ir a España.

Llegué a Madrid en abril de 1931, dos días antes de la marcha del rey y de la alborozada proclamación de la República española.

ESPAÑA Y FRANCIA
1931-1936

La proclamación de la República española, en la que no se derramó ni una gota de sangre, fue acogida con gran entusiasmo. El rey se marchó sin más. Pero la alegría, que en un principio parecía general, se ensombreció rápidamente para dejar paso a la inquietud primero y, después a la angustia. Durante los cinco años que precedieron a la guerra civil, viví, en un principio, en París, en un apartamento de la rue Pascal, y me ganaba la vida haciendo doblajes para la «Paramount». Después, a partir de 1934, me instalé en Madrid.

Nunca he viajado por placer. Esa afición por el turismo, tan difundida a mi alrededor, me es desconocida. No experimento ninguna curiosidad por los países que no conozco y que nunca conoceré. Por el contrario, me gusta volver a los sitios en los que he vivido y a los que me atan los recuerdos.

El vizconde de Noailles era cuñado del príncipe de Ligne (gran familia belga). Sabedor de que el único país que entonces me atraía eran las islas de los mares del Sur, la Polinesia, y creyendo advertir en mí una vena de explorador, me dijo que, por iniciativa de su cuñado, gobernador general del Congo belga, se estaba organizando una expedición sensacional que se disponía a atravesar todo el África negra, desde Dakar hasta

Djibuti, con antropólogos, geógrafos, zoólogos, unas doscientas o trescientas personas. ¿Querría yo realizar el documental de la expedición? Había que observar cierta disciplina militar y abstenerse de fumar durante los desplazamientos de la columna. Por lo demás, estaría en libertad de filmar lo que quisiera.

Rehusé. No me atraía África. Hablé de ello con Michel Leiris, que hizo el viaje en mi lugar y se trajo de él *L'Afrique fantôme*.

Participé en las actividades del grupo surrealista hasta 1932. Aragon, Pierre Unik, Georges Sadoul y Maxime Alexandre se apartaron del movimiento para unirse al partido comunista. Éluard y Tzara los imitarían algún tiempo después.

Aunque fui un gran simpatizante del partido y formé parte de la Asociación de Escritores y Artistas Revolucionarios, sección de Cine, nunca me adherí a él. No me gustaban las larguísimas reuniones de la AEAR, a las que a veces asistía con Hernando Viñes. Era impaciente por naturaleza y no podía soportar el orden del día, las interminables consideraciones ni el espíritu celular.

En esto me parecía a André Breton. Al igual que todos los surrealistas, también él coqueteó con el partido comunista, que en aquel entonces ofrecía a nuestros ojos una posibilidad de revolución. Pero en la primera reunión a la que asistió le pidieron que redactara un informe minucioso sobre la industria italiana del carbón. Y él decía, desilusionado: «Que me pidan informes sobre algo que yo pueda conocer, ¡pero no sobre el carbón!»

Durante una reunión de la mano de obra extranjera que se celebró en Montreuil-sous-Bois, en las afueras de París, en 1932, me encontré en presencia de Casanellas, uno de los presuntos asesinos de Dato, jefe del Gobierno. Se había refugiado en Rusia, donde fue nombrado coronel del Ejército Rojo y ahora estaba en Francia clandestinamente.

Como la reunión se alargaba y yo me aburría, me levanté para marcharme. Uno de los asistentes me dijo entonces:

—Si te vas y detienen a Casanellas, será que lo has denunciado tú.

Volví a sentarme.

Casanellas se mató en un accidente de moto, cerca de Barcelona, antes de que estallara la guerra en España.

Además de las disensiones políticas, contribuía también a alejarme del surrealismo una cierta inclinación hacia el esnobismo de lujo que advertía en él. La primera vez, me sorprendió mucho ver en el escaparate de una librería del boulevard Raspail las fotografías de Breton y Éluard (supongo que con motivo de *L'Immaculée Conception*). Cuando les hablé de ello, me dijeron que tenían perfecto derecho a dar realce a sus obras.

No me entusiasmó el lanzamiento de la revista *Minotaure*, objeto burgués y mundano por excelencia. Poco a poco, dejé de asistir a las reuniones y salí del grupo con la misma naturalidad con que había entrado en él. Sin embargo, en el aspecto personal, mantuve hasta el final relaciones fraternales con todos mis antiguos amigos. Lejos de mí las disputas, los cismas, los juicios de intención. Hoy no quedamos más que unos pocos supervivientes de aquella época: Aragon, Dalí, André Masson, Thirion, Joan Miró y yo, pero conservo un afectuoso recuerdo de todos los que han muerto.

Hacia 1933, un proyecto de película me tuvo ocupado durante varios días. Se trataba de realizar en Rusia —era una producción rusa— *les Caves du Vatican*, de André Gide, Aragon y Paul Vaillant-Couturier (al que yo quería con toda mi alma; una maravilla de hombre. Cuando iba a verme a la rue Pascal, dos policías de paisano que no le dejaban ni un momento se quedaban en la calle, paseando) se encargaban de organizar la producción. André Gide me recibió y me dijo que se sentía muy halagado de que el Gobierno soviético hubiera elegido su obra; pero que, personalmente, él de cine no sabía nada. Durante tres días —pero sólo una o dos horas al día— charlamos sobre la adaptación, hasta que Vaillant-Couturier me anunció un buen día: «Se acabó; la película no se hace.» Adiós, André Gide.

Sería en España donde realizaría mi tercera película.

LAS HURDES

Había en Extremadura, entre Cáceres y Salamanca, una región montañosa desolada, en la que no había más que piedras, brezo y cabras: Las Hurdes. Tierras altas antaño pobladas por bandidos y judíos que huían de la Inquisición.

Yo acababa de leer un estudio completo realizado sobre aquella región por Legendre, director del Instituto Francés de Madrid, que me interesó sobremanera. Un día, en Zaragoza, hablando de la posibilidad de hacer un documental sobre Las Hurdes, con mi amigo Sánchez Ventura y Ramón Acín, un anarquista, éste me dijo de pronto:

—Mira, si me toca el gordo de la lotería, te pago esa película.

A los dos meses le tocó la lotería, no el gordo, pero sí una cantidad considerable. Y cumplió su palabra.

Ramón Acín, anarquista convencido, daba clases nocturnas de dibujo a los obreros. En 1936, cuando estalló la guerra, un grupo armado de extrema derecha fue a buscarlo a su casa en Huesca. Él consiguió escapar con gran habilidad. Los fascistas se llevaron entonces a su mujer y dijeron que la fusilarían si Acín no se presentaba. Él se presentó al día siguiente. Los fusilaron a los dos.

Para rodar Las Hurdes (Tierra sin pan) hice venir de París a Pierre Unik para que me sirviera de ayudante y al cámara Elie Lotar. Yves Allégret nos prestó una cámara. Puesto que no disponía más que de veinte mil pesetas, cantidad muy modesta, me di a mí mismo un mes de plazo para hacer la película. Gastamos cuatro mil pesetas en la compra, indispensable, de un viejo «Fiat», que yo mismo reparaba cuando era necesario (era un mecánico bastante bueno).

En un antiguo convento requisado en virtud de las medidas anticlericales dispuestas por Mendizábal en el siglo XIX, Las Batuecas, se había instalado un modesto albergue que contaba apenas diez habitaciones. Cosa sorprendente: agua corriente (fría).

Durante el rodaje, salíamos todas las mañanas antes del amanecer. Después de dos horas de coche, teníamos que seguir a pie, cargados con el material.

Aquellas montañas desheredadas me conquistaron en seguida. Me fascinaba el desamparo de sus habitantes, pero también su inteligencia y su apego a su remoto país, a su «tierra sin pan». Por lo menos en una veintena de pueblos se desconocía el pan tierno. De vez en cuando, alguien llevaba de Andalucía algún mendrugo que servía de moneda de cambio.

Después del rodaje, sin dinero, tuve que hacer el montaje yo mismo, en Madrid, encima de una mesa de cocina. Como no tenía moviola, miraba las imágenes con lupa y las pegaba como podía. Seguramente, descarté imágenes interesantes por no verlas bien.

Hice una primera proyección en el «Cine de la Prensa». La película era muda y yo la comentaba por el micrófono. «Hay que explotar la película», decía Acín, que quería recuperar su dinero. Decidimos presentarla al doctor Marañón, que había sido nombrado presidente del Patronato de Las Hurdes.

Poderosas corrientes de derecha y de extrema derecha atormentaban ya a la joven República española. La agitación era cada vez más violenta. Miembros de Falange —fundada por Primo de Rivera— disparaban contra los vendedores de *Mundo obrero*. Era fácil adivinar que se acercaba una época sangrienta.

Pensábamos que Marañón, con su prestigio y su cargo, nos ayudaría a conseguir el permiso para explotar la película que, naturalmente, había sido prohibida por la censura. Pero su reacción fue negativa..

–¿Por qué enseñar siempre el lado feo y desagradable? –preguntó–. Yo he visto en Las Hurdes carros cargados de trigo (falso: los carros sólo pasaban por la parte baja, por la carretera de Granadilla, y eran escasísimos). ¿Por qué no mostrar las danzas folklóricas de La Alberca, que son las más bonitas del mundo?

La Alberca era un pueblo medieval como tantos hay en España, que en realidad no formaba parte de Las Hurdes.

Respondí a Marañón que, al decir de sus habitantes, cada

país tiene los bailes más bonitos del mundo y que él demostraba un nacionalismo barato y abominable. Después de lo cual me marché sin añadir una palabra y la película siguió prohibida.

Dos años después, la Embajada de España en París me dio el dinero necesario para la sonorización de la película, que se hizo en los estudios de Pierre Braunberger. Éste la compró y, de grado o por fuerza, poco a poco, acabó por pagármela (un día tuve que enfadarme y amenazarle con romper la máquina de escribir de su secretaria con una maza que había comprado en la ferretería de la esquina).

Por fin, pude devolver el dinero de la película a las dos hijas de Ramón Acín, después de la muerte de éste.

Durante la guerra civil, cuando las tropas republicanas, con la ayuda de la columna anarquista de Durruti, entraron en el pueblo de Quinto, mi amigo Mantecón, gobernador de Aragón, encontró una ficha con mi nombre en los archivos de la Guardia Civil. En ella se me describía como un depravado, un morfinómano abyecto y, sobre todo, como autor de *Las Hurdes*, película abominable, verdadero crimen de lesa patria. Si se me encontraba, debía ser entregado inmediatamente a las autoridades falangistas y mi suerte estaría echada.

Una vez, en Saint-Denis, por iniciativa de Jacques Doriot, que era alcalde comunista de la población, presenté *Las Hurdes* ante un público compuesto por obreros. Había entre la concurrencia cuatro o cinco hurdanos inmigrantes. Uno de ellos me reconoció y me saludó algún tiempo después, durante una de mis visitas a aquellos áridos montes. Aquellos hombres emigraban, pero siempre volvían a su país. Una fuerza les atraía hacia aquel infierno que les pertenecía.

Una palabra más sobre Las Batuecas, uno de los contados paraísos que he conocido sobre la tierra. En torno de una iglesia en ruinas, hoy restaurada, entre peñas, se levantaban dieciocho ermitas. Antaño, antes de la expulsión decretada por Mendizábal, cada ermitaño debía hacer sonar una campanilla a medianoche, en señal de que estaba en vela.

En sus huertos crecían las mejores hortalizas del mundo (lo digo sin apasionamiento). Molino de aceite, molino de trigo y hasta fuente de agua mineral. En la época del rodaje, no vivían allí más que un viejo fraile y su criada. En las cuevas había pinturas rupestres, una cabra y un panal.

En 1936 estuve a punto de comprarlo todo por ciento cincuenta mil pesetas, una ganga. Me había puesto de acuerdo con el propietario, un tal don José, que vivía en Salamanca. Él ya estaba en tratos con un grupo de religiosas del Sagrado Corazón; pero ellas ofrecían pagarle a plazos, mientras que yo pagaba al contado, por lo que me dio la preferencia.

Íbamos ya a firmar —faltaban tres o cuatro días para ultimar la operación— cuando estalló la guerra civil y todo se fue al traste.

Si hubiera comprado Las Batuecas y la guerra me hubiera pillado en Salamanca, una de las primeras ciudades que cayó en poder de los fascistas, es probable que me hubieran fusilado inmediatamente.

Volví al convento de Las Batuecas durante los años sesenta, con Fernando Rey. Franco había hecho un esfuerzo por el país perdido, abierto carreteras y creado escuelas. Sobre la puerta del convento, ocupado ahora por carmelitas, se leía: «Viajero, si tienes problemas de conciencia, llama y se te abrirá. Prohibida la entrada a las mujeres.»

Fernando llamó a la puerta. Nos contestaron por interfono. La puerta se abrió. Vimos acercarse a un especialista que se interesó por nuestros problemas. El consejo que nos dio nos pareció tan sensato que lo puse en boca de uno de los frailes de *El fantasma de la libertad*: «Si todo el mundo rezara todos los días a san José, es indudable que las cosas irían mucho mejor.»

PRODUCTOR EN MADRID

Me casé a principios de 1934, en la alcaldía del distrito XX de París, y prohibí a la familia de mi mujer que asistiera a la boda. No es que tuviera nada contra aquella familia en particular; pero la familia, en general, me parecía odiosa. Hernando y Loulou Viñes fueron testigos de la boda, junto con un desconocido que encontramos en la calle. Después de almorzar en el «Cochon au lait», cerca del «Deón», dejé a mi mujer, fui a despedirme de Aragon y de Sadoul y tomé el tren para Madrid.

En París, mientras trabajaba en el doblaje de las películas de la «Paramount» con mi amigo Claudio de la Torre y bajo la dirección del marido de Marlene Dietrich, había empezado a estudiar en serio el inglés. Me marché de la «Paramount» y acepté el puesto de supervisor de doblajes de las producciones de la «Warner Brothers» en Madrid. Trabajo tranquilo y buen sueldo. Aquello duró ocho o diez meses. ¿Otra película? No tenía ningún plan. No me seducía la idea de realizar por mí mismo películas comerciales. Pero no tenía inconveniente en encargar a otros que las realizaran.

De manera que me hice productor, un productor muy exigente y quizás en el fondo bastante canallesco. Encontré a Ricardo Urgoiti, productor de películas muy populares, y le propuse una asociación. Al principio él se echó a reír. Luego, cuando le dije que podía disponer de ciento cincuenta mil pesetas que me prestaría mi madre (la mitad del presupuesto de una película) dejó de reírse y accedió. Yo no puse más que una condición: la de que mi nombre no figurara en la ficha técnica.

Para empezar, le propuse la adaptación de una obra del autor madrileño Arniches, titulada *Don Quintín el Amargao*. La película fue un gran éxito comercial. Con los beneficios, compré un terreno de dos mil metros cuadrados en Madrid, terreno que vendería en los años sesenta.

El argumento de la obra –y de la película– es el siguiente: Un hombre orgulloso, amargado y temido por todos, disgustado por ser padre de una niña, la abandona junto a una caseta de peón caminero. Veinte años después, la busca pero no la encuentra.

Una escena que a mí me parece bastante buena es la del café. Don Quintín está sentado con dos amigos. En otra mesa están su hija –a la que él no conoce– y su marido. Don Quintín se come una aceituna y tira el hueso, que va a dar en el ojo de la joven.

El matrimonio se levanta y se va sin decir palabra. Los amigos de «don Quintín» le felicitan por su osadía cuando, de pronto, vuelve a entrar el marido, que viene solo, y obliga a «don Quintín» a tragarse el hueso de la aceituna.

Después, «don Quintín» busca al joven para matarlo. Se entera de las señas y va a su casa, donde encuentra a su hija, a la que todavía no conoce. Sigue entonces una escena de gran melodrama entre padre e hija. Durante el rodaje de esta escena dije a Ana María Custodio que hacía el papel principal (a veces me entrometía descaradamente en la dirección): «Hay que echarle más mierda, más mamarrachada sentimental.» «Contigo no se puede trabajar en serio», me contestó ella.

La segunda película que produje, que fue también un gran éxito comercial, al igual que la primera, era un abominable melodrama con canciones titulado *La hija de Juan Simón*. El protagonista era Angelillo, el cantaor de flamenco más popular de España, y el argumento inspirado en una canción.

En esta película, durante una escena de cabaret bastante larga, la gran bailaora de flamenco, la gitana Carmen Amaya, muy jovencita todavía, hizo su debut en el cine. Años después, regalé una copia de aquella secuencia a la cinemateca de México.

Mi tercera producción, *¿Quién me quiere a mí?*, la historia de una muchachita muy desgraciada, fue mi único fracaso comercial.

Una noche, Giménez Caballero, director de *La Gaceta Literaria*, ofreció un banquete a Valle-Inclán. Asistieron una treintena de personas, entre ellas Alberti e Hinojosa. A los postres, nos pidieron que dijéramos unas palabras. Yo me levanté el primero y dije:

—La otra noche, mientras dormía, sentí unas cosquillas, encendí la luz y vi que por todo el cuerpo me corrían Valle-Inclanes pequeñitos.

Alberti e Hinojosa dijeron cosas tan graciosas como ésta, que fueron escuchadas en silencio y sin la menor protesta por los demás comensales.

Al día siguiente, me encontré casualmente con Valle-Inclán en la calle de Alcalá. Él levantó su gran sombrero negro y me saludó al pasar, tan tranquilo, como si nada.

En Madrid yo tenía un despacho en la Gran Vía y un piso de seis o siete habitaciones en el que vivía con Jeanne, mi esposa –a la que había hecho venir de París– y nuestro hijo Juan Luis, muy pequeño todavía.

La República española se había dado una de las Constituciones más liberales del mundo y la derecha se apropió legalmente del poder. Después, en 1936, unas nuevas elecciones volvieron a dar ventaja a la izquierda, al Frente Popular, a hombres como Prieto, Largo Caballero y Azaña.

Este último, que fue nombrado primer ministro, tenía que hacer frente a una agitación sindicalista obrera más y más violenta. Después de la famosa represión de Asturias, dirigida por la derecha en 1934, en la que se empleó a una gran parte del Ejército español, con cañones y aviones, para sofocar una sublevación popular, el propio Azaña, a pesar de ser hombre de izquierdas, un día tuvo que mandar y disparar sobre el pueblo.

En enero de 1933, en un lugar llamado Casas Viejas, en la provincia de Cádiz, unos obreros levantaron barricadas. Su reducto fue atacado con granadas por los guardias de asalto. Numerosos insurgentes –diecinueve, si no me equivoco– murieron durante el ataque. Los polemistas de derechas llamaban a Azaña «el asesino de Casas Viejas».

En este ambiente de huelgas incesantes, siempre acompañadas de violentas escaramuzas, de furiosos atentados, de uno y otro bando, de incendios de iglesias (el pueblo, por instinto, se revolvía contra su muy antiguo enemigo), propuse a Jean Crémillon que viniera a rodar en Madrid una comedia militar titulada *Centinela alerta*. Crémillon, al que yo había conocido en París y que era un enamorado de España, donde había rodado una película, aceptó con la condición de no firmar, a lo que yo me avine inmediatamente, puesto que yo tampoco firmaba. Por cierto que algunas escenas las rodé yo en su lugar o se las hice rodar a Ugarte los días en que Crémillon no tenía ganas de levantarse.

Durante el rodaje, la situación se deterioraba rápidamente. En los meses que precedieron a la guerra, el ambiente era irrespirable. Una iglesia en la que teníamos que rodar unas escenas fue incendiada por la multitud y tuvimos que buscar otra. Mientras hacíamos el montaje, había tiroteos por todas partes. La película se estrenó en plena guerra civil con gran éxito, éxito que se confirmaría en los países latinoamericanos. Por supuesto, yo no me beneficié de él.

Urgoiti, encantado de nuestra colaboración, acababa de proponerme una asociación magnífica. Íbamos a hacer juntos dieciocho películas, y yo pensaba ya en adaptaciones de las obras de Galdós. Proyectos perdidos, como tantos otros. Durante varios años, los acontecimientos que hicieron arder a Europa me mantendrían alejado del cine.

AMOR, AMORES

Un extraño suicidio que se produjo en Madrid hacia 1920, cuando yo vivía en la Residencia, me fascinó durante mucho tiempo. En un barrio que se llama Amaniel, un estudiante y su novia se dieron muerte en el jardín de un restaurante. Se sabía que estaban apasionadamente enamorados el uno del otro. Sus familias, que se conocían, mantenían excelentes relaciones. Cuando se le practicó la autopsia a la muchacha, se descubrió que era virgen.

En apariencia, no existía ningún problema, ningún obstáculo para la unión de aquellos dos jóvenes, «los amantes de Amaniel». Se disponían a casarse. Entonces, ¿por qué aquel suicidio? No aportaré gran luz sobre este misterio. Pero acaso un amor apasionado, sublime, que alcanza el nivel más elevado de la llama, es incompatible con la vida. Es demasiado grande, demasiado fuerte para ella. Sólo la muerte puede acogerlo.

A lo largo de este libro, hablo aquí y allí del amor y de los amores que forman parte de toda existencia. En mi infancia, conocí los sentimientos amorosos más intensos, ajenos a toda atracción sexual, hacia niñas de mi edad, y también hacia niños. *Mi alma niña y niño*, como decía Lorca. Se trataba de un amor platónico en estado puro. Me sentía enamorado a la manera como un fervoroso monje puede amar a la Virgen María.

La sola idea de que yo podía tocar el sexo de una muchacha, o sus senos, o sentir su lengua contra la mía, me repugnaba.

Estos amores románticos duraron hasta mi iniciación sexual −que se realizó con toda normalidad en un burdel de Zaragoza− y dejaron paso a los deseos sexuales habituales, pero sin desaparecer nunca por entero. Con bastante frecuencia, como a lo largo de este libro puede observarse en varias ocasiones, he sostenido relaciones platónicas con mujeres de las que me sentía enamorado. A veces, estos sentimientos surgidos del corazón se mezclaban con pensamientos eróticos, pero no siempre.

Por otra parte, puedo decir que, desde los catorce años hasta estos últimos tiempos, el deseo sexual no me ha abandonado jamás. Un deseo poderoso cotidiano, más exigente incluso que el hambre, más difícil a menudo de satisfacer. Apenas tenía un momento de descanso, apenas me sentaba, por ejemplo, en un compartimiento de tren, cuando me envolvían innumerables imágenes eróticas. Imposible resistir a este deseo, dominarlo, olvidarlo. No podía sino ceder a él. Después de lo cual, volvía a experimentarlo, todavía con más fuerza.

En nuestra juventud, no nos agradaban los pederastas. Ya he contado mi reacción cuando tuve noticia de las sospechas que recaían sobre Federico. Debo añadir que yo llegué a desempeñar el papel de agente provocador en un urinario madrileño. Mis amigos esperaban afuera, yo entraba en el edículo y representaba mi papel de cebo. Una tarde, un hombre se inclinó hacia mí. Cuando el desgraciado salía del urinario, le dimos una paliza, cosa que hoy me parece absurda.

En aquella época, la homosexualidad era en España algo oscuro y secreto. En Madrid solamente se conocían tres o cuatro pederastas declarados, oficiales. Uno de ellos era un aristócrata, un marqués, que debía tener unos quince años más que yo. Un día, me lo encuentro en la plataforma de un tranvía y le aseguro al amigo que tengo al lado que voy a ganarme veinticinco pesetas. Me acerco al marqués, le miro tiernamente, entablamos conversación y él acaba citándome para el día siguiente en un café. Yo hago valer el hecho de que soy joven, que el material escolar es caro. Me da veinticinco pesetas.

Como puede suponerse, no acudí a la cita. Una semana después, también en el tranvía, encontré al mismo marqués. Me hizo un gesto de reconocimiento, pero yo le respondí con un ademán grosero del brazo. Y no le volví a ver más.

Por diversas razones —en el primer lugar de las cuales se encuentra, sin duda, mi timidez–, la mayoría de las mujeres que me gustaban permanecieron inaccesibles para mí. Sin duda también, yo no les gustaba. En cambio, me ha ocurrido verme perseguido por algunas mujeres hacia las que no me sentía atraído. Esta segunda situación me parece más desagradable aún que la primera. Prefiero amar que ser amado.

Contaré solamente una aventura, que viví en Madrid en 1935. Yo ejercía las funciones de productor de películas. Siempre he experimentado una viva aversión en el ambiente cinematográfico hacia los productores o directores que se aprovechan de su situación, de su poder, para acostarse con las chicas —son numerosas— que aspiran a ser actrices. Sólo una vez me ocurrió eso, y apenas sí duró.

En 1935, pues, conocí en Madrid a una bella figurante de apenas diecisiete o dieciocho años, de la que me enamoré. La llamaremos Pepita. Muy inocente al parecer, vivía con su madre en un pequeño pisito.

Empezamos a salir juntos, a ir de excursión a la sierra, a frecuentar los bailes de la Bombilla, junto al Manzanares, sosteniendo unas relaciones perfectamente castas. Yo tenía en aquella época el doble de edad que Pepita y, aunque muy enamorado de ella (o precisamente a causa de este amor), la respetaba. Le cogía la mano, la estrechaba contra mí, la besaba frecuentemente en la mejilla, pese a la existencia de un verdadero deseo, nuestras relaciones se mantuvieron puramente platónicas durante casi dos meses. Todo un verano.

La víspera de un día en que íbamos a salir los dos de excursión, vi llegar a mi casa, hacia las once de la mañana, a un hombre que yo conocía, que trabajaba en el cine. Más bajo que yo, sin nada extraordinario en su aspecto físico, tenía fama de seductor.

Charlamos un rato de cosas intrascendentes, y, luego, me dijo:

−¿Vas mañana a la sierra con Pepita?

−¿Cómo lo sabes? −pregunté asombrado.

−Estábamos acostados juntos esta mañana, y me lo ha dicho.

−¿Esta mañana?

−Sí. En su casa. Me he marchado a las nueve. Me ha dicho: «Mañana no podré verte, porque voy de excursión con Luis.»

Yo no salía de mi asombro. Evidentemente, el hombre había venido sólo para decirme eso. No podía creerlo. Le dije:

−¡Pero no es posible! ¡Vive con su madre!

−Sí, pero su madre duerme en el cuarto de al lado.

En varias ocasiones, yo había visto a este hombre dirigirle en el estudio la palabra a Pepita, pero nunca le había concedido mayor importancia a la cosa. Me quedé helado.

−¡Y yo que la creía completamente inocente! −exclamé.

−Sí, lo sé −repuso él.

Dicho lo cual, se marchó.

Ese mismo día, a las cuatro, Pepita vino a verme. Sin hablarle de la visita de su amante, disimulando mis sentimientos, le dije:

−Mira, Pepita, tengo que proponerte una cosa. Me gustas mucho, y quiero que seas mi amante. Te doy dos mil pesetas al mes, sigues viviendo con tu madre, pero haces el amor conmigo. ¿Aceptas?

Ella pareció sorprendida, me respondió sólo con unas pocas palabras y aceptó. Seguidamente, le pedí que se desnudara, le ayudé a hacerlo y la estreché, desnuda, entre mis brazos. Pero el nerviosismo, la emoción, me paralizaron.

Media hora después, le propuse que fuéramos a bailar. Montamos en mi coche, pero, en vez de dirigirme hacia la Bombilla, salí de Madrid. A unos dos kilómetros de Puerta de Hierro, detuve el automóvil, hice bajar a Pepita al arcén y le dije:

−Pepita, sé que te acuestas con otros hombres. No me digas que no. Así que adiós. Ahí te quedas.

Di media vuelta y regresé solo a Madrid, dejando que Pepita volviese a pie. Nuestras relaciones terminaron aquel día. Volví a verla varias veces en el estudio, pero no le dirigí la palabra más que para indicaciones puramente profesionales. Y así terminó mi historia de amor.

Para ser sincero, me arrepentí de mi actitud y todavía lamento haberla adoptado entonces.

En la época de nuestra juventud, el amor nos parecía un sentimiento poderoso, capaz de transformar una vida. El deseo sexual, que le era inseparable, se acompañaba de un espíritu de aproximación, de conquista y de participación que debía elevarnos por encima de lo meramente material y hacernos capaces de grandes cosas.

Una de las encuestas surrealistas más célebres comenzaba con esta pregunta: «¿Qué esperanza, pone usted en el amor?» Yo respondí: «Si amo, toda la esperanza. si no amo, ninguna.» Amar nos parecía indispensable para la vida, para toda acción, para todo pensamiento, para toda búsqueda.

Hoy, si he de dar crédito a lo que me dicen, ocurre con el amor como con la fe en Dios. Tiene tendencia a desaparecer, al menos en ciertos medios. Se le suele considerar como un fenómeno histórico, como una ilusión cultural. Se le estudia, se le analiza..., y, si es posible, se le cura.

Yo protesto. No hemos sido víctimas de una ilusión. Aunque a algunos les resulte difícil de creer, hemos amado verdaderamente.

LA GUERRA DE ESPAÑA
1936-1939

En el mes de julio de 1936, Franco desembarcaba al frente de un contingente de tropas marroquíes con la decidida intención de acabar con la República y restablecer «el orden» en España.

Mi mujer y mi hijo acababan de regresar a París un mes antes. Yo estaba solo en Madrid. Una mañana temprano, me despertó una explosión, a la que siguieron varias otras. Un avión republicano bombardeaba el cuartel de la Montaña, y oí también varios cañonazos.

En este cuartel de Madrid, como en todos los cuarteles de España, las tropas se encontraban en estado de alerta. Sin embargo, un grupo de falangistas se habían refugiado en él, y desde hacía unos días salían del cuartel disparos que herían a los transeúntes. Secciones obreras ya armadas, apoyadas por los guardias de asalto republicanos —fuerza de intervención moderna creada por Azaña— atacaron el cuartel en la mañana del 18 de julio. A las diez, todo había terminado. Los oficiales rebeldes y los miembros de la Falange fueron pasados por las armas. Acababa de empezar la guerra.

A mí me costaba hacerme realmente a la idea. Desde mi balcón, escuchando a lo lejos el rumor del cañoneo, veía pasar por la calle, a mis pies, una pieza de artillería «Schneider»

tirada por dos o tres obreros y –lo que me pareció horrible–
dos gitanos y una gitana. La violenta revolución que íbamos
sintiendo ascender desde hacía unos años, y que yo personalmente tanto había deseado, pasaba bajo mis ventanas, ante
mis ojos. Y me encontraba desorientado, incrédulo.

Quince días después, el historiador de arte Elie Faure, que
defendía ardientemente la causa republicana, vino a pasar
unos días a Madrid. Fui a visitarlo una mañana en su hotel, y
todavía me parece verlo, con sus calzoncillos largos atados a
los tobillos, contemplando las manifestaciones callejeras,
convertidas en cotidianas. Lloraba de emoción al ver al pueblo en armas. Un día, vimos desfilar un centenar de campesinos, armados a la buena de Dios, unos con escopetas de caza y
revólveres, otros con hoces y bieldos. En un visible esfuerzo
de disciplina, intentaban marchar al paso, de cuatro en fondo.
Creo que lloramos los dos.

Nada parecía poder vencer a esta fuerza profundamente
popular. Pero muy pronto la alegría increíble, el entusiasmo
revolucionario de los primeros días dieron paso a un desagradable sentimiento de división, de desorganización y de total
inseguridad, sentimiento que duró hasta, aproximadamente,
el mes de noviembre de 1936, en que comenzaron a implan-
tarse en el bando republicano una verdadera disciplina y una
justicia eficaz.

No pretendo escribir yo también la historia de la gran esci-
sión que desgarró a España. No soy historiador y no estoy seguro de ser imparcial. Sólo quiero intentar decir lo que vi, lo
que recuerdo.

Por ejemplo, he conservado recuerdos concretos de los
primeros meses en Madrid. Teóricamente en poder de los republicanos, la ciudad albergaba aún al Gobierno, pero las tropas franquistas avanzaban rápidamente en Extremadura, llegaban a Toledo y veían cómo otras ciudades, en toda España,
caían en manos de sus partidarios, Salamanca y Burgos, por
ejemplo.

En el interior mismo de Madrid, simpatizantes fascistas
desencadenaban tiroteos cada dos por tres. A cambio, los curas, los propietarios ricos, todos aquellos que eran conocidos
por sus sentimientos conservadores y de los que cabía suponer que prestaban apoyo a los rebeldes franquistas, se halla-

ban en constante peligro de ser ejecutados. Al estallar las hostilidades, los anarquistas habían liberado a los presos comunes y los habían incorporado inmediatamente a las filas de la C.N.T. (Confederación Nacional del Trabajo), situada bajo la influencia directa de la Federación Anarquista.

Algunos miembros de esta Federación hacían gala de un extremismo tal que la mera presencia de una imagen piadosa en una habitación podía conducir a la Casa de Campo. Allí, en este parque público situado a las puertas de Madrid, tenían lugar las ejecuciones. Cuando se detenía a alguien, se le decía que lo llevaban «a dar un paseo». Esto ocurría siempre de noche.

Se recomendaba tutear a todo el mundo y acompañar todas las frases con un enérgico «Compañeros» si se hablaba con anarquistas o con un «Camarada» si se trataba de interlocutores comunistas. La mayor parte de los automóviles llevaban sobre el techo uno o dos colchones como protección contra los francotiradores. Era sumamente peligroso sacar la mano para indicar que el coche iba a virar a uno u otro lado, pues este gesto podía ser interpretado como un saludo fascista y atraer una ráfaga de disparos al paso. Los señoritos fingían vestir mal para disimular sus orígenes. Se ponían viejas gorras y se manchaban la ropa, a fin de parecerse a los obreros, mientras que, del otro lado, las consignas del partido comunista recomendaban a los obreros ponerse corbata y camisa blanca.

Ontañón, dibujante muy conocido, me comunicó un día la detención de Sáenz de Heredia, director que había trabajado para mí en el rodaje de *La hija de Juan Simón* y *¿Quién me quiere a mí?* Sáenz dormía en un banco público, por miedo a entrar en su casa. En efecto, era primo carnal de Primo de Rivera, el fundador de la Falange. Detenido, pese a sus precauciones, por un grupo de socialistas de izquierda, se hallaba en constante peligro de ser ejecutado por causa de su fatal parentesco.

Me dirigí inmediatamente al estudio Rotpence, que conocía bien. Los obreros y los empleados del estudio habían formado, al igual que en muchas empresas, un *consejo del estudio*, y se encontraban celebrando una reunión. Pregunté a los representantes de las diversas categorías de obreros cómo se había comportado Sáenz de Heredia, bien conocido por todos. «¡Muy bien! —me respondieron—. No hay nada que reprocharle.»

Pedí entonces que una delegación me acompañara hasta la calle del Marqués de Riscal, donde se hallaba custodiado el director de cine, y repitieran ante los socialistas lo que acababan de decir. Seis o siete hombres me siguen con fusiles; llegamos, encontramos un hombre que monta guardia con el arma negligentemente apoyada en la jamba. Adoptando una voz lo más ronca posible, le pregunto dónde está el responsable. Aparece éste. Resulta que he cenado con él la noche anterior. Es un teniente tuerto, chusquero. Me reconoce.

—Hombre, Buñuel, ¿qué quieres?

Se lo digo. Añadí que no podíamos matar a todo el mundo, que, desde luego, conocíamos el parentesco de Sáenz con Primo de Rivera, pero que eso no me impedía decir que el director se había comportado siempre perfectamente. Los delegados del estudio dieron igualmente testimonio en favor de Sáenz, que fue liberado.

Poco después, pasaría a Francia para incorporarse al bando de Franco. Terminada la guerra, reemprendió su profesión de cineasta e, incluso, realizó una película en honor del Caudillo, *Franco, ese hombre*. Una vez, en el festival de Cannes, en los años cincuenta, almorzamos juntos y hablamos largamente del pasado.

Por la misma época, conocí a Santiago Carrillo, secretario a la sazón, creo, de las Juventudes Socialistas Unificadas. Muy poco antes de que estallara la guerra, yo había dado dos o tres revólveres que poseía a unos obreros impresores que trabajaban debajo de mi casa. Desarmado ahora en una ciudad en la que se disparaba desde todas partes, fui a ver a Carrillo y le pedí un arma. Él abrió el cajón, vacío, y me dijo: «No tengo ni una.»

Finalmente, me dieron, de todos modos, un fusil. Un día, en la plaza de la Independencia, donde me encontraba con unos amigos, comenzaron los tiroteos. Se disparaba desde los tejados, desde las ventanas, desde la calle, en medio de la más absoluta confusión, y allí estaba yo, detrás de un árbol, con mi fusil inútil, sin saber contra quién disparar. ¿Para qué, entonces, conservar un fusil? Lo devolví.

Los tres primeros meses fueron los peores. Como a muchos de mis amigos, me obsesionaba la terrible ausencia de control. Yo, que había deseado ardientemente la subversión, el derrocamiento del orden establecido, colocado de pronto en el centro del volcán, sentía miedo. Si algunos gestos me parecían insensatos y magníficos –como aquellos obreros que, un buen día, subieron a un camión, fueron hasta el monumento al Sagrado Corazón de Jesús, levantado a unos veinte kilómetros al sur de Madrid, formaron un pelotón de ejecución y fusilaron con todas las de la ley a la gran estatua de Cristo–, detestaba, en cambio, las ejecuciones sumarias, el pillaje, todos los actos de bandidismo. El pueblo se rebelaba, tomaba el poder e inmediatamente se dividía y se desgarraba. Injustificados arreglos de cuentas hacían olvidar la guerra esencial, la única que hubiera debido contar.

Todas las tardes, acudía a la reunión de la Liga de Escritores Revolucionarios, donde encontraba a la mayoría de mis amigos: Alberti, Bergamín, el gran periodista Corpus Varga, el poeta Altolaguirre, que creía en Dios. Este último produciría años después una de mis películas en México, *Subida al cielo*, y moriría en España en un accidente de automóvil.

Discusiones interminables y a menudo apasionadas nos enfrentaban unos a otros: ¿espontaneidad u organización? En mí, luchaban, como siempre, la atracción teórica y sentimental hacia el desorden y la necesidad fundamental de orden y de paz. Cené dos o tres veces con Malraux. Vivíamos una lucha mortal elaborando teorías.

Franco no cesaba de ganar terreno. Si bien cierto número de ciudades y pueblos permanecían fieles a la República, otras se entregaban en manos de Franco sin combatir. Por todas partes, la represión fascista se mostraba clara e implacable. Todo sospechoso de liberalismo era ejecutado en el acto. Y nosotros, en vez de organizarnos a toda costa y lo más rápidamente posible para una lucha que, con toda evidencia, iba a ser una lucha a muerte, perdíamos el tiempo, y los anarquistas perseguían a los sacerdotes. Un día, mi asistenta me dijo: «Baje a ver, hay un cura fusilado en la calle, a la derecha.» Aunque era anticlerical, y ello desde mi infancia, yo no aprobaba en manera alguna semejante matanza.

No se crea, sin embargo, que los sacerdotes no participaron en los combates. Tomaron las armas, como todo el mundo. Algunos disparaban desde lo alto de sus campanarios, y se vio, incluso, a varios dominicos manejar una ametralladora. Si bien algunos miembros del clero se alineaban en el bando republicano, la mayoría se afirmaba claramente fascista. La guerra era total. Imposible permanecer neutral en medio de la lucha, pertenecer a esa «tercera España» en que algunos soñaban oscuramente.

Yo mismo sentía miedo algunas veces. Inquilino de un piso burgués, me preguntaba a veces qué pasaría si, de pronto, en medio de la noche, una brigada incontrolada derribase mi puerta para llevarme a «dar un paseo». ¿Cómo resistir? ¿Qué decirles?

Por supuesto que del otro lado, del lado fascista, no faltaban las atrocidades. Si los republicanos se conformaban con fusilar, los rebeldes mostraban a veces un gran refinamiento en la tortura. En Badajoz, por ejmplo, los rojos fueron lanzados al ruedo de una plaza de toros y muertos según el ritual de la corrida.

Se contaban millares de historias. Recuerdo ésta: las religiosas de un convento de Madrid o de su región se dirigieron en procesión a su capilla y se detuvieron ante la estatuta de la Virgen, que tenía en sus brazos al niño Jesús. Con ayuda de un martillo y un cincel, la superiora separó al niño de los brazos de su madre y se lo llevó, diciendo a la Virgen:

—Te lo devolveremos cuando hayamos ganado la guerra.

Sin duda, se lo devolvieron.

En el interior del bando republicano comenzaban a manifestarse graves divisiones. Los comunistas y los socialistas querían, ante todo, ganar la guerra, aplicar todos sus esfuerzos a la obtención de la victoria. Por el contrario, los anarquistas, considerándose como en terreno conquistado, organizaban ya su sociedad ideal.

Gil Bel, director del diario sindicalista *El Sindicalista*, me citó un día en el «Café Castilla» y me dijo:

—Hemos fundado una colonia anarquista en Torrelodones. Están ocupadas ya unas veinte casas. Deberías tomar una.

Quedé sorprendido. En primer lugar, aquellas casas pertenecían a personas expulsadas, a veces fusiladas o huidas. En segundo, Torrelodones se halla situado al pie de la sierra del Guadarrama, apenas a unos kilómetros de las líneas fascistas, y ¡allí, a tiro de cañón, los anarquistas organizaban tranquilamente su utopía!

Otro día, estamos almorzando en un restaurante, en compañía del músico Remacha, uno de los directores de «Filmosono», donde yo había trabajado. El hijo del dueño ha sido gravemente herido combatiendo contra los franquistas en la sierra del Guadarrama. Entran varios anarquistas armados que saludan con un «¡Salud, compañeros!» y que, inmediatamente, piden al patrón unas botellas de vino. Yo no puedo contener mi cólera. Les digo que deberían estar en la sierra, combatiendo, en lugar de vaciar las bodegas de un buen hombre cuyo hijo luchaba contra la muerte.

Me escuchan sin reaccionar y se van, pero llevándose, de todos modos, las botellas. Es cierto que, a cambio, han dado unos «bonos», trozos de papel que no significaban gran cosa.

Todas las noches, brigadas enteras de anarquistas descendían de la sierra del Guadarrama, en que se desarrollaba la batalla, para entrar a saco en las bodegas de los hoteles. Su ejemplo nos impulsaba a volvernos hacia los comunistas.

Muy poco numerosos al principio, pero robusteciéndose de semana en semana, organizados y disciplinados, los comunistas me parecían —y me siguen pareciendo— irreprochables. Aplicaban todas sus energías a la conducción de la guerra. Es triste decirlo, pero necesario: los sindicalistas anarquistas los odiaban quizá más que a los fascistas. Este odio había comenzado años antes de la guerra. En 1935, la F.A.I. (Federación Anarquista Ibérica) desencadenó una huelga general, muy dura, entre los obreros de la construcción. Una delegación comunista se dirigió a la F.A.I. —debo este episodio al anarquista Ramón Acín, que había financiado *Las Hurdes*— y dijo a los responsables de la huelga:

–Hay entre vosotros tres confidentes de la Policía.

Y citaron nombres. Pero los anarquistas respondieron con violencia a los delegados comunistas:

–¿Y qué? ¡Ya lo sabemos! ¡Pero preferimos los confidentes a los comunistas!

Pese a mis simpatías teóricas por la anarquía, yo no podía soportar su comportamiento arbitrario, imprevisible, y su fanatismo. En algunos casos, bastaba casi con tener el título de ingeniero o un diploma universitario para que le llevasen a uno a la Casa de Campo. Cuando, ante la proximidad de los fascistas, el Gobierno republicano decidió salir de Madrid para instalarse en Valencia, los anarquistas montaron una barrera en la única carretera que quedaba libre, cerca de Cuenca. En Barcelona mismo –un ejemplo entre otros–, liquidaron al director y a los ingenieros de una fábrica metalúrgica, para demostrar que la fábrica podía funcionar perfectamente en manos sólo de los obreros. Fabricaron un camión blindado y lo mostraron, no sin orgullo, a un delegado soviético.

Éste pidió una «parabellum» y disparó, perforando sin dificultad el blindaje.

Se cree, incluso –pero hay otras versiones–, que un pequeño grupo de anarquistas fue responsable de la muerte del gran Durruti a consecuencia de un balazo cuando bajaba de un coche en la calle de la Princesa para acudir en auxilio de la asediada Ciudad Universitaria. Estos anarquistas incondicionales –que llamaban a sus hijas *Acracia* (no poder) o *Catorce de Septiembre*– no le perdonaban a Durruti la disciplina que había logrado imponer a sus tropas.

Debíamos temer también las arbitrarias acciones del P.O.U.M., grupo teóricamente trotskista. En el mes de mayo de 1937, se vio incluso a miembros de este movimiento, a los que se habían unido anarquistas de la F.A.I., levantar barricadas en las calles de Barcelona contra los ejércitos republicanos, que tuvieron que combatirlos y reducirlos.

Mi amigo el escritor Claudio de la Torre, a quien yo acababa de regalar un Max Ernst con motivo de su boda, vivía en una casa aislada, a poca distancia de Madrid. Su abuelo había sido francmasón, lo cual era para los fascistas la cosa más abominable de la Tierra. Los masones eran detestados como los comunistas.

Claudio tenía a su servicio a una cocinera muy respetada porque su novio combatía con los anarquistas. Un día, voy a almorzar a su casa, cuando, de pronto, veo venir hacia mí, en pleno campo, un automóvil del P.O.U.M., perfectamente reconocible gracias a las grandes siglas que lleva pintadas. Me asalta la inquietud, pues sólo llevo encima documentos socialistas y comunistas, que, a ojos del P.O.U.M., carecen de todo valor. El coche se detiene junto a mí, el conductor me pregunta algo –el camino a seguir, creo– y se marchan. Respiro.

Repito que no doy aquí más que una impresión personal, una entre millones, pero creo que corresponde a la de cierto número de hombres que en aquellos momentos se hallaban situados a la izquierda. Predominaban, ante todo, la inseguridad y la confusión, agravadas por nuestras luchas internas y la fricción de las tendencias, pese a la amenaza fascista que teníamos delante.

Veía un viejo sueño realizado ante mis ojos, y no encontraba en él más que una cierta tristeza.

Un día, por un republicano que había cruzado las líneas, nos enteramos de la muerte de García Lorca.

GARCÍA LORCA

Poco antes de *Un chien andalou*, una disensión superficial nos separó durante algún tiempo. Luego, como andaluz, susceptible, creyó, o fingió creer, que la película era contra él. Decía:

–Buñuel ha hecho una peliculita así (gesto de los dedos), se llama *Un chien andalou*, y el perro *(chien)* soy yo.

En 1934, nos habíamos reconciliado totalmente. Aunque yo encontraba a veces que se dejaba sumergir por un número demasiado grande de admiradores, pasábamos juntos largos ratos. Frecuentemente, acompañados por Ugarte, subíamos a mi «Ford» para relajarnos durante unas horas en la soledad gótica de El Paular. El lugar se hallaba en ruinas, pero seis o siete habitaciones, muy escasamente amuebladas, estaban reservadas a las Bellas Artes. Se podía incluso pasar la noche en ellas, a condición de llevar un saco de dormir. El pintor Peinado −con el que, cuarenta años más tarde, volvería a encontrarme por casualidad en este mismo lugar− acudía con frecuencia al viejo monasterio desierto.

Era difícil hablar de pintura y poesía cuando sentíamos aproximarse la tempestad. Cuatro días antes del desembarco de Franco, García Lorca −que no podía apasionarse por la política− decidió de pronto marcharse a Granada, su ciudad. Yo intenté disuadirle, le dije:

−Se están fraguando auténticos horrores, Federico. Quédate aquí. Estarás mucho más seguro en Madrid.

Otros amigos ejercieron presión sobre él, pero en vano. Partió muy nervioso, muy asustado.

El anuncio de su muerte fue una impresión terrible para todos nosotros.

De todos los seres vivos que he conocido, Federico es el primero. No hablo ni de su teatro ni de su poesía, hablo de él. La obra maestra era él. Me parece, incluso, difícil encontrar alguien semejante. Ya se pusiera al piano para interpretar a Chopin, ya improvisara una pantomima o una breve escena teatral, era irresistible. Podía leer cualquier cosa, y la belleza brotaba siempre de sus labios. Tenía pasión, alegría, juventud. Era como una llama.

Cuando lo conocí, en la Residencia de Estudiantes, yo era un atleta provinciano bastante rudo. Por la fuerza de nuestra amistad, él me transformó, me hizo conocer otro mundo. Le debo más de cuanto podría expresar.

Jamás se han encontrado sus restos. Han circulado numerosas leyendas sobre su muerte, y Dalí −innoblemente− ha hablado incluso de un crimen homosexual, lo que es totalmente absurdo. En realidad, Federico murió porque era poeta. En aquella época, se oía gritar en el otro bando: «¡Muera la inteligencia!»

En Granada, se refugió en casa de un miembro de la Falange, el poeta Rosales, cuya familia era amiga de la suya. Allí se creía seguro. Unos hombres (¿de qué tendencia? Poco importa) dirigidos por un tal Alfonso fueron a detenerlo una noche y le hicieron subir a un camión con varios obreros.

Federico sentía un gran miedo al sufrimiento y a la

muerte. Puedo imaginar lo que sintió, en plena noche, en el camión que le conducía hacia el olivar en que iban a matarlo.

Pienso con frecuencia en ese momento.

A finales del mes de setiembre, me fue concertada una cita en Ginebra con el ministro de Asuntos Exteriores de la República, Álvarez del Vayo, que quería verme. En Ginebra se me diría por qué.

Salí en un tren absolutamente abarrotado, un verdadero tren de guerra. Me encontré sentado delante de un comandante del P.O.U.M., obrero ascendido a comandante, personaje del lenguaje feroz que no cesaba de repetir que el Gobierno republicano era una porquería y que, ante todo, era preciso destruirlo. Hablo de él solamente porque, más tarde, en París, habría de utilizarlo como espía.

En Barcelona, hice trasbordo y me encontré con José Bergamín y Muñoz Suay, que se dirigían a Ginebra con una decena de estudiantes para participar en una reunión política. Me preguntaron qué clase de documentos llevaba, se lo dije, y Muñoz Suay, exclamó:

—¡No podrás cruzar la frontera! ¡Para pasar, hace falta el visado de los anarquistas!

Llegamos a Port Bou, bajo el primero del tren y, en la estación repleta de hombres armados, veo una mesa a la que se hallan sentados con aire majestuoso tres personajes, como los miembros de un pequeño tribunal. Son anarquistas. Su jefe es un italiano barbudo.

A su petición, les muestro mis documentos, y me dicen:

—No puedes pasar con eso.

El idioma español es, ciertamente, el más blasfematorio del mundo. A diferencia de otros idiomas, en los que juramentos y blasfemias son, por regla general, breves y separados, la blasfemia española asume fácilmente la forma de un largo discurso en el que tremendas obscenidades, relacionadas principalmente con Dios, Cristo, el Espíritu Santo, la Virgen y los Santos Apóstoles, sin olvidar al Papa, pueden encadenarse y formar frases escatológicas e impresionantes. La blasfemia es un arte español. En México, por ejemplo, donde sin embargo, la cultura española se halla presente desde hace cuatro siglos, nunca he oído blasfemar convenientemente. En España, una buena blasfemia puede ocupar dos o tres líneas. Cuando las circunstancias lo exigen, puede, incluso, convertirse en una letanía al revés.

Una blasfemia de este tipo, proferida con la más intensa violencia, es lo que escucharon sin inmutarse los tres anarquistas de Port Bou.

Después de lo cual, me dijeron que podía pasar.

Y, ya que hablo de blasfemia, añadiré que en las ciudades antiguas de España, en Toledo por ejemplo, se veía escrito en la puerta principal de acceso: *Prohibido mendigar y blasfemar*, y ello bajo pena de multa o de un breve período de arresto. Prueba de la fuerza y la omnipresencia de las exclamaciones blasfemas. Cuando regresé a España, en 1960, me pareció que la blasfemia se oía mucho más raramente en las calles. Pero quizá me equivocaba... y oía con menos claridad que antes.

En Ginebra, sólo estuve unos veinte minutos con el ministro. Me pidió que fuese a París para ponerme a disposición del nuevo embajador que iba a nombrar la República. Este embajador sería Araquistain, un socialista de izquierda que yo conocía, antiguo periodista y escritor. Necesitaba hombres de confianza.

Salí inmediatamente para París.

PARÍS DURANTE LA GUERRA CIVIL

Permanecería allí hasta el final de la guerra. Oficialmente, en mi despacho de la calle de la Pépinière me ocupaba de reunir todas las películas de propaganda republicana rodadas en España. En realidad, mis funciones eran más complejas. Por una parte, yo era una especie de jefe de protocolo, encargado de organizar ciertas cenas en la Embajada y no colocar, por ejemplo a André Gide al lado de Aragon. Por otra, me ocupaba de «informaciones» y de propaganda.

Durante este período, y siempre para solicitar ayudas de todas clases a la causa republicana, viajé mucho, a Suiza, a

Amberes, a Estocolmo, varias veces a Londres. En varias ocasiones también, fui a España en misión oficial.

Por regla general, llevaba maletas repletas de millares de octavillas impresas en París. En Amberes, los comunistas belgas nos ofrecían su apoyo total. Gracias a la complicidad de algunos marineros, nuestras octavillas viajaron incluso a bordo de un barco alemán con destino a España.

En Londres, en el curso de mis desplazamientos, un diputado laborista e Ivor Montague, presidente de la «Film Society», organizaron un banquete en el que hube de pronunciar un pequeño discurso en inglés. Se hallaban presentes una veintena de simpatizantes, entre ellos Roland Penrose, que había actuado en *La Edad de oro*, y el actor Conrad Veidt, sentados a mi lado.

Mi misión en Estocolmo fue de naturaleza completamente distinta. La región de Biarritz y de Bayona hervía de fascistas de todas clases, y buscábamos agentes secretos que nos informasen. Fui a Estocolmo para ofrecer este papel de espía a una sueca bellísima, Kareen, miembro del partido comunista sueco. La mujer del embajador la conocía y la recomendaba. Kareen aceptó, y volvimos a vernos en barco y en tren. Durante este viaje, hube de sostener un verdadero conflicto entre mi deseo sexual, siempre vivo, y mi deber. Venció mi deber. No intercambiamos ni siquiera un beso, y sufrí en silencio. Kareen marchó a los Bajos Pirineos, desde donde me enviaba regularmente todas las informaciones que llegaban a sus oídos. No la he vuelto a ver.

A propósito de Kareen, añadiré que el responsable comunista de Agitprop, con quien sosteníamos frecuentes contactos, sobre todo para la compra de armas (ayer como hoy, una multitud de pequeños bandidos brujuleaban en torno al tráfico de armas, y debíamos recelar constantemente de ellos), este responsable me reprochó que hubiera introducido en Francia a una «trotskista». El partido comunista sueco, en efecto, acababa de cambiar de tendencia, en muy poco tiempo, en el transcurso de mi viaje, y yo no sabía nada.

A diferencia del Gobierno francés, que se negó siempre a comprometerse e intervenir en favor de la República, intervención que habría cambiado rápidamente el curso de las cosas —y ello por cobardía, por miedo a los fascistas franceses,

187

por temor a complicaciones internacionales–, él pueblo francés, y, en particular, los obreros miembros de la C.G.T., nos aportaba una ayuda considerable y desinteresada. No era raro, por ejemplo, que un ferroviario o un taxista viniera a verme para decir: «Ayer llegaron dos fascistas en el tren de las 20,15, son así y así, y se hospedan en tal hotel.» Yo tomaba nota de estos informes y se los transmitía a Araquistain, que, ciertamente, fue nuestro mejor embajador en París.

La no intervención de Francia y de las otras potencias democráticas nos paralizaba. Aunque Roosevelt se había declarado a favor de la República española, cedía a las presiones de los católicos americanos y no intervenía, como tampoco Léon Blum en Francia. Nunca esperamos una intervención directa, pero podíamos pensar que Francia autorizaría transportes de armas e, incluso, expediciones de «voluntarios», como hicieron Alemania e Italia por el otro lado. El curso de la guerra habría sido muy distinto.

Debo hablar también –siquiera brevemente– de la suerte reservada en Francia a los refugiados. A su llegada, muchos fueron, simplemente, internados en campos de concentración. Gran número de ellos cayeron más tarde en manos de los nazis y perecieron en Alemania, principalmente en Mauthausen.

Organizadas por los comunistas, adiestradas y disciplinadas, las Brigadas Internacionales fueron las únicas que nos suministraron una ayuda preciosa y, a la vez, un buen ejemplo. Es preciso también rendir homenaje a Malraux, aun cuando algunos de los aviadores que eligió fuesen meros mercenarios, y a todos los que vinieron a luchar por propia iniciativa. Fueron numerosos, y de todos los países. En París, yo entregué salvoconductos a Hemingway, a Dos Passos, a Joris Ivens, que realizó un documental sobre el Ejército republicano. Pienso en Corniglion-Molinier, que combatió con entusiasmo. Volví a verle más tarde en Nueva York, el día anterior a su marcha para unirse a De Gaulle. Se declaraba absolutamente seguro de la derrota de los nazis y me invitó a visitarlo en París después de la guerra para hacer juntos una película. Cuando lo vi por última vez, en el festival de Cannes, era ministro y tomaba una copa con el prefecto de los

Alpes Marítimos. Yo experimentaba casi una cierta vergüenza de ser visto en compañía de estos dignatarios.

Entre todas las intrigas, todas las aventuras de que he sido testigo y, a veces, protagonista, intentaré contar las que me parecen más interesantes. La mayoría se desarrollaban en una atmósfera de secreto, y aun hoy me es difícil citar ciertos nombres.

Durante la guerra, rodábamos películas en España, con la colaboración −entre otros− de dos operadores soviéticos. Estas películas de propaganda debían ser presentadas en el mundo entero, y también en España. Un día, no teniendo noticias del material rodado hacía varios meses, pedí entrevistarme con el jefe de la delegación comercial rusa. Me hizo esperar más de una hora. Finalmente, el hombre me recibió con extrema frialdad, me preguntó mi nombre y me dijo:

−¿Qué hace usted en París? ¡Debería estar en el frente, en España!

Le respondí que él no era quién para juzgar acerca de mi actividad, que cumplía órdenes y que quería saber qué había sido de las películas rodadas por cuenta de la República española.

Me respondió con evasivas. Me marché.

Nada más regresar a mi despacho, escribí cuatro cartas, una a *L'Humanité*, otra a *Pravda*, otra, al embajador soviético y la última, al ministro español. Denunciaba en ellas lo que me parecía un sabotaje en el interior mismo de la delegación comercial soviética, sabotaje que me fue confirmado por unos amigos comunistas franceses, que me dijeron: «Sí, en todas partes hay un poco de eso.» La Unión Soviética contaba con enemigos, o, en todo caso, adversarios, entre sus representantes oficiales. No mucho tiempo después, por otra parte, el jefe de la delegación comercial, que tan mal me había recibido, fue una de las víctimas de las grandes purgas de Stalin.

LAS TRES BOMBAS

Una de las historias más complejas, que arroja interesantes luces sobre el comportamiento de la Policía francesa (y de todas las Policías del mundo), es la de las tres bombas.

Un día, un joven colombiano bastante guapo, muy elegante, entra en mi despacho. Ha pedido ver al agregado militar, pero, como no tenemos agregado militar (sospechoso, ha sido despedido), se ha considerado oportuno enviármelo a mí. Lleva un maletín que deposita sobre una mesa, en un saloncito de la Embajada, y abre a continuación. En su interior, hay tres pequeñas bombas. El colombiano me dice:

—Son bombas de una potencia extraordinaria. Con ellas cometimos el atentado de Perpiñán contra el Consulado español, y también el del tren Burdeos-Marsella.

Asombrado, le pregunto qué quiere y por qué me trae estas bombas. Me dice que no pretende ocultar su pertenencia fascista, que es miembro de la Legión Cóndor (lo habría imaginado) y que actúa así por simple odio a su jefe, a quien detesta a muerte. Añade:

—Quisiera por encima de todo que lo detuviesen. No me pregunte por qué, es así. Si quiere conocerlo, vaya mañana a las cinco a «La Coupole», estará sentado a mi derecha. Le dejo las bombas.

Tras su marcha, aviso a Araquistain, el embajador, que telefonea al prefecto de Policía. Inmediatamente, se hace que los servicios franceses de explosivos analicen las bombas. El terrorista ha dicho la verdad: las bombas son de una potencia desconocida hasta la fecha.

Al día siguiente, sin decirles el motivo, pido al propio hijo del embajador y a una amiga actriz que vengan a tomar una copa conmigo en «La Coupole». Al llegar, veo en seguida al colombiano, sentado en la terraza con un grupito de personas. A su derecha —se trata, por lo tanto, de su jefe—, se encuentra un hombre a quien, curiosamente, conozco, un actor latinoamericano. Mi amiga actriz le conoce también, y le estrechamos la mano al pasar.

Mi delator se mantiene impasible.

De regreso a la Embajada, conociendo el nombre del jefe de este grupo de acción terrorista y el hotel en que vive en París, aviso al prefecto de Policía, un socialista. Me responde que va a detenerlo inmediatamente. Pero no ocurre nada. Poco tiempo después, encuentro al jefe del grupo terrorista sentado tranquilamente con unos amigos en un café de los Campos Elíseos, el «Sélect». Mi amigo Sánchez Ventura puede atestiguar que ese día lloré de rabia. Me decía: «¿Pero en qué mundo vivimos? He aquí un criminal conocido, y la Policía no quiere detenerle. ¿Por qué?»

El delator vuelve entonces a mi despacho y me anuncia:

—Mi jefe va a ir mañana a su Embajada para pedir un visado para España.

Información totalmente exacta. El actor latinoamericano, que gozaba de pasaporte diplomático, se dirigió a la Embajada y obtuvo sin dificultad su visado. Iba a Madrid en el desempeño de una misión que jamás supe en qué consistía. En la frontera, fue detenido por la Policía republicana española, a la que habíamos avisado, y puesto en libertad casi inmediatamente merced a la intervención de su Gobierno. En Madrid, cumplió su misión, antes de regresar tranquilamente a París. ¿Era, pues, invulnerable? ¿De qué apoyos podía disfrutar? Yo estaba desesperado.

En aquellos momentos, tuve que marchar a Estocolmo. En Suecia, leí en un periódico que un explosivo de extraordinaria potencia acababa de destruir un pequeño inmueble situado en las proximidades de l'Étoile, en el cual radicaba la sede de un sindicato obrero. El artículo precisaba —me parece— que el explosivo utilizado era de tal potencia que se había derrumbado el edificio y habían perecido dos agentes. Sin la menor sombra de duda, reconocí la mano del terrorista.

Tampoco pasó nada. El hombre prosiguió sus actividades, protegido por la indiferencia de la Policía francesa, que, como muchas Policías europeas, dedicaba lo esencial de su simpatía a los regímenes fuertes.

Al terminar la guerra, y como no podía ser por menos, el actor latinoamericano, miembro de la quinta columna, fue condecorado por Franco.

En la misma época, yo era objeto de violentos ataques por

parte de la derecha francesa. La Edad de oro no había sido olvidada. Se hablaba de mi tendencia a la profanación, de mi «complejo anal», y el periódico *Gringoire* (*¿o Candide?*), en un editorial que ocupaba toda la parte inferior de una página, recordó que yo había ido a París pocos años antes para intentar «corromper a la juventud francesa».

Yo seguía viendo a mis amigos surrealistas. Breton me llamó un día a la Embajada y me dijo:

—Querido amigo, corre un rumor bastante desagradable, según el cual los republicanos españoles habrían fusilado a Péret porque formaba parte del P.O.U.M.

El P.O.U.M., teóricamente de tendencias trotskistas, suscitaba ciertas simpatías entre los surrealistas. Benjamín Péret había ido, en efecto, a Barcelona, donde se le veía todos los días en la Plaza de Cataluña, rodeado de agentes del P.O.U.M. A petición de Breton, traté de informarme. Supe que había ido al frente de Aragón, a Huesca, y también que criticaba tan áspera y abiertamente el comportamiento de los miembros del P.O.U.M. que algunos de ellos habían manifestado su intención de fusilarle. Pude garantizar a Breton que Péret no había sido ejecutado por los republicanos. Y, en efecto, regresó a Francia.

De vez en cuando, yo almorzaba con Dalí en la «Rôtisserie Périgourdine», en la plaza Saint-Michel. Un día, me hizo partícipe de una proposición harto curiosa.

—Quiero presentarte a un inglés riquísimo, muy amigo de la República española, que desearía ofrecerte un bombardero.

Acepté entrevistarme con ese inglés, Edward James, gran amigo de Leonora Carrington. Acababa de comprar toda la producción de Dalí para el año 1938, y me dijo que, en efecto, tenía a nuestra disposición, en un aeropuerto checoslovaco, un avión de bombardeo ultramoderno. Sabiendo que la República necesitaba desesperadamente aviones, nos lo daba, a cambio de varias obras maestras del Museo del Prado, con las que tenía la intención de organizar una exposición en París y en otras ciudades. Estos cuadros serían puestos bajo la garantía del Tribunal Internacional de La Haya. Al terminar la guerra, dos posibilidades: si ganaban los republicanos, los cuadros volverían al Prado. En caso contrario, quedarían en propiedad de la República en el exilio.

Comuniqué esta original propuesta a Álvarez del Vayo, nuestro ministro de Asuntos Exteriores. Confesó que la posesión del bombardero sería para él una gran alegría, pero que por nada del mundo se desharía de los cuadros de el Prado. «¿Qué se diría de nosotros? ¿Qué escribiría la Prensa? ¿Que malbaratamos nuestro patrimonio para procurarnos armamentos? No se hable más de ello.»

No se llevó a efecto la transacción.

Edward James vive todavía. Posee castillos casi por todas partes e, incluso, un rancho en México.

Mi secretaria en la calle de la Pépinière era la hija del tesorero del partido comunista francés. Éste había pertenecido en su juventud a la banda de Bonnot, y mi secretaria se acordaba de haber paseado de pequeña de la mano de Raymond-la-Science. (Da la casualidad de que yo he conocido personalmente a dos veteranos de la banda de Bonnot, Rirette Maîtrejean y el que en sus números de cabaret se hacía llamar «el forzado inocente».)

Un día, recibimos un comunicado de Juan Negrín, presidente del Consejo de la República, que se manifiesta muy interesado por un cargamento de potasa que debe salir de Italia con destino a un puerto fascista español. Negrín nos pide información.

Hablo de ello a mi secretaria, la cual llama a su padre. Dos días después, se presenta a mi despacho y me dice: «Vamos a dar una vuelta por las afueras, quiero que conozca a alguien.» Salimos en automóvil, nos detenemos en un café a 45 minutos de París (he olvidado el lugar exacto) y me presenta a un americano de entre treinta y cinco y cuarenta años, serio y elegante, que habla francés con fuerte acento extranjero. El americano me dice:

–He sabido que se halla usted interesado por un cargamento de potasa.

–En efecto.

–Pues bien, creo que puedo darle información acerca de ese barco.

Me contó todo lo que sabía sobre el cargamento y el itinerario, informaciones precisas que fueron comunicadas a Negrín.

Años después, le encontraría en Nueva York, en el curso de un gran cóctel que se celebraba en el Museo de Arte Moderno. Yo le reconozco, él me reconoce, pero sin dejar traslucir nada.

Más tarde, terminada ya la guerra, volví a verlo en «La Coupole», con su mujer. Esta vez, charlamos un rato. Americano, dirigía antes de la guerra, una fábrica en las afueras de París. Ayudaba a la República española, y por eso le conocía el padre de mi secretaria.

Yo vivía en Meudon. Por la noche, al volver a casa, solía detener el coche, con la mano en el revólver, para mirar hacia atrás y cerciorarme de que nadie me seguía. Vivíamos rodeados de secretos, de intrigas, de influencias incomprensibles. Mantenidos minuto a minuto al corriente de la evolución de la guerra, y comprendiendo que las grandes potencias, a excepción de Italia y Alemania, preferirían abstenerse hasta el fin, veíamos morir toda esperanza.

No es sorprendente que los republicanos españoles se mostraran, como yo, más bien favorables al pacto germano-soviético. Nos sentíamos tan decepcionados por la actitud de las democracias occidentales, que aún trataban con desprecio a la Unión Soviética, rehusando todo contacto eficaz, que vimos en el gesto de Stalin una manera de ganar tiempo, de aumentar fuerzas que, de todos modos, iban a ser lanzadas a la gran batalla.

En su inmensa mayoría, el partido comunista francés aprobaba también este pacto. Aragon lo dijo claramente y sin rodeos. Una de las raras voces discordantes −en el interior del partido− fue la de Paul Nizan, brillante intelectual marxista, que me invitó a su boda (el testigo era Jean-Paul Sartre). Pero, cualquiera que fuese nuestra opinión, todos teníamos la impresión de que este pacto no duraría, que se iba a derrumbar como todo lo demás.

Conservé mis simpatías por el partido comunista hasta finales de los años cincuenta. Después, me fui alejando cada vez más de él. El fanatismo me repugna, dondequiera que lo encuentre. Todas las religiones han hallado la verdad. El marxismo, también. En los años treinta, por ejemplo, los doctrinarios marxistas no soportaban que se hablase del subconsciente, de las tendencias psicológicas profundas del individuo. Todo debía obedecer a los mecanismos socioeconómicos, lo cual me parecía absurdo. Se olvidaba a la mitad del hombre.

Termino con esta digresión. La digresión es mi manera natural de contar, un poco como en la novela picaresca española. Sin embargo, con la edad, con el inevitable debilitamiento de la memoria inmediata, antecedente, debo tener cuidado. Comienzo una historia, la abandono en seguida para hacer un paréntesis que me parece interesante, después de lo cual olvido mi punto de partida y me pierdo. Siempre pregunto a mis amigos: «¿Por qué os estaba contando esto?»

Tenía a mi disposición ciertos fondos secretos que utilizaba sin recibo. Cada una de mis misiones era distinta a la anterior. Una vez incluso, por propia iniciativa, serví de guardaespaldas de Negrín. En compañía del pintor socialista Quintilla, ambos armados, vigilamos a Negrín en la estación de Orsay, sin que él lo sospechara ni por un solo instante.

En varias ocasiones pasé a España para transportar documentos. Fue entonces la primera vez en mi vida que monté en avión, acompañado por Juanito Negrín, el hijo del presidente del Consejo. Apenas habíamos cruzado los Pirineos cuando se nos indicó que se acercaba un caza fascista procedente de Mallorca. Pero el caza dio media vuelta, disuadido quizá por la defensa antiaérea de Barcelona.

En uno de estos viajes, en Valencia, voy a ver, a mi llegada, la jefe de Agitprop y le digo que me encuentro en el desempeño de una misión y que quisiera mostrarle los documentos procedentes de París que le pudieran interesar. A las nueve de la mañana del día siguiente, me hace subir a un coche y me lleva a una villa situada a diez kilómetros de Valencia. Allí, me presenta a un ruso que examina mis documentos y que dice conocerlos bien. Teníamos así decenas de puntos de contacto. Supongo que otro tanto ocurría con los fascistas y los alemanes. Los servicios secretos hacían también su aprendizaje en ambos lados.

Cuando una brigada republicana se encontraba sitiada al

otro lado de Gavarni, los simpatizantes franceses le hacían llegar armas por la montaña. Al dirigirme allí una vez, en compañía de Ugarte, un lujoso automóvil que parecía extraviado en la carretera (el chófer acababa de dormirse) chocó contra el nuestro. Ugarte resultó conmocionado, y tuvimos que esperar tres días antes de partir.

Durante toda la guerra, los contrabandistas de los Pirineos se vieron sometidos a dura prueba. Pasaban hombres y material de propaganda. En la región de San Juan de Luz, un cabo de la gendarmería francesa, cuyo nombre desgraciadamente no recuerdo, dejaba circular libremente a los contrabandistas si llevaban octavillas republicanas al otro lado de la frontera. Para expresarle mi agradecimiento –pero yo hubiera deseado que fuese algo más oficial–, le regalé una magnífica espada que compré yo mismo, de mi bolsillo, cerca de la plaza de la República, y que le envié «por los servicios prestados a la República española».

Una última historia, la historia de García, mostrará la complejidad de las relaciones que a veces sosteníamos con los fascistas.

García no era más que un bandido, un canalla, pura y simplemente, que se proclamaba socialista. En los primeros meses de la guerra, había creado en Madrid, con un pequeño grupo de asesinos, la siniestra Brigada del Amanecer. Por la mañana temprano, penetraban por la fuerza en una casa burguesa, se llevaban a los hombres «de paseo», violaban a las mujeres y robaban todo cuanto caía al alcance de su mano.

Yo estaba en París cuando un sindicalista francés que trabajaba, creo, en un hotel vino a decirnos que un español se disponía a embarcar para América del Sur, llevándose consigo una maleta llena de joyas robadas. Se trataba de García, que había salido de España con una fortuna y viajaba con nombre falso.

García, a quien los fascistas buscaban ávidamente, era una de las vergüenzas de la República. Transmití al embajador la información del socialista. El barco tenía que hacer escala en Santa Cruz de Tenerife, en poder de los franquistas. El embajador no vaciló en avisarlos a través de una Embajada neutral. A su llegada a Tenerife, García fue reconocido, detenido y ejecutado.

EL PACTO DE CALANDA

Cuando comenzaron los disturbios, la Guardia Civil recibió orden de abandonar Calanda para concentrarse en Zaragoza. Antes de retirarse, los oficiales entregaron el poder, y la tarea de mantener el orden en el pueblo, a una especie de consejo compuesto principalmente por notables.

Su primera preocupación fue detener y encarcelar a varios notorios activistas, entre ellos un conocido anarquista, unos cuantos campesinos socialistas y el único comunista que se conocía en Calanda.

Cuando, al principio de la guerra, las tropas anarquistas llegaron de Barcelona y amenazaron Calanda, los notables se dirigieron a la cárcel y dijeron a los presos:

–Estamos en guerra y no sabemos quién va a ganar. Así que os proponemos un pacto. Os soltamos, y nos comprometemos, unos y otros, todos los habitantes de Calanda, a no ejercer ninguna clase de violencia, cualquiera que sea la suerte de la lucha.

Los presos dieron inmediatamente su acuerdo. Fueron puestos en libertad. Pocos días después, cuando los anarquistas entraron en el pueblo, su primera preocupación fue fusilar a 82 personas. Entre las víctimas se encontraban nueve dominicos, la mayoría de los notables (me fue mostrada más tarde la lista), médicos, propietarios de tierras e, incluso, algunos habitantes más bien pobres que no habían cometido más delito que el de hacer patente su devoción.

El pacto había pretendido retirar a Calanda de la marcha violenta del mundo, aislarla en una especie de paz localizada, fuera de todo conflicto. Ya no era posible tal cosa. Es una ilusión creer que se puede escapar a la Historia, al tiempo en que se vive.

En Calanda se sitúa un acontecimiento bastante extraordinario, creo (no sé si otros pueblos lo han conocido también). Me refiero a la proclamación pública del amor libre. Un buen día, por orden de los anarquistas, el pregonero se adelantó al centro de la Plaza Mayor, se llevó a los labios su trompetilla, tocó y, luego, declaró:

–Compañeros, a partir de hoy se decreta el amor libre en Calanda.

No creo que esta proclamación, acogida con la estupefacción que es de imaginar, tuviera consecuencia dignas de mención. Algunas mujeres fueron agredidas en la calle, intimadas a ceder al amor (que nadie sabía muy bien lo que era) y, ante su enérgica resistencia, dejadas en paz. Pero los espíritus se hallaban turbados. Pasar de la rigidez sin fisuras del catolicismo al amor libre de los anarquistas no era cuestión baladí. Para calmar los sentimientos, mi amigo Mantecón, gobernador de Aragón, aceptó un día improvisar un discurso desde el balcón de nuestra casa. Declaró solemnemente que el amor libre le parecía un absurdo y que teníamos otra cosa que hacer, aunque sólo fuese la guerra.

Cuando las tropas franquistas llegaron, a su vez, a Calanda, huelga decir que todos los simpatizantes republicanos del pueblo habían huido ya. Los que quedaban, y que recibían a los fascistas, no tenían motivo alguno para sentirse inquietos. Sin embargo, de creer a un padre paúl que, algún tiempo más tarde, vino a verme a Nueva York, un centenar de personas (sobre un total de cinco mil habitantes, pero muchos se habían ido), todos ellos «inocentes» desde el punto de vista franquista, fueron pasados por las armas, tan feroz era el deseo de extirpar definitivamente la gangrena republicana.

Mi hermana Conchita fue detenida en Zaragoza. Varios aviones republicanos habían bombardeado la ciudad (una bomba atravesó, incluso, el techo de la basílica, lo que permitió hablar de milagro), y el marido de mi hermana, oficial, fue acusado de haber tenido participación en el asunto. Pero en aquellos momentos se encontraba prisionero en poder de los republicanos. Mi hermana fue puesta en libertad, pero había estado muy cerca de la ejecución.

El padre paúl, que me traía a Nueva York, enrollado, el retrato que Dalí me había pintado en la Residencia de Estudiantes (un Picasso, un Tanguy, un Miró, se habían perdido definitivamente, cosa que a mí me traía sin cuidado), me contó la historia de Calanda durante la guerra y, luego, me dijo, harto ingenuamente:

—¡Sobre todo, no vaya usted allá!

Yo no tenía ningún deseo de ir, por supuesto. Habrían de transcurrir largos años antes de que pudiese regresar a España.

En 1936, el pueblo español tomó la palabra, por primera vez en la Historia. Instintivamente, atacó primero a la Iglesia y a los grandes propietarios, representantes de una antiquísima oposición. Quemando las iglesias y los conventos, matando a los sacerdotes, el pueblo designaba con toda claridad a su enemigo hereditario.

Del otro lado, del lado fascista, los crímenes eran cometidos por españoles más ricos y más cultivados. Eran cometidos –el ejemplo de Calanda puede extenderse a toda España– en mayor número, sin verdadera necesidad, con una frialdad mortal.

Eso me permite decir hoy con cierta serenidad que, en el fondo, el pueblo es más generoso. A nadie se le escapaban las razones que tenía para sublevarse. Si durante los primeros meses de la guerra me horrorizaron ciertos excesos cometidos en el lado republicano (nunca he intentado ocultarlos), muy pronto, a partir de noviembre de 1936, se instauró un orden legal y cesaron las ejecuciones sumarias. Por lo demás, nosotros hacíamos la guerra contra los rebeldes.

Toda mi vida me ha impresionado enormemente la famosa fotografía en que, ante la catedral de Santiago de Compostela, se ve a unos dignatarios eclesiásticos, revestidos con sus ornamentos sacerdotales, haciendo el saludo fascista junto a varios oficiales. Dios y la patria están allí codo con codo. No nos traían más que represión y sangre.

Nunca he sido un adversario fanático de Franco. A mis ojos, no representaba al diablo en persona. Incluso estoy dispuesto a creer que evitó que una España exangüe fuese invadida por los nazis. Aun en lo que le afecta, dejo lugar a una cierta ambigüedad.

Lo que me digo ahora, mecido por los sueños de mi inofensivo nihilismo, es que el mayor desahogo económico y la cultura más desarrollada que se encontraban al otro lado, en el lado franquista, hubieran debido limitar el horror. Pero no fue así. Por esta razón, a solas con mi dry-martini, dudo de las ventajas del dinero y de las ventajas de la cultura.

ATEO GRACIAS A DIOS

La casualidad es la gran maestra de todas las cosas. La necesidad viene luego. No tiene la misma pureza. Si entre todas mis películas siento una especial ternura hacia *El fantasma de la libertad*, es, quizá, porque abordaba este difícil tema.

El guión ideal, en el que a menudo he soñado, arrancaría de un punto de partida anodino, banal. Por ejemplo: un mendigo atraviesa una calle. Ve una mano que asoma por la portezuela abierta de un lujoso automóvil y que arroja al suelo la mitad de un habano. El mendigo se detiene bruscamente para recoger el cigarro. Otro automóvil le arrolla y le mata.

A partir de este accidente, se puede formular una serie indefinida de preguntas. ¿Por qué se han encontrado el mendigo y el cigarro? ¿Qué hacía el mendigo a esa hora en la calle? ¿Por qué el hombre que fumaba el cigarro lo ha tirado en ese momento? Cada respuesta dada a estas preguntas originará, a su vez, otras preguntas, progresivamente más numerosas. Nos hallaremos ante encrucijadas cada vez más complejas, que conducirán a otras encrucijadas, a laberintos fantásticos en los que habremos de elegir nuestro camino. Así, siguiendo causas aparentes, que no son, en realidad, sino una serie, una profusión ilimitada de casualidades, podríamos irnos remontando cada vez más lejos en el tiempo, vertiginosamente, sin pausa, a través de la Historia, a través de todas las civilizaciones, hasta los protozoarios originales.

Encuentro un magnífico ejemplo de esta casualidad histórica en un libro claro y denso que, para mí, representa la quintaesencia de una cierta cultura francesa, *Poncio Pilatos*, de Roger Caillois. Poncio Pilatos, nos cuenta Caillois, tiene todas las razones para lavarse las manos y dejar condenar a Cristo. Es el consejo de su asesor político, que teme disturbios en Judea. Es también el ruego de Judas, para que se cumplan los designios de Dios. Es incluso la opinión de Marduk, el profeta caldeo, que imagina la larga sucesión de acontecimientos que seguirán a la muerte del Mesías, acontecimientos que existen ya, puesto que él los ve y es profeta.

A todos los argumentos, Pilatos solamente puede oponer su honradez, su deseo de justicia. Tras una noche de insomnio, toma su decisión y libera a Cristo. Éste es acogido con alegría por sus discípulos. Prosigue su vida y su enseñanza y muere a edad avanzada, considerado como un hombre muy santo. Durante uno o dos siglos, se sucederán los peregrinos ante su tumba. Luego, se le olvidará.

Y, naturalmente, la historia del mundo será completamente distinta.

Este libro me ha hecho fantasear durante mucho tiempo. Sé muy bien todo lo que se me puede decir sobre el determinismo histórico o sobre la voluntad omnipotente de Dios, que empujaron a Pilatos a lavarse las manos. Sin embargo, podía no lavárselas. Rechazando la jofaina y el agua, cambiaba todo el curso de los tiempos.

La casualidad quiso que se lavara las manos. Como Caillois, yo no veo ninguna necesidad en este gesto.

Claro que, si bien nuestro nacimiento es totalmente casual, debido al encuentro fortuito de un óvulo y un espermatozoide (¿por qué precisamente éste entre millones?), el papel del azar se difumina cuando se edifican las sociedades humanas, cuando el feto y, luego, el niño se encuentran sometidos a estas leyes. Y así es para todas las especies. Las leyes, las costumbres, las condiciones históricas y sociales de una cierta evolución, de un cierto progreso, todo lo que pretende contribuir a la creación, al avance, a la estabilidad de una civilización a la que pertenecemos por la suerte o la desgracia de nuestro nacimiento, todo eso se presenta como una lucha cotidiana y tenaz contra el azar. Nunca totalmente aniquilado, vivo y sorprendente, trata de acomodarse a la necesidad social.

Pero yo creo que, en estas leyes necesarias, que nos permiten vivir juntos, es preciso abstenerse de ver una necesidad fundamental, primordial. Me parece, en realidad, que no era necesario que este mundo existiese, que no era necesario que nosotros estuviésemos aquí, viviendo y muriendo. Puesto que no somos sino hijos del azar, la Tierra y el Universo hubieran podido continuar si nosotros, hasta la consumación de los siglos. Imagen inimaginable la de un Universo vacío e infinito, teóricamente inútil, que ninguna inteligencia podría concebir, que existiría solo, caos permanente, abismo inexplicablemente privado de vida. Quizás otros mundos, cegados a nuestro conocimiento, prosiguen así su curso inconcebible. Tendencia al caos, que sentimos a veces muy profundamente en nosotros mismos.

Algunos sueñan en un universo infinito, otros nos lo presentan como finito en el espacio y en el tiempo. Heme aquí entre dos misterios tan impenetrables el uno como el otro. Por una parte, la imagen de un universo infinito es inconcebible. Por otra, la idea de un universo finito, que dejará algún día de existir, me sumerge en una nada impensable que me fascina y me horroriza. Voy de una a otra. No sé.

Imaginemos que el azar no existe y que toda la historia del mundo, hecha bruscamente lógica y comprensible, pudiera resolverse en unas cuantas fórmulas matemáticas. En tal caso, sería necesario creer en Dios, suponer como inevitable la existencia activa de un gran relojero, de un supremo ser organizador.

Pero Dios, que lo puede todo, ¿no habría podido crear por capricho un mundo entregado al azar? No, nos responden los filósofos. El azar no puede ser una creación de

Dios, porque es la negación de Dios. Estos dos términos son antinómicos. Se excluyen mutuamente.

Carente de fe (y persuadido de que, como todas las cosas, la fe nace a menudo del azar), no veo cómo salir de este círculo. Por eso es por lo que no entro en él.

La consecuencia que de ello extraigo, para mi propio uso, es muy sencilla: creer y no creer son la misma cosa. Si se me demostrara ahora mismo la luminosa existencia de Dios, ello no cambiaría estrictamente nada en mi comportamiento. Yo no puedo creer que Dios me vigila sin cesar, que se ocupa de mi salud, de mis deseos, de mis errores. No puedo creer, y en cualquier caso no acepto, que pueda castigarme para toda la eternidad.

¿Qué soy yo para él? Nada, una sombra de barro. Mi paso es tan rápido que no deja ninguna huella. Soy un pobre mortal, no cuento ni en el espacio ni en el tiempo. Dios no se ocupa de nosotros. Si existe, es como si no existiese.

Razonamiento que antaño resumí en esta fórmula: «Soy ateo, gracias a Dios.» Fórmula que sólo en apariencia es contradictoria.

Junto al azar, su hermano el misterio. El ateísmo —por lo menos el mío— conduce necesariamente a aceptar lo inexplicable. Todo nuestro Universo es misterio.

Puesto que me niego a hacer intervenir a una divinidad organizadora, cuya acción me parece más misteriosa que el misterio, no me queda sino vivir en una cierta tiniebla. Lo acepto. Ninguna explicación, ni aun la más simple, vale para todos. Entre los dos misterios, yo he elegido el mío, pues, al menos, preserva mi libertad moral.

Se me dice: ¿Y la Ciencia? ¿No intenta, por otros caminos, reducir el misterio que nos rodea?

Quizá. Pero la Ciencia no me interesa. Me parece presuntuosa, analítica y superficial. Ignora el sueño, el azar, la risa, el sentimiento y la contradicción, cosas todas que me son preciosas. Un personaje de *La Vía Láctea* decía: «Mi odio a la Ciencia y mi desprecio a la tecnología me acabarán conduciendo a esta absurda creencia en Dios.» No hay tal. En lo que a mí concierne, es incluso totalmente imposible. Yo he elegido mi lugar, está en el misterio. Sólo me queda respetarlo.

La manía de comprender y, por consiguiente, de empequeñecer, de mediocrizar –toda mi vida, me han atosigado con preguntas imbéciles: ¿Por qué esto? ¿Por qué aquello?–, es una de las desdichadas de nuestra naturaleza. Si fuéramos capaces de devolver nuestro destino al azar y aceptar sin desmayo el misterio de nuestra vida, podría hallarse próxima una cierta dicha, bastante semejante a la inocencia.

En alguna parte entre el azar y el misterio, se desliza la imaginación, libertad total del hombre. Esta libertad, como las otras, se la ha intentado reducir, borrar. A tal efecto, el cristianismo ha inventado el pecado de intención. Antaño, lo que yo imaginaba ser mi conciencia me prohibía ciertas imágenes: asesinar a mi hermano, acostarme con mi madre. Me decía: «¡Qué horror!», y rechazaba furiosamente estos pensamientos, desde mucho tiempo atrás malditos.

Sólo hacia los sesenta o sesenta y cinco años de edad comprendí y acepté plenamente la inocencia de la imaginación. Necesité todo ese tiempo para admitir que lo que sucedía en mi cabeza no concernía a nadie más que a mí, que en manera alguna se trataba de lo que se llamaba «malos pensamientos», en manera alguna de un pecado, y que había que dejar ir a mi imaginación, aun cruenta y degenerada, adonde buenamente quisiera.

Desde entonces, lo acepto todo, me digo: «Bueno, me acuesto con mi madre, ¿y qué?», y casi al instante las imágenes del crimen o del incesto huyen de mí, expulsadas por la indiferencia.

La imaginación es nuestro primer privilegio. Inexplicable como el azar que la provoca. Durante toda mi vida me he esforzado por aceptar, sin intentar comprenderlas, las imágenes compulsivas que se me presentaban. Por ejemplo, en Sevilla, durante el rodaje de *Ese oscuro objeto del deseo*, al final de una escena y movido por una súbita inspiración, pedí bruscamente a Fernando Rey que cogiera un voluminoso saco de tramoyista que estaba sobre un banco y marchara con él a la espalda.

Al mismo tiempo, percibía todo lo que de irracional había en este acto y lo temía un poco. Rodé, pues, dos versiones de la escena, con y sin el saco. Al día siguiente, durante la proyección, todo el equipo estaba de acuerdo –y yo también– en que la escena quedaba mejor con el saco. ¿Por qué? Imposible decirlo, so pena de caer en los estereotipos del psicoanálisis o de cualquier otra explicación.

Psiquiatras y analistas de todas clases han escrito mucho sobre mis películas. Se lo agradezco, pero nunca leo sus obras. No me interesa. Yo hablo en otro capítulo del psicoanálisis, terapéutica de clase. Y añado aquí que algunos analistas, desesperados, me han declarado «inanalizable», como si yo perteneciese a otra cultura, a otro tiempo, lo cual es posible, después de todo.

A mi edad, dejo que hablen. Mi imaginación está siempre presente y me sostendrá en su inocencia inatacable hasta el fin de mis días. Horror a comprender. Felicidad de recibir lo inesperado. Estas antiguas tendencias se han acentuado en el transcurso de los años. Me retiro poco a poco. El año pasado calculé que en seis días, es decir, en 144 horas, no había tenido más que tres horas de conversación con mis amigos. El resto del tiempo, soledad, ensoñación, un vaso de agua o un café, el aperitivo dos veces al día, un recuerdo que me sorprende, una imagen que me visita y, luego, una cosa lleva a la otra, y ya es de noche.

Pido perdón si las páginas que preceden parecen confusas y pesadas. Estas reflexiones forman parte de una vida tanto como los detalles frívolos. No soy filósofo, ya que nunca he poseído capacidad de abstracción. Si algunos espíritus filosóficos, o que creen serlo, sonreían al leerme, bueno, me alegro de haberles hecho pasar un buen rato. Es un poco como si me encontrase de nuevo en el colegio de los Jesuitas de Zaragoza. El profesor señala con el dedo a un alumno y le dice: «¡Refúteme a Buñuel!» Y es cuestión de dos minutos.

Sólo espero haberme mostrado suficientemente claro. Un filósofo español, José Gaos, fallecido no hace mucho tiempo, escribía, como todos los filósofos, en una jerga inextricable. A alguien que se lo reprochaba, respondió un día: «¡Me tiene sin cuidado! La Filosofía es para los filósofos.»

A lo cual, yo opondría la frase de André Breton: «Un filósofo a quien yo entienda es un cerdo.» Comparto plenamente su opinión..., aunque a veces me cueste entender lo que dice Breton.

DE NUEVO A AMÉRICA

En 1939, yo me encontraba en los Bajos Pirineos, en Bayona. Mi papel como encargado de la propaganda consistía en ocuparme del lanzamiento por encima de los Pirineos de pequeños globos cargados de octavillas. Unos amigos comunistas, que más tarde serían fusilados por los nazis, se encargaban de lanzar los globos los días en que los vientos parecían favorables.

Esta actividad se me antojaba un tanto ridícula. Los globos partían a la aventura, las octavillas caían en cualquier parte, en los campos, en los bosques, ¿y qué influencia puede tener un trocito de papel llegado nadie sabe de dónde? El inventor de este sistema, un periodista americano amigo de España, aportaba toda su ayuda a la República.

Me entrevisté con el embajador de España en París, el último, Marcelino Pascua, ex director de Sanidad Pública en España, y le comuniqué mis dudas. ¿No había nada mejor que hacer?

Se rodaban entonces en los Estados Unidos películas que mostraban la guerra de España. Henry Fonda actuó en una de ellas. En Hollywood se preparaba *Cargo of Innocents*, sobre la evacuación de Bilbao.

Estas películas contenían a veces burdos errores en lo referente al color local. Por ello, Pascua me propuso que regresara a Hollywood y consiguiera un contrato como *technical* o *historical advisor*. Me quedaba un poco de dinero del sueldo cobrado durante tres años. Varios amigos, entre ellos Sánchez Ventura y una americana que había hecho mucho por la República española, añadieron lo que faltaba para pagar mi viaje, el de mi mujer y el de mi hijo.

Mi antiguo supervisor, Frank Davis, debía ser el productor de *Cargo of Innocents*. Me aceptó inmediatamente como asesor histórico, precisando que eso no representaba gran cosa a ojos de los americanos, y me hizo leer el guión, casi terminado. Me disponía a comenzar mi trabajo, cuando llegó una orden de Washington. La Asociación General de Productores Americanos, obedeciendo, claro es, a las directrices del Gobierno, prohibía pura y simplemente toda película sobre la guerra de España, ya fuera a favor de los republicanos o de los fascistas.

Permanecí unos meses en Hollywood. Mi dinero se esfumaba poco a poco. No teniendo con qué pagarme el viaje de vuelta a Europa, intenté ganarme la vida. Incluso concerté una cita con Chaplin para tratar de venderle algunos gags, pero Chaplin, que había rehusado firmar un llamamiento en favor de la República —mientras que John Wayne, por ejemplo, presidía un comité en favor de Franco— me dio plantón.

A propósito de esto, una coincidencia: uno de estos gags, nacido de un sueño, consistía en mostrar un revólver que disparaba una bala con tan poca fuerza que el proyectil caía al suelo nada más salir del cañón. Este mismo gag figura en *El gran dictador*, con el obús del gigantesco cañón. Coincidencia fortuita. Chaplin no había tenido conocimiento de mi idea.

Imposible encontrar trabajo. Vuelvo a ver a René Clair, a la sazón uno de los directores más célebres del mundo. Rechazaba todos los proyectos que se le ofrecían. Ninguno le agradaba. Me confió, sin embargo, que debía necesariamente rodar una película en los tres meses siguientes, so pena de ser considerado como un «bluf europeo». La película que eligió fue *Me casé con una bruja*, que a mí me pareció bastante buena. Trabajaría durante toda la guerra en Hollywood.

Yo estaba aislado y sin recursos. No obstante, los Noailles me escribieron para preguntarme si no podría encontrar algún trabajo interesante para Aldous Huxley. ¡Deliciosa ingenuidad! ¿Cómo iba a poder yo, oscuro y casi solo, ayudar a un ilustre escritor?

En aquellos momentos tuve noticias de que había sido movilizada mi quinta. Tenía que ir al frente. Escribí a nuestro embajador en Washington para ponerme a su disposición, pidiéndole que me repatriase, así como a mi mujer. Me respondió diciendo que no era momento oportuno. La situación estaba poco clara. En cuanto se me necesitara, me avisarían.

Pocas semanas después, terminaba la guerra.

Abandonando Hollywood, donde no podía hacer nada, decidí ir a Nueva York para buscar trabajo. Período negro. Dispuesto a hacer cualquier cosa.

Nueva York ha conservado durante mucho tiempo la reputación –¿la leyenda?– de ciudad hospitalaria y generosa, de trabajo fácil. Trabé conocimiento con un mecánico catalán, un tal Gali. Llegado hacia 1920 con un amigo violinista, fueron contratados nada más llegar, el violinista en la Orquesta Filarmónica, y Gali, el mecánico, como bailarín en un gran hotel.

Otros tiempos. Gali me presentó a otro catalán, más o menos introducido en el hampa, el cual conocía a una especie de medio gángster que dirigía el sindicato de cocineros. Me dieron una carta y me dijeron que me presentase en un hotel. Bien protegido, estaba seguro de encontrar trabajo en las cocinas.

Al final, no fui allí. Acababa de conocer a una mujer a la que debo mucho, una inglesa, Iris Barry, casada con el vicepresidente del Museo de Arte Moderno, Dick Abbot. Iris Barry me había enviado un telegrama prometiéndome dar alojamiento. Corrí a verla.

Me habló de un gran proyecto. Nelson Rockefeller quería crear un comité de propaganda destinado a los países de América Latina y denominado *Coordination of Inter-American Affairs*. Solamente se estaba a la espera de la autorización del Gobierno, que siempre había mostrado la más absoluta indiferencia por la propaganda, y muy especialmente en el cine. Sin embargo, acababa de empezar en Europa la Segunda Guerra Mundial.

Iris me propuso trabajar para ese comité, cuya creación iba a decidirse sin tardanza, y yo acepté.

—Antes —me dijo—, para que se le conozca a usted un poco, voy a pedirle una cosa. Un primer secretario de la Embajada alemana —Iris me hizo prometer secreto— nos ha hecho llegar clandestinamente dos películas alemanas de propaganda. La primera es *El triunfo de la voluntad*, de Leni Riefensthal, la segunda muestra la conquista de Polonia por el Ejército nazi. Usted sabe que los medios gubernamentales americanos, contrariamente a los alemanes, no creen en la eficacia de la propaganda cinematográfica. Vamos a demostrarles que están equivocados. Tome las dos películas alemanas, vuelva a montarlas, pues son demasiado largas, redúzcalas a la mitad, a diez o doce bobinas, y se las proyectaremos a quien tiene la facultad de decidir para que vean toda su fuerza.

Se me asignó una ayudante alemana, pues, aunque empezaba a hablar bastante bien el inglés, gracias a una asidua asistencia a las clases nocturnas, ignoraba casi por completo el alemán (lengua, no obstante, que me atrae). Había que mantener una continuidad en los discursos de Hitler y Goebbels, aun reduciéndolos a la mitad.

Yo trabajaba en una sala de montaje, y eso me llevó dos o tres semanas. Las películas eran ideológicamente horribles, pero soberbiamente hechas, muy impresionantes. Con ocasión del Congreso de Nuremberg, habían sido levantadas cuatro inmensas columnas con el único fin de instalar cámaras en ellas. Rehíce el montaje, los encadenados. Todo se desarrolló perfectamente. Las películas reducidas fueron mostradas por todas partes a título de ejemplo, a senadores y en consulados. René Clair y Charlie Chaplin las vieron juntos un día. Sus reacciones fueron totalmente opuestas. René Clair, horrorizado por la fuerza de las películas, me dijo: «¡No muestren eso, si no estamos perdidos!» Chaplin, por el contrario, reía como un loco. Llegó, incluso, a caerse al suelo de tanto reír. ¿Por qué? ¿Era a causa de *El Dictador*? Hoy es el día en que aún no puedo entenderlo.

Durante este tiempo, Nelson Rockefeller había obtenido todos los permisos necesarios para la creación del Comité para Asuntos Interamericanos.

Por la misma época, fue organizado un gran cóctel en el Museo de Arte Moderno. Iris Barry me dijo que iba a ponerme en presencia de un multimillonario dependiente de Rockefeller, que decidiría definitivamente mi suerte.

El día del cóctel, este hombre presidía como un rey una de las salas del Museo. La gente hacía cola para serle presentada.

–Cuando le haga una seña –me dijo Iris Barry, muy ajetreada, yendo de un grupo a otro–, póngase en la cola.

Seguí el misterioso ceremonial y esperé en compañía de Charles Laughton y de su mujer Elsa Lanchester, que volvería a ver con frecuencia. Cuando Iris me hizo su seña, me agregué a la cola, esperé y, finalmente, llegué a presencia del multimillonario.

–*How long have you been here, Mr. Buñuel?*

–*For about six months.*

–*How wonderfull.*

El mismo día, al terminar el cóctel, en el bar del «Plaza», sostuve con él una seria conversación en presencia de Iris. Me preguntó si yo era comunista. Respondía que era republicano español. Al final de la conversación, estaba contratado en el Museo de Arte Moderno. Al día siguiente, tenía un despacho, una veintena de empleados y el título de *Chief Editor*.

Mi misión: seleccionar películas de propaganda antinazi con la ayuda de Iris Barry (en esta ocasión me entrevisté con Joseph Losey, que nos trajo un cortometraje) y distribuirlas en tres lenguas, inglés, español y portugués. Estaban destinadas a América del Norte y del Sur. Por nuestra propia cuenta, produciríamos dos.

Yo vivía en la esquina de la Calle 86 y la Segunda Avenida, en pleno corazón del barrio nazi. Al comienzo de la guerra, se desarrollaban en las calles de Nueva York frecuentes manifestaciones en favor del régimen nazi, que, muchas veces, chocaban violentamente con contramanifestaciones de signo opuesto. Cuando Estados Unidos entró en guerra contra Alemania, desaparecieron.

Nueva York conocía el oscurecimiento nocturno ordenado por la defensa pasiva y temía los bombardeos. En el Museo de Arte Moderno, como en todas partes, se multiplicaban los ejercicios de alarma.

Alexander Calder, excelente amigo que nos alojaba, abandonó su apartamento para irse a vivir a Connecticut. Yo compré muebles y me hice cargo del alquiler. Había encontrado a varios miembros del grupo surrealista, André Breton, Max Ernst, Marcel Duchamp, Seligmann. El más extraño, el más bohemio del grupo, el pintor Tanguy, con su siempre hirsuto mechón de pelo, se hallaba también en Nueva York, casado con una verdadera princesa italiana que intentaba prohibirle el alcohol. Un día, a su llegada, formamos en dos filas ante ellos, abriéndoles calle de honor a su paso. Todos intentábamos proseguir mal que bien, en plena guerra, nuestra actividad. Con Duchamp y Fernand Léger, también en Nueva York, proyectamos incluso rodar una película pornográfica en la terraza de un edificio. Pero el riesgo nos pareció demasiado grande: diez años de cárcel.

En Nueva York, encontré a Saint-Exupéry, a quien ya conocía y que nos asombraba con sus trucos de ilusionismo. Veía también a Claude Lévy-Strauss, que participaba a veces en nuestras encuestas surrealistas, y a Léonora Carrington, recién salida de una casa de salud de Santander, en España, donde la había encerrado su familia inglesa.

Léonora, separada de Max Ernst, compartía, al parecer, la vida de un escritor mexicano, Renato Leduc. Un día, al llegar a la casa en que nos reuníamos, perteneciente a un tal Mr. Reiss, entró en el cuarto de baño y se duchó completamente vestida. Después de lo cual, chorreando, vino a sentarse en una butaca del salón y me miró fijamente. Instantes después, me cogió del brazo y me dijo, en español:

—Es usted guapo, me recuerda a mi guardián.

Mucho más tarde, durante el rodaje de *La Vía láctea*, Delphine Seyrig me contaría que, de pequeña, se había sentado un día en mis rodillas en el transcurso de una de estas reuniones.

DALÍ

Dalí, célebre ya, estaba también en Nueva York.

Hacía varios años que nuestros caminos divergían. Ya en febrero de 1934, al día siguiente de los disturbios de París, yo fui a verlo. Conmovido por lo que acababa de ocurrir, encontré a Dalí −casado ya con Gala− modelando una mujer desnuda a cuatro patas y, más precisamente, aumentando el volumen de sus nalgas. Respondió a mi emoción con la más absoluta indiferencia.

Más tarde, durante la guerra de España, manifestó en varias ocasiones sus simpatías por los fascistas. Propuso, incluso, a la Falange un monumento conmemorativo bastante extravagante. Se trataba de fundir juntos, confundidos, los huesos de todos los muertos de la guerra. Luego, en cada kilómetro, entre Madrid y El Escorial, se alzarían una cincuentena de pedestales sobre los que se colocarían esqueletos hechos con los huesos verdaderos. Estos esqueletos serían de tamaño progresivamente mayor. El primero, a la salida de Madrid, tendría sólo unos centímetros de altura. El último, al llegar a El Escorial, alcanzaría los tres o cuatro metros.

Como es de suponer, el proyecto fue rechazado.

En su libro *La vida secreta de Salvador Dalí*, que apareció en aquellos momentos, habló de mí como de un ateo. En cierto modo, esto era más grave que una acusación de comunismo.

Por la misma época, un tal Mr. Prendergast, representante de los intereses católicos en Washington, empezó a utilizar su influencia en los medios gubernamentales para que yo fuera despedido del Museo. Personalmente, yo no estaba al corriente de nada. Mis amigos lograron sofocar todo escándalo durante un año, sin hablarme de ello.

Un día, llego a mi despacho y me encuentro a mis dos secretarias llorando. Me enseñan en la revista cinematográfica *Motion Pictures Herald* un artículo en el que se dice que un extraño personaje, Luis Buñuel, autor de una película resueltamente escandalosa titulada *La Edad de oro*, ostenta un alto cargo en el Museo de Arte Moderno.

Me encojo de hombros, ya otras veces me han insultado, y me trae sin cuidado, pero las secretarias dicen: «¡No, no, esto es muy serio!» Voy a la sala de proyección, y el operador, que también ha leído el artículo, me recibe señalándome con el dedo y diciendo: *Bab boy*!

Voy a ver a Iris Barry. La encuentro también llorando. Parece como si se me hubiera condenado a la silla eléctrica.

Hace ya un año, me dice, desde la publicación del libro de Dalí, que el Departamento de Estado, influido por Prendergast, ejerce presiones sobre el Museo para que me echen a la calle. Ahora, a causa de este artículo, el escándalo es público.

Ocurría esto el mismo día en que la escuadra americana desembarcaba en África. Iris llama al director del Museo, Mr. Bar, que me aconseja resistir.

Yo prefiero dimitir, y, de la noche a la mañana, me encuentro en la calle. Otro período negro, tanto más cuando que mi ciática se había vuelto tan dolorosa que, algunos días, me veía obligado a desplazarme con muletas. Gracias a Wladimir Pozner, fui contratado para grabar los textos de documentales sobre el Ejército americano, el Cuerpo de Ingenieros, de Artillería, etc. Estas películas eran seguidamente distribuidas por toda América Latina. Yo tenía cuarenta y tres años.

Después de mi dimisión, cito un día a Dalí en el bar del «Sherry Netherland». Llega, muy puntual, y pide champaña. Furioso, dispuesto a pegarle, le digo que es un cerdo, que por culpa suya estoy en la calle. Él me responde con esta frase, que no olvidaré jamás:

—Escucha, he escrito ese libro para hacerme un pedestal a mí mismo. No para hacértelo a ti.

Me guardé la bofetada en el bolsillo. Con ayuda del champaña —y de los recuerdos y el sentimiento—, nos separamos casi amigos. Pero la ruptura es profunda. No volvería a verlo más que una sola vez.

Picasso era pintor, y no era nada más que pintor. Dalí iba mucho más allá. Aun cuando ciertos aspectos de su personalidad son abominables —la manía de la publicidad personal, del exhibicionismo, la búsqueda frenética de gestos o frases originales, que para mí son tan viejas como «amaos los unos a los otros»—, es un auténtico genio, un escritor, un conversador, un pensador sin igual. Hemos sido amigos íntimos durante mucho tiempo, y nuestra colaboración en el guión de *Un chien andalou* me deja el recuerdo maravilloso de una total armonía de gustos.

Lo que se ignora es que se trata del individuo menos práctico del mundo. Se le toma por un prodigioso hombre de negocios, por un empedernido financiero. En realidad, hasta su encuentro con Gala no tenía ningún sentido del dinero. Por ejemplo, Jeanne, mi mujer, tenía que ocuparse de sacarle el billete del tren. Un día, estábamos en Madrid con Lorca. Federico le pide que cruce la calle Alcalá para sacar unas entradas en el «Apolo», donde se representaba una zarzuela. Dalí sale, permanece ausente media hora y vuelve sin entradas, diciendo: «No entiendo nada. No sé cómo hay que hacerlo.»

En París, su tía tenía que cogerle del brazo para hacerle cruzar el boulevard. Cuando pagaba, olvidaba pedir las vueltas, y todo así. Bajo la influencia de Gala, que le hipnotizó, pasó de un extremo al otro, e hizo del dinero (o, mejor dicho, del oro) el dios que dominaría la segunda parte de su vida. Pero estoy seguro de que, aun hoy, carece de todo verdadero sentido práctico.

Un día, en Montmartre, voy a visitarlo a su hotel y le encuentro desnudo de cintura para arriba y con un apósito en la espalda. Habiendo creído sentir una chinche o algún otro insecto —en realidad, se trataba de un grano o una verruga—, se había cortado la espalda con una navaja de afeitar y sangraba abundantemente. El dueño del hotel mandó llamar a un médico. Todo eso por una chinche imaginaria.

Ha contado muchas mentiras y, sin embargo, es incapaz de mentir. Cuando, por ejemplo, para escandalizar al público americano, escribe que un día, visitando un museo de Historia Natural, se sintió violentamente excitado por los esqueletos de los dinosaurios, hasta el punto de verse obligado a sodomizar a Gala en un pasillo, está mintiendo, evidentemente. Pero se siente tan deslumbrado por sí mismo que todo lo que dice le impresiona con la fuerza ciega de la verdad.

Su vida sexual fue prácticamente inexistente. Era un imaginativo, de tendencias ligeramente sádicas. Por completo asexuado, de joven se burlaba sin cesar de sus amigos que amaban y buscaban a las mujeres..., hasta el día en que, desvirgado por Gala, me escribió una carta de seis páginas para explicarme a su manera todas las maravillas del amor físico.

Gala es la única mujer con la que ha hecho realmente el amor. Llegó a secudir a otras mujeres, sobre todo multimillonarias americanas, pero se conformaba, por ejemplo, con desnudarlas en su apartamento, freír un par de huevos, colocárselos a las mujeres sobre los hombros y despedirlas sin decir palabra.

Cuando, hacia principios de los años treinta, fue por primera vez a Nueva York —viaje organizado por un marchante de cuadros—, fue presentado a los multimillonarios, por los que ya sentía verdadera debilidad, e invitado a un baile de disfraces. América entera estaba entonces traumatizada por el secuestro del niño Lindbergh, el hijo del famoso aviador. Gala hizo su entrada en el baile, vestida con ropas infantiles y con la cara, el cuello, y los hombros, manchados de sangre. Dalí decía al presentarla:

—Va vestida de hijo de Lindbergh asesinado.

Esto fue muy mal recibido. Se trataba de un personaje casi sagrado, de una historia que no se podía tocar bajo ningún pretexto. Dalí, severamente reprendido por su marchante, dio a toda prisa marcha atrás y contó a los periodistas, en lenguaje hermético-psicoanalítico, que el disfraz de Gala se inspiraba, en realidad, en el complejo X. Se trataba de un disfraz freudiano.

De regreso en París, hubo de enfrentarse al grupo. Su falta era grave: repudio público de un acto surrealista. El propio André Breton me contó que en aquella reunión, a la que yo no asistí Salvador Dalí cayó de rodillas, con los ojos llenos de lágrimas y las manos juntas, jurando que los periodistas habían mentido y que él siempre había dicho, siempre había afirmado, que se trataba del asesinado hijo de Lindbergh.

Cuando, mucho más tarde, vivía en Nueva York, en los años sesenta, recibió un día la visita de tres mexicanos que preparaban una película. Carlos Fuentes había escrito el guión, Juan Ibáñez se encargaba de la dirección. Con ellos se encontraba el director de producción Amerigo.

No pedían a Dalí más que una cosa: la autorización para filmarle entrando en el bar del «San Regis» y dirigiéndose a su mesa habitual, llevando, como todos los días, una pequeña pantera (o un leopardo) al extremo de una cadena de oro.

Dalí les recibió en el bar y les envió inmediatamente a Gala, «que se ocupa de esas cosas».

Gala recibe a los tres hombres, les invita a tomar asiento y les pregunta:

–¿Qué desean?

Ellos presentan su petición. Gala les escucha y les pregunta, bruscamente:

–¿Les gusta a ustedes el bistec? ¿El buen bistec, grueso y bien tierno?

Un poco desconcertados, creyendo que les está invitando a almorzar, los tres responden afirmativamente.

Gala les dice entonces:

–A Dalí también le gustan los bistecs. ¿Y saben ustedes cuánto vale un buen bistec?

Ellos no saben qué decir.

Gala les pide entonces un precio exorbitante –diez mil dólares–, y los tres hombres se van con las manos vacías.

Dalí, como Lorca, tenía un miedo terrible al sufrimiento físico y a la muerte. Había escrito una vez que no conocía nada más excitante que el espectáculo de un vagón de tercera lleno de obreros muertos, aplastados en un accidente.

Descubrió la muerte el día en que un príncipe que él conocía, una especie de árbitro de las elegancias mundanas, el príncipe Mdinavi, invitado a Cataluña por el pintor Sert, se mató en un accidente de automóvil. Aquel día, Sert y la mayoría de sus invitados se encontraban en el mar a bordo de un yate. Dalí se había quedado en Palamós para trabajar. Él fue el primero en ser informado de la muerte del príncipe Mdinavi. Acudió al lugar del accidente y se declaró totalmente trastornado.

La muerte de un príncipe era para él una verdadera muerte. No tenía nada que ver con un vagón lleno de cadáveres de obreros.

No hemos vuelto a vernos desde hace treinta y cinco años. Un día, en 1966, en Madrid, mientras trabajaba con Carrière en el guión de *Belle de Jour*, recibo de Cadaqués un extraordinario telegrama en francés (colmo del esnobismo) y muy ampuloso, en el que me pide que vaya inmediatamente a verle para escribir con él la continuación de *Un chien andalou*. Precisa: «Tengo ideas que te harán llorar de alegría», y añade que está dispuesto a acudir a Madrid si yo no puedo ir a Cadaqués.

Le respondí con el conocido proverbio de que «agua pasada no mueve molino».

Poco después, me mandó otro telegrama para felicitarme

por el León de Oro que *Belle de Jour* ganó en Venecia. Quiso también obtener mi colaboración en una revista que se disponía a lanzar y que se llamaba *Rinoceronte*. No le contesté.

En 1979, con ocasión de la gran exposición Dalí en París, en el Museo Beaubourg, acepté prestarle el retrato que me hizo en otro tiempo, cuando éramos estudiantes en Madrid, un minucioso retrato que realizó dividiendo el lienzo en pequeños cuadros, midiendo exactamente mi nariz, mis labios, y en el que, a petición mía, añadió varias nubes largas y ahiladas que me habían gustado en un cuadro de Mantegna.

Con motivo de esta exposición, teníamos que reunirnos en París, pero, como se trataba de un banquete oficial, con fotógrafos y publicidad, rehusé asistir.

Cuando pienso en él, pese a todos los recuerdos de nuestra juventud, pese a la admiración que todavía hoy me inspira una parte de su obra, me es imposible perdonarle su exhibicionismo ferozmente egocéntrico, su cínica adhesión al franquismo y, sobre todo, su odio declarado a la amistad.

Hace algunos años, yo declaré en una entrevista que, de todos modos, me gustaría tomar una copa de champaña con él antes de morir. Él leyó la entrevista y dijo: «A mí también, pero no bebo.»

HOLLYWOOD, CONTINUACIÓN Y FIN

Me encontraba, pues, sin empleo en 1944, en Nueva York, atormentado por violentos ataques de ciática. El presidente de la Sociedad de Quiroprácticos de Nueva York estuvo a punto de convertirme en un inválido definitivo, tan brutales eran sus métodos. Apoyado en muletas, entro un día en uno de los despachos de la «Warner Brothers». Se me propone volver a Los Angeles para ocuparme de nuevo de versiones españolas. Acepto.

Hago el viaje en tren con mi mujer y mis dos hijos (el segundo, Rafael, nació en Nueva York en 1940). Yo sufría tanto a consecuencia de la ciática que debía permanecer acostado sobre una tabla. Por fortuna, en Los Ángeles, otro quiropráctico, una mujer, tras dos o tres meses de cuidados muy suaves, me libraría definitivamente de ella.

Esta vez, permanecí dos años en Los Ángeles. El primer años, viví normalmente de mi trabajo. El segundo, perdido ese trabajo, viví de lo que había ahorrado de las ganancias obtenidas en el año anterior. Concluía la época de las versiones diferentes. Con el fin de la guerra, estaba claro que los países del mundo entero se iban a mostrar ávidos de productos americanos, de actores americanos. En España, por ejemplo, todo indicaba que el público prefería a Humphrey Bogart hablando en español –aun bastante mal doblado y por inverosí-

219

mil que pareciese–, que un actor español interpretando el mismo papel.

El doblaje ganaba definitivamente la partida. No tardaría en realizarse, no ya en Hollywood, sino en cada país en que se proyectase la película.

PROYECTOS INÚTILES

En el curso de esta tercera estancia, volví a ver con frecuencia a René Clair, y también a Eric von Stroheim, por quien sentía viva simpatía. Resignado a no hacer cine jamás, de vez en cuando anotaba, no obstante, una idea en unas cuantas páginas, por ejemplo, la historia de la niña perdida, que sus padres buscan y que, sin embargo, está con ellos (situación que utilicé mucho más tarde en *El fantasma de la libertad*), o, incluso, una película en dos bobinas que mostraría a unos personajes humanos comportándose exactamente igual que insectos, como una abeja, como una araña.

He hablado también de un proyecto de película con Man Ray. Paseando en coche, descubrí un día un inmenso vertedero de basuras de Los Ángeles: una fosa de cerca de dos kilómetros de longitud y doscientos o trescientos metros de profundidad. Había allí de todo, desperdicios, pianos de cola, casas enteras. En el fondo de la fosa, en una parte despejada en medio de los amontonamientos de desechos, se veían dos o tres casitas habitadas.

De una de esas casas vi salir una muchacha de catorce o quince años, e imaginé que ella vivía una historia de amor en este decorado de fin del mundo. Man Ray se mostró de acuerdo en trabajar conmigo, pero imposible encontrar dinero.

Con Rubin Barcia, el escritor español que se ocupaba de los doblajes, trabajé en la misma época sobre el guión de una película de misterio, *La novia de medianoche*, en la que se veía (creo) reaparecer a una muchacha muerta..., historia racional en el fondo, en la que todo quedaba explicado al final.

Tampoco en este caso se presentó ninguna posibilidad de producción.

Intenté, igualmente, trabajar para Robert Florey, que preparaba *La bestia de cinco dedos*. Muy amistosamente, me ofreció escribir una secuencia de la película, que debía interpretar Peter Lorre. Imaginé una escena –en la que se veía una mano viva, la bestia– que se desarrollaba en una biblioteca. A Peter Lorre y Florey les gustó mi trabajo. Fueron al despacho del productor para hablarle de él, pidiéndome que esperase a la puerta. Al salir, poco después, Florey me hizo un gesto negativo con el dedo pulgar. Rechazado.

Más tarde, vi la película en México. Mi escena estaba allí, entera. Me disponía a entablar una demanda judicial, cuando alguien me dijo: «La "Warner Brothers" tiene 64 abogados, nada más que en Nueva York. Atáquelos, si quiere.»

No hice nada.

Fue entonces, en Los Ángeles, cuando me encontró Denise Tual. Yo había conocido a Denise en París, casada con Pierre Batcheff, que hacía el papel principal en *Un chien andalou*. Después, se casó con Ronal Tual.

Me alegró mucho volver a verla. Me preguntó si quería realizar en París la versión cinematográfica de *La casa de Bernarda Alba*, de Lorca. A mí no me gustaba mucho esta obra, que conocía un éxito tremendo en París, pero acepté la oferta de Denise.

Como ella tenía que pasar tres o cuatro días en México –sigamos con admiración las sutiles sinuosidades del azar–, la acompañé. Desde el hotel «Montejo», en México, ciudad en que por primera vez ponía los pies, llamé a Nueva York a Paquito, el hermano de Federico. Me informó que unos productores londinenses le ofrecían por los derechos de la obra el doble de dinero que Denise. Comprendí que todo había terminado y se lo dije a Denise.

Una vez más, me encontraba sin ningún proyecto en una ciudad desconocida. Fue entonces cuando Denise me puso en contacto con el productor Óscar Dancigers, a quien yo había conocido en los «Deux Magots», en París, antes de la guerra, presentado por Jacques Prévert.

Óscar me preguntó:

–Tengo algo para usted. ¿Quiere quedarse en México?

221

Cuando me preguntan si no lamento no haberme convertido en un director hollywoodense, como muchos otros directores llegados de Europa, respondo que no lo sé. El azar no actúa más que una vez y no rectifica casi nunca. Me parece, sin embargo, que en Hollywood, atrapado en el sistema americano y aun disponiendo de medios sin comparación posible con los exiguos presupuestos con los que habría de desenvolverme en México, mis películas hubieran sido completamente distintas. ¿Qué películas? No lo sé. No las he hecho. En consecuencia, no lamento nada.

Años más tarde, en Madrid, Nicolas Ray me invitó a almorzar. Hablamos de diversas cosas, y, luego, me dijo:

—¿Cómo se las arregla usted, Buñuel, para realizar películas tan interesantes con unos presupuestos tan pequeños?

Le respondí que, para mí, el problema no se planteaba. Era o eso o nada. Yo plegaba mi historia a la cantidad de dinero de que disponía. En México, nunca había superado los veinticuatro días de rodaje (salvo para *Robinsón Crusoe*, y ya diré por qué). Pero sabía que la modestia de mis presupuestos era también la condición de mi libertad. Y le dije:

—Usted, que es un director célebre —atravesaba entonces su período de gloria—, haga un experimento. Usted se lo puede permitir todo. Intente conquistar esa libertad. Por ejemplo, acaba de rodar una película por cinco millones de dólares. Ruede ahora una película por cuatrocientos mil, y verá por sí mismo la diferencia.

Exclamó:

—¡Ni pensarlo! Si hiciera tal cosa, todo el mundo en Hollywood pensaría que estoy en decadencia, que las cosas me van muy mal. Estaría perdido. ¡Nunca volvería a rodar nada!

Hablaba completamente en serio. La conversación me entristeció. Por mi parte, creo que nunca hubiera podido acomodarme a un sistema semejante.

En toda mi vida, solamente he rodado dos películas en lengua inglesa, financiadas por compañías americanas. Son, por otra parte, dos películas que recuerdo con agrado, *Robinsón Crusoe*, en 1952, y *The Young One (La joven)*, en 1960.

ROBINSÓN CRUSOE

El productor Georges Pepper y el famoso guionista Hugo Butler, que hablaba de corrido el español, me propusieron la idea de *Robinsón Crusoe*. Poco entusiasmado al principio, empecé a interesarme en la historia durante el transcurso del rodaje, introduje algunos elementos de vida sexual (sueño y realidad) y la escena del delirio en que Robinsón vuelve a ver a su padre.

Durante el rodaje, que se desarrolló en la costa mexicana del Pacífico, no lejos de Manzanillo, yo me hallaba prácticamente a las órdenes del operador jefe, Alex Philips, un americano que vivía en México, especialista en primeros planos. Se trataba de una especie de película-cobaya: por primera vez en América, se rodaba en Eastmancolor. Philips esperaba mucho tiempo antes de decirme que se podía rodar (y de ahí la duración de la realización, tres meses, caso único para mí) y las tomas salían para Los Ángeles todos los días.

Robinsón Crusoe tuvo mucho éxito en casi todas partes. La película, cuyo coste no llegó a trescientos mil dólares, fue pasada varias veces en la Televisión americana. En medio de algunos recuerdos desagradables del rodaje —obligación de matar a un pequeño jabalí—, recuerdo la hazaña del nadador mexicano que franqueó las altas olas al principio de la película doblando a Robinsón. Durante tres días al año en el mes de julio se alzan olas enormes en este lugar de la costa. Fue un habitante de un pequeño puerto, adiestrado en este ejercicio, quien las franqueó magníficamente.

Por esta película en inglés, producida por Óscar Dancigers y que constituyó un éxito, cobré un total de diez mil dólares, suma más bien irrisoria. Pero nunca me han gustado las discusiones financieras, y no tenía agente ni abogado para defenderme. Enterados de mi salario, Pepper y Butler me ofrecieron el veinte por ciento de su porcentaje sobre los beneficios, pero lo rechacé.

Nunca en la vida he discutido la cantidad que se me ofrecía por un contrato. Soy por completo incapaz de ello. Aceptaba o rehusaba, según los casos, pero jamás discutía. No creo haber hecho nunca por dinero una cosa indeseable. Puedo decir que lo que no haga por un dólar no lo hago por un millón de dólares.

THE YOUNG ONE

Muchos piensan que *The Young One (La joven)* fue rodada en Carolina del Sur, en los Estados Unidos. Nada de eso. La película fue rodada íntegramente en México, en la región de Acapulco y en los estudios «Churubusco», en la ciudad de México. Pepper fue el productor. Butler escribió el guión.

Los técnicos eran todos mexicanos, y los actores, norteamericanos, a excepción de Claudio Brook, que hacía el papel de pastor y hablaba un inglés perfecto. Volvería a estar con Claudio varias veces, en *Simón del desierto*, *El Ángel exterminador*, *La Vía láctea*.

La actriz que hacía el papel de muchacha, de trece o catorce años, no poseía ninguna experiencia teatral ni talento alguno especial. Además, sus temibles padres no se separaban de ella ni un instante, obligándole a trabajar con plena entrega, a obedecer exactamente al director. A veces, lloraba. Es quizás a todas estas condiciones –a su inexperiencia, a su temor– a lo que debe su extraordinaria presencia en la película. Así ocurre a menudo con los niños. Los niños y los enanos han sido los mejores actores de mis películas.

Hoy es de buen tono declararse antimaniqueo. El primer escritorcillo que escribe un primer librito nos advierte que, a sus ojos, no hay cosa peor que el maniqueísmo (sin saber muy bien, por otra parte, de qué se trata). Esta moda se ha hecho tan común, que a veces me asaltan sinceros deseos de proclamarme maniqueo y obrar en consecuencia.

En cualquier caso, en el interior del sistema moral americano, perfectamente codificado para uso del cine, había siempre buenos y malos. *The Young One* pretendía reaccionar contra esta vieja actitud. El negro era bueno y malo, lo mismo que el blanco, que decía al negro, en el momento en que éste iba a ser ahorcado por una supuesta violación: «No puedo verte como un ser humano.»

Este rechazo al maniqueísmo fue, probablemente, la razón principal del fracaso de la película. Estrenada en Nueva York en la Navidad de 1960, fue atacada desde todas partes. A decir verdad, la película no gustó a nadie. Un periódico de Harlem escribió, incluso, que habría que colgarme cabeza abajo de un farol de la Quinta Avenida. Reacciones violentas que me han perseguido toda la vida.

Sin embargo, yo hice esta película con amor. Pero no tuvo suerte. El sistema moral no podía aceptarla. Tampoco tuvo éxito en Europa, y hoy no se proyecta casi nunca.

OTROS PROYECTOS

Entre los otros proyectos americanos que nunca realicé debo citar *The loved ones*, adaptación de una novela de Evelyn Waugh, que contaba una historia de amor en el ambiente de los servicios funerarios americanos y que me gustaba enormemente.

Escribí la adaptación en colaboración con Hugo Butler, y Pepper marchó a intentar vender el guión a una importante compañía americana. Pero la muerte era un tema tabú que más valía dejar dormir en paz.

El director de una compañía citó a Peter para las diez de la mañana. Pepper llega puntualmente, se le hace pasar a un saloncito en el que esperan otras personas. Transcurren unos minutos. De pronto, se enciende una pantalla de televisión, y aparece en la pantalla el rostro del director, que dice:

—Buenos días, Mr. Pepper. Gracias por haber venido. Hemos tenido conocimiento de su proyecto, pero no nos interesa por el momento. Espero que algún día tengamos ocasión de trabajar juntos. Hasta la vista, Mr. Pepper.

Y ¡clac!, el televisor se apaga.

Incluso al propio Georges Pepper, que era americano, este

procedimiento le pareció bastante sorprendente. Por mi parte, encuentro terrible la historia.

Finalmente, revendimos los derechos del libro, y la película fue realizada por Tony Richardson, pero nunca tuve ocasión de verla.

Otro proyecto que me tentó mucho, la adaptación de *Lord of the flies (El señor de las moscas)*. Nos fue imposible adquirir los derechos. Peter Brook realizó la película, que yo no he visto.

Entre los libros que he leído, hay uno que me ha impresionado con la misma fuerza que un puñetazo. Es *Johnny cogió su fusil*, de Dalton Trumbo. Un soldado ha perdido en la guerra casi todas las partes de su cuerpo y se encuentra en una cama de hospital con solamente su conciencia, intentando comunicarse con los que le rodean, a quienes no ve ni oye.

Yo debía hacer la película, pagada por Alatriste, en 1962 o 1963. Dalton Trumbo, que escribía el guión (era uno de los guionistas más célebres de Hollywood), vino en varias ocasiones a México para trabajar conmigo. Yo hablaba y hablaba, él se limitaba a tomar notas. Aunque finalmente no conservó más que unas pocas de mis ideas, tuvo la gentileza de poner nuestros dos nombres en el guión. Pero yo rehusé.

El proyecto zozobró. Diez años después, Trumbo consiguió realizar él mismo la película. La vi en Cannes y acompañé a Trumbo en su conferencia de Prensa. Quedaba algo interesante en esta película demasiado larga, desdichadamente ilustrada con sueños académicos.

Para acabar, por último, con mis proyectos americanos, añadiré que Woody Allen me propuso interpretar mi propio papel en *Anny Hall*. Se me ofrecían treinta mil dólares por dos días de trabajo, pero debía permanecer una semana en Nueva York. Tras algunas vacilaciones, rehusé. Finalmente, fue Mac Luhan quien interpretó su papel, en el vestíbulo de un cine. Vi la película más tarde, y no me gustó mucho.

En diversas ocasiones, productores americanos y europeos me propusieron realizar una película basada en *Bajo el volcán*, la novela de Malcolm Lowry que se desarrolla íntegramente en Cuernavaca. Leí y releí el libro, sin poder imaginar una solución realmente cinematográfica. Con sólo la acción exterior, parece de una banalidad extrema. Todo se desarrolla en el interior del personaje principal. ¿Cómo traducir a imágenes los conflictos de este mundo interior?

Leí ocho adaptaciones diferentes. Ninguna me convenció. Sé, por otra parte, que varios directores se han sentido como yo, tentados por la belleza del libro y que, hasta el momento, todos han renunciado.

EL REGRESO

En 1940, tras mi nombramiento para el Museo de Arte Moderno, había tenido que someterme a un minucioso examen en el que se me formularon toda clase de preguntas, en particular acerca de mis relaciones con el comunismo. Eso para convertirme en inmigrante oficial. Después de lo cual, me fui con mi familia a Canadá, en donde regresé al cabo de unas horas por Niagara Falls. Mera formalidad.

En 1955, el problema se planteó de nuevo y con más severidad. Volvía de París tras el rodaje de *Cela s'appelle l'aurore*, cuando fui detenido en el aeropuerto. Se me hizo pasar a una salita, y supe allí que figuraba en el comité de apoyo a la revista *España Libre*, violentamente antifranquista, que había atacado a los Estados Unidos. Como, al mismo tiempo, figuraba entre los firmantes de un manifiesto contra la bomba atómica, fui sometido a un nuevo interrogatorio, en el que se repitieron las mismas preguntas sobre mis opiniones políticas. Se me incluyó en la famosa lista negra. Cada vez que pasaba por los Estados Unidos, me veía sometido a las mismas medidas discriminatorias, tratado como un gángster. Esta inclusión en la lista negra no desapareció hasta 1975.

No regresé a Los Ángeles hasta 1972, con motivo de la presentación en el festival de *El discreto encanto de la burguesía*. Volví a encontrar con placer las tranquilas avenidas de Beverly Hills, la impresión de orden y seguridad, la amabilidad americana. Un día, recibí de Georges Cukor una invitación a comer, invitación extraordinaria, pues no le conocía. Invitaba también a Serge Silberman y Jean-Claude Carrière, que estaban conmigo, y a mi hijo Rafael, que vive en Los Ángeles. Irían también, nos decía, «varios amigos».

Fue una comida extraordinaria. Llegados los primeros a la magnífica mansión de Cukor, que nos recibió calurosamente, vimos entrar, medio llevado por una especie de esclavo negro provisto de poderosos músculos, a un viejo espectro vacilante, con un parche en el ojo, a quien reconocí como John Ford. Nunca habíamos coincidido. Con gran sorpresa por mi parte, pues creía que ignoraba hasta mi existencia, se sentó a mi lado en un sofá y dijo alegrarse de mi regreso a Hollywood. Me anunció, incluso, que preparaba una película –*a big western*–, cuando habría de morir pocos meses después.

En este momento de la conversación, oímos el arrastrarse de unos pasos sobre el parquet. Me volví. Hitchcoock entraba en la sala, todo rechoncho y sonrosado, y se dirigía hacia mí con los brazos extendidos. Tampoco le conocía personalmente, pero sabía que en varias ocasiones había cantado públicamente mis alabanzas. Se sentó junto a mí y, luego, exigió estar a mi izquierda durante la comida. Con un brazo pasado sobre mis hombros, casi echado sobre mí, no cesaba de hablar de su bodega, de su régimen (comía muy poco) y, sobre todo, de la pierna cortada de Tristana: «¡Ah, esa pierna...!»

Llegaron luego William Wyler, Billy Wilder, Georges Stevens, Ruben Mamoulian, Robert Wise y un director mucho más joven, Robert Mulligan. Tras los aperitivos, nos sentamos a la mesa, en la penumbra de un amplio comedor iluminado con candelabros. Se celebraba en mi honor una extraña reunión de fantasmas que nunca se habían encontrado así reunidos y que hablan todos de los *good old days*, de los buenos tiempos. De *Ben-Hur* a *West Side Story*, de *Some like it hot* a *Notorious*, de *Stagecoach* a *Giant*, cuántas películas alrededor de aquella mesa...

Después de la comida, alguien tuvo la idea de llamar a un fotógrafo de Prensa para que tomase el retrato de familia. La fotografía sería uno de los *collector's items* del año. Desgraciadamente, John Ford no figura en ella. Su esclavo negro había ido a buscarlo en medio de la comida. Nos dijo débilmente adiós y se marchó para no volver a vernos más, tropezando con las mesas.

En el transcurso de la comida se hicieron varios brindis.

Georges Stevens, en particular, levantó su copa «por lo que, pese a nuestras diferencias de origen y de creencias, nos reúne alrededor de esta mesa».

Yo me levanté y acepté brindar con él, pero, siempre receloso de la solidaridad cultural, con la que siempre se cuenta demasiado, «bebo –dije–, pero me quedan mis dudas».

Al día siguiente, Fritz Lang me invitó a visitarlo en su casa. Demasiado fatigado, no había podido asistir a la comida celebrada en casa de Cukor. Yo tenía entonces setenta y dos años. Fritz Lang rebasaba los ochenta.

Nos veíamos por primera vez. Charlamos durante una hora, y tuve tiempo de decirle el decisivo papel que sus películas habían ejercido en la elección de mi vida. Luego, antes de separarnos –y ello no entra dentro de mis costumbres–, le pedí que me dedicase una fotografía.

Bastante sorprendido, buscó una y me la firmó. Pero era una fotografía de su vejez. Le pregunté si no tendría, además, una fotografía de los años veinte, de la época de *Der müde Tod* y de *Metrópolis*.

Encontró una y escribió una magnífica dedicatoria. Luego, me despedí de él y regresé al hotel.

No sé muy bien qué hice de esas fotografías. Una, se la di a un cineasta mexicano, Arturo Ripstein. La otra debe de estar en alguna parte.

MÉXICO
1946-1961

Me sentía tan poco atraído por la América Latina que siempre decía a mis amigos: «Si desaparezco, buscadme en cualquier parte, menos allí.» Sin embargo, vivo en México desde hace 36 años. Soy, incluso, ciudadano mexicano desde 1949. Al final de la guerra civil, numerosos españoles eligieron México como tierra de exilio, y entre ellos muchos de mis mejores amigos. Estos españoles pertenecían a todas las clases sociales. Había entre ellos obreros, pero también escritores, científicos, que se adaptaban sin demasiado esfuerzo a su nuevo país.

En lo que a mí se refiere, cuando Óscar Dancigers me propuso realizar una película en México, yo estaba a punto de obtener en los Estados Unidos mis *second papers* y hacerme ciudadano norteamericano. En aquel momento, conocí a Fernando Benítez, gran etnólogo mexicano, que me preguntó si deseaba permanecer en México. Al responderle afirmativamente, me envió a casa de don Héctor Pérez Martínez, un ministro a quien todo destinaba a ser presidente si la muerte no hubiera decidido otra cosa. Me recibió al día siguiente y me aseguró que podría obtener fácilmente un visado para toda mi familia. Volví a ver a Óscar, le di mi conformidad e hice un viaje a Los Ángeles, de donde regresé con mi mujer y mis dos hijos.

Entre 1946 y 1964, desde *Gran Casino* hasta *Simón del desierto*, he rodado en México veinte películas (sobre un total de 32). A excepción de *Robinsón Crusoe* y de *The Young One* de las que ya he hablado, todas estas películas han sido rodadas en lengua española y con actores y técnicos mexicanos. El tiempo de rodaje varió entre 18 y 24 días –lo cual es sumamente rápido–, excepto *Robinsón Crusoe*. Medios reducidos, sueldo modestísimo. En dos ocasiones, hice tres películas al año.

La necesidad en que me encontraba de vivir de mi trabajo y mantener con él a mi familia explica, quizá, que esas películas sean hoy diversamente apreciadas, cosa que comprendo. A veces, he tenido que aceptar temas que yo no había elegido y trabajar con actores muy mal adaptados a sus papeles. Sin embargo, lo he dicho a menudo, creo no haber rodado nunca una sola escena que fuese contraria a mis convicciones, a mi moral personal. En estas desiguales películas, nada me parece indigno. Y añado que mis relaciones de trabajo con los técnicos mexicanos han sido la mayor parte del tiempo excelentes.

No me apetece pasar revista a todas mis películas y decir lo que pienso de ellas, no es cosa mía hacerlo. Además, no creo que una vida pueda confundirse con un trabajo. Quisiera, simplemente, a todo lo largo de estos años mexicanos, decir de cada una de esas películas lo que he retenido, lo que me ha llamado la atención (a menudo, se tratará de un detalle), recuerdos que quizás ayuden a conocer a México de un modo bastante diferente, desde el lado del cine.

Para mi primera película mexicana, *Gran Casino*, Óscar Dancigers tenía contratadas a dos grandes figuras latinoamericanas, el cantante Jorge Negrete, extremadamente popular, verdadero charro mexicano que cantaba el *benedicite* antes de sentarse a la mesa y no se separaba nunca de su profesor de equitación, y la cantante argentina Libertad Lamarque. Se trataba, pues, de una película musical. Yo propuse una historia de Michel Veber que se desarrollaba en los medios petrolíferos.

La idea fue aceptada. Por primera vez, me dirigí al balneario de San José Purúa, en Michoacán, gran hotel termal situado en un espléndido cañón semitropical, donde escribiría más de veinte películas. Refugio verdegueante y florido al que, no sin razón, se le llama un paraíso, al que acuden regularmente autobuses de turistas americanos para pasar veinticuatro horas fascinantes. Toman a la misma hora el mismo baño radiactivo, beben el mismo vaso de agua mineral, seguido del mismo daiquiri, de la misma comida, y por la mañana temprano se van.

Yo no había estado detrás de una cámara desde Madrid, desde hacía quince años. No obstante, si bien el argumento de la película no tiene ningún interés, creo que la técnica es bastante buena.

En el relato, muy melodramático, Libertad llegaba de Argentina para buscar al asesino de su hermano. Al principio, sospechaba de Negrete, antes de que los dos protagonistas se reconciliasen y llegara la inevitable escena de amor. Como todas las escenas de amor convencionales, ésta me fastidiaba e intenté destruirla.

Por eso es por lo que le pedí a Negrete que cogiese un palo durante la escena y lo hundiera mecánicamente en el barro petrolífero, a sus pies. Luego, rodé un primer plano de otra mano, con el palo removiendo el barro. En la pantalla, inevitablemente, se pensaba en otra cosa distinta del petróleo.

Pese a las dos grandes figuras, la película sólo obtuvo un modesto éxito. Entonces, se me «castigó». Permanecí dos años y medio sin trabajar, hurgándome la nariz, viendo volar las moscas. Vivíamos del dinero que me mandaba mi madre. Moreno Villa venía a verme todos los días.

Empecé a escribir un guión con uno de los más grandes poetas españoles, Juan Larrea. La película, titulada *Ilegible hijo de flauta*, se presentaba como una película de carácter surrealista con algunas ideas muy buenas, pero agrupadas en torno a una tesis discutible: la vieja Europa está acabada, un nuevo espíritu se alza en la América Latina. Óscar Dancigers intentó, en vano, montar la película. Mucho más tarde, en 1980, una revista mexicana, *Vuelta*, publicó el guión. Pero, sin decirme nada, Larrea le había añadido elementos simbólicos que no me gustan.

En 1949, Dancigers me comunicó un nuevo proyecto. Fernando Soler, gran actor mexicano, iba a realizar para él una película en la que desempeñaba también el papel principal.

Considerando que la tarea era excesiva para un solo hombre, buscaba un realizador honrado y dócil. Óscar me ofrecía ese papel. Acepté inmediatamente.

La película se titula *El gran calavera*.

No creo que presente el menor interés. Pero obtuvo un éxito tal que Óscar me dijo: «Vamos a hacer juntos una verdadera película. Busquemos el tema.»

LOS OLVIDADOS

Óscar encontraba interesante la idea de una película sobre los niños pobres y semiabandonados que vivían a salto de mata (a mí mismo me gustaba mucho *Sciuscia* [*El limpiabotas*], de Vittorio de Sica).

Durante cuatro o cinco meses, unas veces con mi escenógrafo, el canadiense Fitzgerald, otras con Luis Alcoriza, pero generalmente solo, me dediqué a recorrer las «ciudades perdidas», es decir, los arrabales improvisados, muy pobres, que rodean México, D.F. Algo disfrazado, vestido con mis ropas más viejas, miraba, escuchaba, hacía preguntas, entablaba amistad con la gente. Algunas de las cosas que vi pasaron directamente a la película. Entre los numerosos insultos que recibiría después del estreno, Ignacio Palacios escribió, por ejemplo, que era inadmisible que yo hubiera puesto tres camas de bronce en una de las barracas de madera. Pero era cierto. Yo había visto esas camas de bronce en una barraca de madera. Algunas parejas se privaban de todo para comprarlas después de casarse.

Al escribir el guión, yo quería introducir algunas imágenes inexplicables, muy rápidas, que habrían hecho decir a los espectadores: ¿he visto bien? Por ejemplo, cuando los chicos siguen al ciego en el descampado pasaban ante un gran edificio en construcción, y yo quería instalar una orquesta de cien músicos tocando en los andamios sin que se les oyera. Óscar Dancigers, que temía al fracaso de la película, me lo prohibió.

Me prohibió incluso mostrar un sombrero de copa cuando

la madre de Pedro –el personaje principal– rechaza a su hijo que regresa a la casa. Por cierto que a causa de esta escena la peluquera presentó su dimisión. Aseguraba que ninguna madre mexicana se comportaría así. Unos días antes, yo había leído en un periódico que una madre mexicana había tirado a su hijo pequeño por la portezuela del tren.

De todos modos, el equipo entero, aunque trabajando muy seriamente, manifestaba su hostilidad hacia la película. Un técnico me preguntaba, por ejemplo: «Pero, ¿por qué no hace usted una verdadera película mexicana, en lugar de una película miserable como ésa?» Pedro de Urdemalas, un escritor que me había ayudado a introducir expresiones mexicanas en la película, se negó a poner su nombre en los títulos de crédito.

La película fue rodada en veintiún días. Como en todas mis películas, terminé dentro del tiempo previsto. Creo que nunca he sobrepasado ni en una sola hora el plan de trabajo. Añadiré que nunca he necesitado más de tres o cuatro días para el montaje, debido ello a mi método de rodaje, y que nunca he gastado más de veinte mil metros de película, lo que es poco.

Por el guión y la dirección de *Los olvidados* cobré dos mil dólares en total. Y nunca he percibido el menor porcentaje.

Estrenada bastante lamentablemente en México, la película permaneció cuatro días en cartel y suscitó en el acto violentas reacciones. Uno de los grandes problemas de México, hoy como ayer, es un nacionalismo llevado hasta el extremo que delata un profundo complejo de inferioridad. Sindicatos y asociaciones diversas pidieron inmediatamente mi expulsión. La Prensa atacaba a la película. Los raros espectadores salían de la sala como de un entierro. Al término de la proyección privada, mientras que Lupe, la mujer del pintor Diego Rivera, se mostraba altiva y desdeñosa, sin decirme una sola palabra, otra mujer, Berta, casada con el poeta español Luis Felipe, se precipitó sobre mí, loca de indignación, con las uñas tendidas hacia mi cara, gritando que yo acababa de cometer una infamia, un horror contra México. Yo me esforzaba en mantenerme sereno e inmóvil, mientras sus peligrosas uñas temblaban a tres centímetros de mis ojos. Afortunadamente, Siqueiros, otro pintor, que se encontraba en la misma proyección, intervino para felicitarme calurosamente. Con él, gran número de intelectuales mexicanos alabaron la película.

A finales de 1950, volví a París para presentarla. Caminando por las calles, que volvía a encontrar después de más de diez años de ausencia, sentía llenárseme de lágrimas los ojos. Todos mis amigos surrealistas vieron la película en el «Studio 28» y se sintieron, creo, impresionados por ella. Sin embargo, al día siguiente Georges Sadoul me mandó recado de que tenía que hablarme de algo grave. Nos reunimos en un café cercano a la plaza de l'*Étoile*, y me confió, agitado e, incluso, demudado, que el partido comunista acababa de pedirle que no hablara de la película. Sorprendido, pregunté por qué.

—Porque es una película burguesa —me respondió.

—¿Una película burguesa? ¿Cómo es eso?

—En primer lugar —me dijo—, se ve a través del cristal de una tienda a uno de los jóvenes abordado por un pederasta que le hace proposiciones. Llega entonces un agente de Policía, y el pederasta huye. Eso significa que la Policía desempeña un papel útil: ¡no es posible decir tal cosa! Y, al final, en el reformatorio, muestras a un director muy amable, muy humano, que deja a un niño salir para comprar cigarrillos.

Estos argumentos me parecían pueriles, ridículos, y le dije a Sadoul que no podía hacer nada. Por suerte, unos meses después el director soviético Pudovkin vio la película y escribió un artículo entusiasta en *Pravda*. La actitud del partido comunista francés cambió de la noche a la mañana. Y Sadoul se mostró muy contento de ello.

Éste es uno de los comportamientos de los partidos comunistas con los que siempre he estado en desacuerdo. Existe otro, a menudo ligado al primero, que siempre me ha chocado, el que consiste en afirmar después de la «traición» de un camarada: «¡Escondía bien su juego, pero traicionaba desde el principio!»

En París, con ocasión de las proyecciones privadas, otro adversario de la película fue el embajador de México, Torres Bodet, hombre cultivado que había pasado largos años en España e, incluso, había colaborado en la *Gaceta Literaria*. También él estimaba que *Los olvidados* deshonraba a su país.

Todo cambió después del festival de Cannes en que el poeta Octavio Paz –hombre del que Breton me habló por primera vez a quien admiro desde hace mucho– distribuía personalmente a la puerta de la sala un artículo que había escrito, el mejor, sin duda, que he leído, un artículo bellísimo. La película conoció un gran éxito, obtuvo críticas maravillosas y recibió el Premio de Dirección.

Yo no tenía más que una tristeza, una vergüenza, el subtítulo que los distribuidores de la película en Francia creyeron oportuno añadir al título: *Los olvidados*, o *Piedad para ellos*. Ridículo.

Tras el éxito europeo, me vi absuelto del lado mexicano. Cesaron los insultos, y la película se reestrenó en una buena sala de México, donde permaneció dos meses.

El mismo año, realicé *Susana*, película sobre la que no tengo nada que decir, salvo que lamento no haber subrayado la caricatura en el final, cuando termina milagrosamente bien. Un espectador no avisado puede tomarse en serio este desenlace.

En una de las primeras escenas de la película, cuando Susana se encuentra en la cárcel, estaba prevista en el guión la presencia de una gran migala que debía atravesar la sombra de los barrotes de la celda proyectada en el suelo, donde dibujaba una cruz. Cuando pedí la migala, el productor me dijo: «No, no hemos encontrado ninguna.» Disgustado, me disponía a pasarme sin ella, cuando el encargado del atrezzo me comunicó que ciertamente había una migala en una cajita. El productor me había mentido, pues temía verme perder tiempo.

De hecho, colocamos la jaula de la araña fuera del campo de toma, la abrimos y empujé con un trocito de madera a la migala, que atravesó a la primera la sombra de los barrotes, tal como yo quería. La cosa apenas si nos llevó un minuto.

Tres películas en 1951: Primero, *La hija del engaño*, mal título de Dancigers para lo que no era sino una nueva versión de *Don Quintín*, la obra de Arniches. En Madrid, en los años treinta, yo había producido ya una película basada en esta misma obra. Luego, *Una mujer sin amor*, sin duda mi peor película. Se me pidió que hiciera un *remake* de una buena película que André Cayatte había realizado en Francia sobre *Pierre et Jean*, de Maupassant. Se trataba de instalarme una moviola en el plató para que yo copiase a Cayette plano por plano. Naturalmente, me negué y decidí rodar a mi manera. Resultado mediocre.

En cambio, guardo bastante buen recuerdo de *Subida al cielo*, relato de un viaje en autobús, rodada ese mismo año 1951. El guión se inspiraba en algunas aventuras acaecidas al productor de la película, el poeta español Altolaguirre, viejo amigo de Madrid, que se había casado con una cubana riquísima. Todo se desarrollaba en el Estado de Guerrero, que, sin duda, es todavía hoy uno de los Estados más violentos de México.

Rodaje rápido, maqueta bastante lamentable del autobús que se ve avanzar bamboleándose por la falda de la montaña, y también los imprevistos de los rodajes mexicanos: el plan de trabajo preveía tres noches para rodar una larga escena durante la cual se entierra a una niña, mordida por una víbora, en un cementerio en que se halla instalado un cine ambulante. En el último instante, se me anunció que, por razones sindicales, las tres noches de rodaje quedaban reducidas a dos horas. Hubo que reorganizar todo en un solo plano, suprimir la proyección prevista, actuar a toda prisa. En México me he visto obligado a adquirir una gran rapidez de ejecución..., que a veces lamento más tarde.

Fue también durante el rodaje de *Subida al cielo* cuando el ayudante del jefe de producción fue retenido como rehén en el hotel «Las Palmeras» de Acapulco, por facturas impagadas.

ÉL

Rodada en 1952 después de *Robinsón Crusoe*, *Él* es una de mis películas preferidas. A decir verdad, no tiene nada de mexicana. La acción podría desarrollarse en cualquier parte, pues se trata del retrato de un paranoico.

Los paranoicos son como los poetas. Nacen así. Además, interpretan siempre la realidad en el sentido de su obsesión, a la cual se adapta todo. Supongamos, por ejemplo, que la mujer de un paranoico toca una melodía al piano. Su marido se persuade al instante de que se trata de una señal intercambiada con su amante, escondido en la calle. Y todo así.

Él contenía un cierto número de detalles verdaderos, tomados de la observación cotidiana, y también una buena parte de invención. Al principio, por ejemplo, en la escena del *mandatum*, del lavatorio de pies en la iglesia, el paranoico descubre inmediatamente a su víctima, como un halcón que ve a una alondra. Me pregunto si esta intuición descansará sobre alguna realidad.

La película fue presentada en el festival de Cannes en el curso de una sesión organizada –me pregunto por qué– en honor de los ex combatientes y mutilados de guerra, que protestaron vivamente. En general, la película fue mal recibida. Con algunas excepciones, la Prensa se mostró hostil, Jean Cocteau, que antaño me había dedicado algunas páginas en *Opium*, declaró incluso que con *Él* yo me había «suicidado». Cierto que más tarde cambió de opinión.

Me fue ofrecido un consuelo en París por Jacques Lacan, que vio la película en el transcurso de una proyección organizada por 52 psiquiatras en la Cinemateca. Me habló largamente de la película, en la que reconocía el acento de la verdad, y la presentó a sus alumnos en varias ocasiones.

En México, un desastre. El primer día, Óscar Dancigers salió de la sala absolutamente consternado, diciéndome: «¡Se ríen!» Entré en el cine, vi la escena en que –lejano recuerdo de las casetas de baños de San Sebastián– el hombre hunde una larga aguja en el agujero de una cerradura para saltarle el ojo al observador desconocido que imagina tras la puerta, y, en efecto, la gente reía a carcajadas.

Fue preciso todo el prestigio de Arturo de Córdoba, que hacía el papel principal, para que la película permaneciese dos o tres semanas en cartel.

A propósito de paranoicos, puedo contar uno de los mayores miedos de mi vida, que se sitúa hacia 1952, aproximadamente en la época de *Él*. Yo conocía la existencia en nuestro barrio de México de un oficial bastante parecido al personaje de la película. Por ejemplo, anunciaba que se iba de maniobras, y, a la noche, volvía y, disimulando la voz, decía a su propia mujer a través de la puerta: «Tu marido se ha marchado, ábreme...»

Conté este detalle y varios otros a un amigo, que escribió con ellos un artículo en un periódico. Conociendo ya las costumbres de ciertos mexicanos, me sentí realmente aterrado: la he hecho buena. ¿Cuál será su reacción? ¿Qué hago si llama a mi puerta, con un arma en la mano, pidiendo justicia?

No pasó nada. Quizás es que él leía otro periódico.

A propósito de Cocteau: en el festival de Cannes de 1954, presidía el jurado del que yo formaba parte. Un día, me dijo que querían hablar conmigo y me citó para la tarde en el bar del «Carlton» a una hora tranquila. Acudí con mi puntualidad habitual, miré por todas partes sin ver a Cocteau (apenas si se hallaban ocupadas unas cuantas mesas), esperé media hora y me fui.

Por la noche, me preguntó por qué no había acudido yo a la cita. Le conté lo que había ocurrido. Él me dijo entonces que había hecho exactamente lo mismo que yo, a la misma hora, sin verme. Estoy seguro de que no mentía.

Realizamos todas la comprobaciones necesarias, sin encontrar la menor explicación a nuestra cita misteriosamente frustrada.

En 1930 había escrito con Pierre Unik un guión basado en el libro *Cumbres borrascosas*. Como todos los surrealistas, me sentía muy atraído por esta novela y quería hacer una película de ella. La ocasión se presentó en México en 1953. Volví a tomar el guión, ciertamente uno de los mejores que he tenido entre mis manos. Por desgracia, me vi obligado a aceptar los actores contratados por Óscar para una película musical, Jorge Mistral, Ernesto Alonso, una cantante y bailarina de rumbas, Lilia Prado para interpretar el papel de una muchacha romántica, y una actriz polaca, Irasema Dillian, que, pese a su aire eslavo, debía hacer de hermana de un mestizo mexicano. Prefiero no hablar de los problemas que tuve que resolver durante el rodaje, para un resultado sumamente discutible.

En una escena de la película, un anciano leía a un niño un pasaje que, para mí, es el más bello de la Biblia, muy por encima del *Cantar de los Cantares*. Se encuentra en el *Libro de la Sabiduría* (2, 1-7), libro que no figura, ni mucho menos, en todas las ediciones. El autor de estas líneas admirables las pone en boca de los impíos. Basta con poner entre paréntesis las primeras palabras y leer:

(Pues neciamente se dijeron a sí mismos los que no razonan): Corta y triste es nuestra vida, y no hay remedio cuando llega el fin del hombre, ni se sabe que nadie haya escapado del hades.

Por acaso hemos venido a la existencia, y después de esta vida seremos como si no hubiéramos sido: porque humo es nuestro aliento, y el pensamiento una centella del latido de nuestro corazón.

Extinguido éste, el cuerpo se vuelve ceniza, y el espíritu se disipa como tenue aire.

Nuestro nombre caerá en el olvido con el tiempo, y nadie tendrá memoria de nuestras obras, y pasará nuestra vida como rastro de nube, y se disipará como niebla herida por los rayos del sol que a su calor se desvanece.

Pues el paso de una sombra es nuestra vida, y sin retorno es nuestro fin, porque se pone el sello y ya no hay quien salga.

Venid, pues, y gocemos de los bienes presentes, démonos prisa a disfrutar de todos en nuestra juventud.

Hartémonos de ricos, generosos vinos, y no se nos escape ninguna flor primaveral.

Coronémonos de rosas antes de que se marchiten, no haya prado que no huelle nuestra voluptuosidad.

Ninguno de nosotros falte a nuestras orgías, quede por do-
quier rastro de nuestras liviandades, porque ésta es nuestra
porción y nuestra suerte.

Ni una sola palabra que cambiar en esta lejana profesión
de ateísmo. Creería uno estar leyendo la más hermosa página
del Divino Marqués.

El mismo año, después de *La ilusión viaja en tranvía*, rodé
El río y la muerte, presentada en el festival de Venecia. Inspirado en la facilidad con que puede uno asesinar a su prójimo,
la película contenía gran número de asesinatos aparentemente fáciles e, incluso, gratuitos. A cada asesinato, el público de Venecia reía y gritaba: «¡Otro! ¡Otro!»

Sin embargo, la mayoría de los sucesos que cuenta esta
película son auténticos y pueden, de paso, permitir echar un
interesante vistazo a este aspecto de las costumbres mexicanas. El uso frecuente de la pistola no es exclusivo de México.
Se halla extendido por gran parte de América Latina, especialmente en Colombia. Hay países en este continente en los
que la vida humana —la propia y la ajena— tiene menos importancia que en otras partes. Se puede matar por un sí, por
un no, por una mala mirada o, simplemente, «porque tenía
ganas». Los periódicos mexicanos ofrecen todas las mañanas
el relato de algunos sucesos que asombran siempre a los
europeos. Por ejemplo, entre los casos más curiosos: un
hombre espera tranquilamente al autobús. «¿Llega a Chapul-
tepec?» «Sí», responde el primero. «¿Y para ir a tal sitio?»
«Sí», responde el otro. «¿Y para ir a San Ángel?» «Ah, no»,
responde el hombre interrogado. «Bueno —le dice el otro—,
pues ahí tienes por los tres.» Y le mete tres balazos en el
cuerpo, dejándole seco, como habría dicho Breton, un acto
surrealista puro.

O también (es uno de los primeros casos que leí en la
Prensa a mi llegada): un hombre entra en el número 39 de
una calle y pregunta por el señor Sánchez. El portero le responde que no conoce a ningún señor Sánchez, que seguramente éste vive en el 41. El hombre va al 41 y pregunta por el
señor Sánchez. El portero del 41 le responde que, sin

duda alguna, Sánchez vive en el 39 y que el portero del primer inmueble se ha equivocado.

El hombre vuelve al 39, llama al primer portero y le explica lo que pasa. El portero le ruega que espere un momento, pasa a otra habitación, regresa con un revólver y abate al visitante.

Lo que más me asombró de esta historia fue el tono con que la contaba el periodista, como si diese la razón al portero. El titular decía: *Lo mata por preguntón.*

Una de las escenas de la película recuerda una costumbre del Estado de Guerrero, donde el Estado lanza de vez en cuando una campaña de despistolización, después de la cual todo el mundo se apresura a repistolizarse. En esta escena, un hombre mata a otro hombre y huye. La familia del muerto re coge el cadáver y lo lleva de casa en casa para un adiós a los amigos, a los vecinos. Delante de cada puerta, se bebe, se intercambian abrazos, a veces se canta. La comitiva se detiene por fin un momento ante la casa del asesino, cuya puerta se mantiene obstinadamente cerrada, pese a las llamadas.

El alcalde de un pueblo me dijo un día, como una cosa muy natural: «Cada domingo tiene su muertito.»

Lo que no me gusta es la tesis que la película parece sostener, tesis que procede del libro que le sirvió de base: «Instruyámonos, cultivémonos, hagámonos todos universitarios, y dejaremos de matarnos entre nosotros.» No lo creo.

Con motivo de *El río y la muerte* quisiera evocar algunas anécdotas personales, en su mayor parte recuerdos de rodaje. Confesaré de paso que siempre me han gustado las armas, desde mi infancia. Hasta estos últimos años, en México llevaba siempre una encima. Pero debo precisar que nunca la utilicé contra mi prójimo.

Además, como se habla a menudo del machismo mexicano, quizá no sea inútil recordar que esta actitud «viril», y, por consecuencia, la situación de la mujer en México, tienen un origen español que de nada sirve disimular. El machismo procede de un sentimiento muy fuerte y muy vanidoso de su dignidad de hombre. Es extremadamente quisquilloso, susceptible, y nada más peligroso que un mexicano, que te mira calmosamente y te dice con voz dulce, porque, por ejemplo, has rehusado beber con él un décimo vaso de tequila, esta frase siempre temible:

—Me está usted ofendiendo.

En tal caso, más vale beber el décimo vaso.

A estas manifestaciones de puro machismo mexicano se añaden a veces extraordinarios casos de justicia expeditiva. Daniel, que fue mi ayudante en *Subida al cielo*, me contó la historia siguiente: un domingo, sale de caza con siete u ocho amigos. A mediodía, se detienen a comer. De pronto, se ven rodeados por un grupo de hombres armados, a caballo, que les quitan las botas y las escopetas.

Uno de los cazadores es amigo de un personaje importante de la región. Le cuentan el incidente. El personaje importante pide algunos detalles sobre los atacantes y añade:

—Tengo el honor de invitarles a tomar una copa el domingo.

Acuden el domingo siguiente. El anfitrión les recibe amablemente, les ofrece café y licores y, luego, les pide que pasen a una estancia contigua. En ella, encuentran sus botas y sus escopetas. Los cazadores preguntan entonces quiénes eran sus agresores, si pueden verlos. El hombre les responde, sonriendo, que no vale la pena.

No se les volvió a ver más. En América Latina, todos los años «desaparecen» así millares de personas. La Liga de Derechos Humanos y Amnesty International intervienen en vano. Las desapariciones continúan.

Un asesino mexicano es evaluado por el número de vidas que debe. Se dice que *debe* tantas vidas. Se han conocido asesinos que *debían* hasta cien vidas. En tales casos, cuando les echa mano el jefe de Policía no se para en formalismos.

Durante el rodaje de *La mort en ce jardin*, a orillas del lago de Catemaco, el jefe de la Policía local, que había limpiado vigorosamente la región, viendo que al actor francés George Marchal le gustaban las armas y el tiro, le invitó, como si de la cosa más natural se tratase, a una caza del hombre. Había que perseguir a un asesino muy conocido. Marchal rechazó, horrorizado, la invitación. Pocas horas después, vimos pasar de nuevo a los policías. El jefe nos comunicó negligentemente que el asunto había terminado bien.

Un día, vi en un estudio de cine a un director bastante bueno que se llamaba Chano Urueta. Trabajaba llevando ostensiblemente un «Colt» en el cinto. Cuando le pregunté para qué podía servir aquel arma, me respondió:

—Nunca se sabe lo que puede pasar.

Otra vez, para *La vida criminal de Archibaldo de la Cruz*, el Sindicato me obligó a grabar una música. Se presentaron treinta músicos en un auditorio y, como hacía mucho calor, se quitaron todos la chaqueta. Les aseguro que las tres cuartas partes de ellos llevaban un revólver metido en su funda sobaquera.

Mi operador, Agustín Jiménez, se quejaba de la inseguridad de las carreteras mexicanas, sobre todo de noche. En aquella época, en los años cincuenta, se recomendaba no detenerse si, por ejemplo, se encontraba uno con un coche accidentado y unas personas haciendo señales. Se habían conocido varios casos, bastante raros, a decir verdad, de agresiones cometidas de este modo.

En apoyo de sus manifestaciones, Jiménez añadió, hablando de su cuñado:

—La otra noche, volvía de Toluca a México —es una gran carretera muy frecuentada, casi una autopista—, cuando, de pronto, ve un coche en el arcén y unos tipos que le piden que pare. Naturalmente, aceleró. Al pasar, disparó cuatro veces. ¡Verdaderamente, es imposible circular de noche!

Otro ejemplo, que podría llamarse «La ruleta mexicana». Vargas Vila, célebre novelista colombiano, llega a México hacia 1920. Es recibido por una veintena de intelectuales colombianos que le ofrecen un banquete. Al final de la comida, tras abundantes libaciones, observa que los mexicanos hablan en voz baja entre ellos. Tras lo cual, uno de ellos propone a Vila que salga de la sala.

Lleno de curiosidad, pregunta qué están preparando. Uno de los intelectuales presentes saca entonces su revólver, levanta el percutor y explica:

—Mire. Este revólver está cargado. Vamos a tirarlo al aire. Caerá sobre la mesa. Puede que no pase nada. Puede también que, a consecuencia del golpe, se dispare una bala.

Vargas Vila protestó vivamente, y el juego fue dejado para otra ocasión.

Varios personajes conocidos han participado en este culto al arma de fuego que durante mucho tiempo ha caracterizado a México, el pintor Diego Rivera, por ejemplo, que disparó un día contra un camión, y el director cinematográfico Emilio «Indio» Fernández, que realizó *María Candelaria* y *La perla*, y a quien su afición al «Colt» del 45 llevó a la cárcel.

Al regreso del festival de Cannes en que se había otorgado a una de sus películas el premio a la mejor fotografía (su operador jefe era Gabriel Figueroa, con el que yo he trabajado a menudo), recibe a cuatro periodistas en la inverosímil casa-castillo que se ha hecho construir en la ciudad de México. Se charla, los periodistas hablan del premio a la fotografía, él responde que se trata, en realidad, de un premio a la dirección, o de un gran premio. Como los periodistas se resistan a creerle, él insiste y, finalmente, les dice:

—Un instante, voy a buscar los documentos.

En cuanto sale de la habitación, un periodista avisado dice a los otros que, sin duda alguna, Fernández ha ido a buscar, no su diploma, sino su revólver. Se levantan y huyen precipitadamente, pero no con suficiente rapidez, pues el director dispara desde una ventana del primer piso y hiere a uno de ellos en el pecho.

La historia de la «ruleta mexicana» me fue contada por uno de los más grandes escritores mexicanos, Alfonso Reyes, a quien veía con frecuencia en París y en España. Me dijo también que, un día, a principios de los años veinte, fue al despacho de Vasconcelos, a la sazón Secretario de Estado para la Instrucción Pública, y charló con él unos minutos —siempre sobre las costumbres mexicanas— antes de concluir:

—Creo que, menos tú y yo, todo el mundo lleva aquí un revólver.

—Habla por ti —le respondió Vasconcelos, mostrándole un «45» que llevaba oculto bajo la chaqueta.

La más bella de estas historias, a la que encuentro una dimensión rara, me fue contada por el pintor Siqueiros. Presenta, hacia el final de la revolución, a dos oficiales que son viejos amigos, que han estudiado juntos en la Academia Militar, pero que han combatido en bandos opuestos (los de Obregón y Villa, por ejemplo). Uno es prisionero del otro y debe ser fusilado por él. (Solamente se fusilaba a los oficiales, y se indultaba a los simples soldados, si consentían en gritar «viva», seguido del nombre del general vencedor.)

Al anochecer, el oficial vencedor hace salir de su celda al prisionero y le invita a beber en su mesa. Los dos hombres se abrazan y se sientan uno frente a otro. Están abatidos. Hablan, con voz temblorosa, de sus recuerdos de juventud, de su amistad y del implacable destino que obliga a uno a convertirse en verdugo del otro.

–¿Quién hubiera dicho que un día tendría yo que fusilarte? –comenta uno.

–Cumple con tu deber –le responde el otro–. No tienes más remedio.

Siguen bebiendo, acaban embriagándose y, al final, dominado por el horror de la situación, el prisionero dice a su amigo:

–Escucha, amigo: concédeme un último favor. Preferiría que me matases tú mismo.

Entonces, con lágrimas en los ojos, sin levantarse de la mesa, el oficial vencedor saca su revólver y cumple el deseo de su viejo camarada.

Al término de esta larga digresión (pero repito que siempre me han gustado las armas, sintiéndome en esto muy mexicano), no quisiera que se limitase mi imagen de México a una serie de tiroteos. Aparte que esta costumbre parece que tiende a desaparecer, sobre todo después del cierre de las armerías –en principio, todas las armas están registradas, pero se estima que sólo en la ciudad de México más de cinco mil escapan a todo control–, hay que decir que los crímenes realmente abyectos y repugnantes (Landrú, Petiot, matanzas en masa, carniceros vendiendo carne humana), patrimonio de los países industrializados, son sumamente raros en México. No conozco más que un solo caso: en el norte del país se descubrió hace unos años que las pupilas de un burdel —se las llamaba Las Poquianchas— desaparecían. Ocurría que, cuando el ama las encontraba demasiado poco atractivas, demasiado poco trabajadoras o demasiado viejas para seguir ganando dinero, las hacía, simplemente, asesinar y enterrar en el jardín. El asunto levantó ecos políticos, causó cierto ruido. Pero, en general, se trata de homicidios muy simples, que tienen la claridad de un pistoletazo, sin los «horribles detalles» que se dan en Francia, en Inglaterra, en Alemania y en los Estados Unidos.

Hay que decir también que México es un verdadero país, en el que los habitantes se hallan animados de un impulso, de un deseo de aprender y de avanzar que raramente se encuentra en otras partes. Se añaden a ello una extrema amabilidad, un sentido de la amistad y la hospitalidad que han hecho de México, desde la guerra de España (nuestro homenaje al gran Lázaro Cárdenas) hasta el golpe de Estado de Pinochet en Chile, una tierra de asilo seguro. Puede decirse incluso que han desaparecido las divergencias que existían entre mexicanos de pura cepa y *gachupines* (españoles inmigrados).

De todos los países de América Latina, México es quizás el más estable. Vive en paz desde hace casi sesenta años. Los levantamientos militares y el caudillismo no son más que un sangriento recuerdo. Se han desarrollado notablemente la economía y la instrucción pública. Mantiene excelentes relaciones con Estados de familias políticas muy diversas. Y, finalmente, tiene petróleo. Mucho petróleo.

Cuando se critica a México, hay que tener en cuenta que ciertas costumbres, que parecen escandalosas a los europeos, no están prohibidas por la Constitución. Por ejemplo, el nepotismo. Es normal, es tradicional, que el presidente instale en puestos de mando a miembros de su familia. Nadie protesta verdaderamente. Las cosas son así.

Un refugiado chileno ha dado de México una definición graciosa: «Es un país fascista atenuado por la corrupción.» Algo hay de verdad, sin duda. El país parece fascista por la omnipotencia del presidente. Cierto que no es reelegible bajo ningún pretexto, lo que le impide convertirse en un tirano, pero durante los seis años de su mandato hace exactamente lo que quiere.

Un ejemplo no poco extraordinario fue provocado hace unos años por el presidente Luis Echeverría, hombre ilustrado y de buena voluntad, a quien yo conocía un poco y que me enviaba a veces botellas de vino francés. Al día siguiente de la ejecución en España (Franco ocupaba todavía el poder) de cinco activistas anarquistas, ejecución contra la que, en vano, se había alzado la opinión pública mundial, Echeverría decidió bruscamente, en cuestión de horas, toda una serie de medidas de represalia: ruptura de relaciones comerciales, suspensión del tráfico aéreo, expulsión de México de ciertos españoles. No le faltaba más que enviar las escuadrillas mexicanas a bombardear Madrid.

A este exceso de poder —llamémoslo «dictadura democrática»— se añade la corrupción. Se ha dicho que la *mordida* es la clave de toda la vida mexicana. Existe a todos los niveles (y no sólo en México). Todos los mexicanos lo reconocen, y todos los mexicanos son víctimas o beneficiarios de la corrupción. Lástima. Sin eso, la Constitución mexicana, una de las mejores del mundo, podría permitir una democracia ejemplar en América Latina.

Que haya o que no haya corrupción en México, es un problema que sólo los mexicanos pueden resolver. Todos son conscientes de ella, indicio que puede hacer esperar una supresión, al menos parcial. Que tire la primera piedra el país del continente americano —incluidos los Estados Unidos— que pueda considerarse libre de esta lepra.

En cuanto al excesivo poder presidencial, si el pueblo lo acepta, sólo al pueblo corresponde resolver el problema. No debemos ser más papistas que el Papa. Por lo demás, aunque mexicano —no por nacimiento, sino por propia voluntad—, me considero totalmente apolítico.

Finalmente, México es uno de los países del mundo en que el crecimiento de la población es más fuerte y más visible. Esta población, generalmente muy pobre, pues los recursos naturales del país se hallan extremadamente mal repartidos, huye del campo y viene a engrosar caóticamente las *ciudades perdidas* que rodean las grandes urbes, sobre todo México D.F. Nadie puede decir hoy cuántos habitantes tiene esta metrópoli inmensa. Se afirma que es la más poblada del mundo, que su progresión es vertiginosa (casi un millar de campesinos ávidos de trabajo llegan del campo todos los días, instalándose en cualquier parte) y que alcanzará los treinta millones de habitantes para el año 2000. Si a ello se añade –consecuencia directa– una dramática contaminación (contra la que jamás se ha tomado ninguna medida eficaz), la falta de agua, las crecientes diferencias económicas, el alza de precios de los productos más populares (maíz, fríjoles), la omnipotencia económica de los Estados Unidos, sería abusivo decir que México ha resuelto todos sus problemas. Me olvidaba de la inseguridad, cada vez más generalizada. Para convencerse de ello, basta con leer la sección de sucesos en el periódico.

Por regla general, regla que conoce felices excepciones, un actor mexicano no haría nunca en la pantalla lo que no haría en la vida.

Cuando yo rodaba *El bruto*, en 1954, Pedro Armendáriz, que disparaba de vez en cuando su revólver en el interior del estudio, se negaba enérgicamente a llevar camisas de manga corta, las cuales, decía, están hechas para los pederastas.

Yo le veía aterrorizado ante la idea de que pudiera tomársele por un pederasta. En esta película, mientras es perseguido por unos degolladores de matadero, encuentra a una joven huérfana, le pone la mano en la boca para impedirle gritar y, luego, cuando los perseguidores se alejan, como tiene un cuchillo clavado en la espalda, tiene que decirle:

–Arráncame eso que llevo ahí detrás.

Durante los ensayos, le oí de pronto enfurecerse y gritar: «¡Yo no digo "detrás"!» Temía que el solo uso de la palabra «detrás» fuese fatal para su reputación. Palabra que yo suprimí sin ningún problema.

La vida criminal de Archibaldo de la Cruz, realizada en 1955, se inspiraba originariamente en la novela, la única novela, creo, del dramaturgo mexicano Rodolfo Usigli.

La película obtuvo bastante éxito. Para mí, queda ligada al recuerdo de un extraño drama. En una de las escenas, Ernesto Alonso, el actor principal, quemaba en un horno de ceramista un maniquí que era reproducción exacta de la actriz, Myroslava. Muy poco tiempo después de terminado el rodaje, Myroslava se suicidó por contrariedades amorosas y fue incinerada, según su propia voluntad.

En 1955 y 1956, habiendo vuelto a tomar contacto con Europa, rodé dos películas en lengua francesa, una en Córcega, *Cela s'appelle l'aurore*, la otra en México, *La mort en ce jardin*.

No he vuelto a ver *Cela s'appelle l'aurore*, inspirada en una novela de Emmanuel Robles, pero me gustaba mucho esa película. Claude Jaeger, que se hizo mi amigo y representó varios pequeños papeles en otras películas, se encargó de la producción. Marcel Camus fue mi primer ayudante, flanqueado por un corpulento muchacho de largas piernas que caminaba siempre muy lentamente y se llamaba Jacques Deray. Con ocasión de esta película coincidí también con Georges Marchal y Julien Bertheau, que volverían a trabajar conmigo. Lucía Bosé era entonces novia del torero Luis Miguel Dominguín, que me telefoneaba sin cesar antes del rodaje para preguntarme: «Oye, ¿quién es el protagonista? ¿Georges Marchal? ¿Qué clase de tipo es?»

Yo trabajaba en el guión con Jean Ferry, un amigo de los surrealistas. Un incidente bastante característico nos enfrentó. Él había escrito lo que llamaba «una magnífica escena de amor» (en realidad, tres páginas de un diálogo bastante malo), y yo la corté casi entera. En su lugar, se ve a Georges Marchal entrar, sentarse muy fatigado, quitarse los zapatos, hacerse servir la sopa por Lucía Bosé y ofrecerle como regalo una pequeña tortuga. Claude Jaeger (que es suizo) me ayudó a escribir las pocas réplicas que necesitaba, y Jean Ferry, muy disgustado, escribió al productor para quejarse de los zapatos, de la sopa, de la tortuga y añadir, hablando de nuestras réplicas: «Quizá sea belga o suizo, pero, ciertamente, no es francés.» Quiso, incluso, retirar su nombre de los títulos de crédito, a lo que el productor se negó.

Yo insisto en afirmar que la escena es mejor con la sopa y la tortuga.

Tuve también algunas desavenencias con la familia de

Paul Claudel. En la película se veían sus obras, colocadas junto a un par de esposas sobre la mesa del comisario de Policía. La hija de Paul Claudel me escribió una carta que no me sorprendió: los insultos habituales.

En cuanto a *La mort en ce jardin*, recuerdo sobre todo los dramáticos problemas de guión, que es lo peor de todo. No conseguía resolverlos. A menudo, me levantaba a las dos de la madrugada para escribir durante la noche escenas que, al amanecer, le daba a Gabriel Arout para que corrigiese mi francés. Debía rodarlas durante el día. Raymond Queneau vino a pasar quince días en México para intentar –en vano– ayudarme a resolver la situación. Recuerdo su humor, su delicadeza. Nunca decía: «Eso no me gusta, no es bueno», sino que comenzaba siempre sus frases con un: «Me pregunto si...»

Es autor de un hallazgo ingenioso. Simone Signoret, ramera en un pequeño poblado minero en el que ya se han producido disturbios, está haciendo la compra en una tienda. Adquiere sardinas, agujas, varios otros artículos y, luego, pide una pastilla de jabón. En ese momento, se oyen las cornetas de los soldados que llegan para restablecer el orden en el pueblo. Cambia rápidamente de idea y pide cinco pastillas de jabón.

Desgraciadamente, por razones que no recuerdo, esta corta escena de Queneau no pudo figurar en la película.

Yo creo que Simone Signoret no tenía ningún deseo de hacer *La mort en ce jardin*, prefiriendo quedarse en Roma con Yves Montand. Tenía que pasar por Nueva York para ir a México, y deslizó en su pasaporte documentos comunistas, o soviéticos, esperando ser rechazada por las autoridades norteamericanas..., que le dejaron pasar sin hacerle la más mínima observación.

Como se mostraba bastante turbulenta durante el rodaje, distrayendo a los otros actores, pedí un día al maquinista jefe que cogiera su cinta métrica, midiese una distancia de cien metros a partir de la cámara y colocara allí las sillas de los actores franceses.

En compensación, gracias a *La mort en ce jardin*, conocí a Michel Piccoli, que se convirtió en uno de mis mejores amigos. Hemos hecho juntos cinco o seis películas. Me gusta su humor, su generosidad secreta, su pizca de locura y el respeto que no me manifiesta.

NAZARÍN

Con *Nazarín*, rodada en 1958 en México y en varios bellísimos pueblos de la región de Cuautla, adapté por primera vez una novela de Galdós. Fue también durante este rodaje cuando escandalicé a Gabriel Figueroa, que me había preparado un encuadre estéticamente irreprochable, con el Popocatepelt al fondo y las inevitables nubes blancas. Lo que hice fue, simplemente, dar media vuelta a la cámara para encuadrar un paisaje trivial, pero que me parecía más verdadero, más próximo. Nunca me ha gustado la belleza cinematográfica prefabricada, que, con frecuencia, hace olvidar lo que la película quiere contar y que, personalmente, no me conmueve.

Conservé lo esencial del personaje de Nazarín tal como está desarrollado en la novela de Galdós, pero adaptando a nuestra época ideas formuladas cien años antes, o casi. Al final del libro, Nazarín sueña que celebra una misa. Yo sustituí este sueño por la escena de la limosna. Además, a todo lo largo de la historia, añadí nuevos elementos, la huelga, por ejemplo, y, durante la epidemia de peste, la escena con el moribundo –inspirada por el *Diálogo de un sacerdote y un moribundo*, de Sade– en la que la mujer llama a su amante y rechaza a Dios.

Entre las películas que he realizado en México, *Nazarín* es, ciertamente, una de las que prefiero. Por otra parte, fue bien recibida, no sin ciertos equívocos que se referían al verdadero contenido de la película. Así, en el festival de Cannes, donde obtuvo un Gran Premio Internacional creado especialmente para esta ocasión, estuvo a punto de recibir también el Premio de la Oficina Católica. Tres miembros del jurado la defendieron con bastante firmeza. Pero quedaron en minoría.

En aquella ocasión, Jacques Prévert, obstinadamente anticlerical, lamentó que yo hubiera hecho de un sacerdote el personaje principal de una película. A él todos los sacerdotes le parecían condenables. «Es inútil interesarse en sus problemas», me decía.

El equívoco, que algunos llamaban «intento de recuperación», continuó. Un día, tras la elección de Juan XXIII, recibí una visita en México. Se me pedía que fuese a Nueva York, donde un cardenal, sucesor del abominable Spellman, deseaba entregarme un diploma de honor por la película. Naturalmente, me negué. Pero Barbachano, productor de la película, hizo el viaje.

A FAVOR Y EN CONTRA

En la época del surrealismo, era costumbre entre nosotros decidir definitivamente acerca del bien y del mal, de lo
justo y de lo injusto, de lo bello y de lo feo. Existían libros
que había que leer, otros que no había que leer, cosas que se
debían hacer, otras que se debían evitar. Inspirándome en
estos antiguos juegos, he reunido en este capítulo, dejándome llevar por el azar de la pluma, que es un azar como
otro cualquiera, cierto número de mis aversiones y mis simpatías. Aconsejo a todo el mundo que haga lo mismo algún
día.

He adorado los Recuerdos entomológicos de Fabre. Por la
pasión de la observación, por el amor sin límites al ser vivo,
este libro me parece inigualable, infinitamente superior a la
Biblia. Durante mucho tiempo, dije que solamente me llevaría ese libro a una isla desierta. Hoy, he cambiado de opinión: no me llevaría ningún libro.

Me ha gustado Sade. Tenia más de veinticinco años
cuando lo leí por primera vez, en París. Me causó una impresión mayor aún que la lectura de Darwin.

Los 120 días de Sodoma se editó por primera vez en Berlín, en una tirada de muy pocos ejemplares. Un día, vi uno
de esos ejemplares en casa de Roland Tual, donde me encontraba en compañía de Robert Desnos. Ejemplar reliquia,

en el que Marcel Proust y otros habían leído este texto imposible de encontrar. Me lo prestó:

Hasta entonces, yo no conocía nada de Sade. Al leerlo, me sentí profundamente asombrado. En la Universidad, en Madrid, no se me había ocultado en principio nada de las grandes obras maestras de la literatura universal desde Camoens hasta Dante y desde Homero hasta Cervantes. ¿Cómo, pues, podía yo ignorar la existencia de este libro extraordinario, que examinaba la sociedad desde todos los puntos de vista, magistral, sistemáticamente, y proponía una tabla rasa cultural? Para mí, fue una impresión considerable. La Universidad me había mentido. Otras «obras maestras» me parecían al instante despojadas de todo valor, de toda importancia. Intenté releer la *Divina Comedia*, que me pareció el libro menos poético del mundo, menos poético aún que la Biblia. ¿Y qué decir de *Os Lusiadas*? ¿De la *Jerusalén libertada*?

Me decía: ¡habrían tenido que hacerme leer a Sade antes que todas las demás cosas! ¡Cuántas lecturas inútiles!

Quise entonces procurarme los demás libros de Sade, pero, estrictamente prohibidos, sólo se los podía encontrar en las ediciones rarísimas del siglo XVIII. Un librero de la calle Bonaparte, a cuyo establecimiento me condujeron Breton y Éluard, me apuntó en una lista de espera para *Justine*, que no llegó a agenciarme nunca. En cambio, tuve en la mano el manuscrito original de *Los 120 días de Sodoma* e, incluso, estuve a punto de comprarlo. Finalmente, fue el vizconde de Noailles quien lo adquirió, un paquete bastante voluminoso de papel.

Diversos amigos me prestaron *La filosofía en el boudior*, que me encantaba, el *Diálogo entre un sacerdote y un moribundo, Justine* y *Juliette*. En este último libro me gustaba especialmente la escena entre Juliette y el Papa en la que éste reconoce su ateísmo. Por otra parte, tengo una nieta que se llama Juliette, pero dejo la responsabilidad de esta elección a mi hijo Jean-Louis.

Breton poseía un ejemplar de *Justine*, y René Crevel, otro. Cuando éste se suicidó, el primero que llegó a su casa fue Dalí. Después, se presentó Breton, precediendo a otros miembros del grupo. Una amiga de Crevel llegó de Londres, en avión, pocas horas más tarde. Fue ella quien advirtió, en la confusión que seguía a la muerte, la desaparición de *Justine*. Alguien lo había robado. ¿Dalí? Imposible. ¿Breton? Absurdo. Además, ya poseía un ejemplar. Sin embargo, era uno de los familiares de Crevel, que conocía bien su biblioteca, quien había sustraído el ejemplar. Culpable que permanece todavía impune.

Me sentí igualmente muy impresionado por el testamento de Sade, en el que pide que sus cenizas sean arrojadas en cualquier parte y que la Humanidad olvide sus obras y hasta su nombre. Desearía poder decir lo mismo de mí. Encuentro falaces y peligrosas todas las ceremonias conmemorativas, todas las estatuas de grandes hombres. ¿Para qué sirven? Viva el olvido. Yo solamente veo dignidad en la nada.

Si bien el interés que hoy siento por Sade ha envejecido –pero el entusiasmo por todas las cosas es efímero–, no puedo olvidar esta revolución cultural. La influencia que ejerció sobre mí fue, sin duda, considerable. A propósito de *La Edad de oro*, en que las citas de Sade saltaban a la vista, Maurice Heine escribió un artículo contra mí, afirmando que el Divino Marqués se sentiría muy disgustado. En efecto, él había atacado a todas las religiones, sin limitarse, como yo, solamente al cristianismo. Respondí que mi propósito era respetar el pensamiento de un autor muerto, sino hacer una película.

He adorado a Wagner y me he servido de su música en varias películas, desde la primera (*Un chien andalou*) hasta la última (*Ese oscuro objeto del deseo*). Lo conocía bastante bien.

Una de las grandes melancolías de mi final de vida es no poder oír la música. Desde hace ya tiempo, más de veinte años, mi oído no puede reconocer las notas... como si las letras se intercambiaran entre sí en un texto escrito, imposibilitando la lectura. Si algún milagro pudiera devolverme esta facultad, mi vejez se habría salvado, la música me parecería una dulcísima morfina conduciéndome casi sin alarma hasta la muerte. Pero, como último recurso, no veo más que un viaje a Lourdes.

De joven, toqué el violín, y más tarde, en París, rasgueé el banjo. Me han gustado Beethoven, César Franck, Schumann, Debussy y muchos otros.

La relación con la música ha cambiado totalmente desde

mi juventud. Cuando con varios meses de antelación, se nos anunciaba que la gran orquesta sinfónica de Madrid, de excelente reputación, iba a dar un concierto en Zaragoza, se apoderaba de nosotros una agradable excitación, una verdadera voluptuosidad de la espera. Nos preparábamos, contábamos los días, buscábamos las partituras, las tarareábamos ya. La noche del concierto, una alegría incomparable.

Hoy, basta oprimir un botón para oír al instante, en la propia casa, todas las músicas del mundo. Veo claramente lo que se ha perdido. ¿Qué se ha ganado? Para llegar a toda belleza, tres condiciones me parecen siempre necesarias: esperanza, lucha y conquista.

Me gusta comer temprano, acostarme y levantarme pronto. En eso soy completamente antiespañol.

Me gusta el Norte, el frío y la lluvia. En eso soy español. Nacido en un país árido, no imagino nada más bello que los bosques inmensos y húmedos, invadidos por la niebla. En mi infancia, ya lo he dicho, cuando iba de vacaciones a San Sebastián, en el extremo norte de España, me sentía emocionado a la vista de los helechos, del musgo en los troncos de los árboles. Me gustan los países escandinavos, que conozco muy poco, y Rusia. A los siete años escribí un cuento de varias páginas que se desarrollaba en el Transiberiano, a través de las estepas nevadas.

Me gusta el ruido de la lluvia. Lo recuerdo como uno de los ruidos más bellos del mundo. Ahora lo oigo con un aparato, pero no es el mismo ruido.

La lluvia hace a las grandes naciones.

Me gusta verdaderamente el frío. Durante toda mi juventud, aun en lo más crudo del invierno, me paseaba sin gabán, con una simple camisa y una chaqueta. Sentía el frío atacarme, pero resistía, y esa sensación me agradaba. Mis amigos me llamaban «el sin abrigo». Un día, me fotografiaron completamente desnudo en la nieve.

Un invierno, en París, cuando el Sena comenzaba a helarse, estaba esperando a Juan Vicens en la estación de Orsay, a la que llegaban los trenes procedentes de Madrid. El frío era tan intenso que tuve que echar a correr de un lado a otro del andén, lo cual no me libró de coger una pulmonía. Nada más restablecerme, compré ropas de abrigo, las primeras de mi vida.

En los años treinta, con Pepín Bello y otro amigo, Luis Salinas, capitán de Artillería, solíamos ir con frecuencia a la sierra de Guadarrama en invierno. A decir verdad, lejos de practicar los deportes de nieve, nos encerrábamos nada más llegar en nuestro refugio, en torno a un buen fuego de leña y con varias botellas al alcance de la mano. De vez en cuando, salíamos para respirar durante unos minutos, con la bufanda bien subida hasta la nariz, como Fernando Rey en *Tristana*.

Naturalmente, los alpinistas no sentían más que desprecio hacia nuestra actitud.

No me gustan los países cálidos, consecuencia lógica de lo que antecede. Si vivo en México, es por casualidad. No me gustan el desierto, la arena, la civilización árabe, la india ni, sobre todo, la japonesa. En eso no soy un hombre de mi tiempo. En realidad, sólo soy sensible a la civilización grecorromana, en la que he crecido.

Adoro los relatos de viajes por España escritos por viajeros ingleses y franceses en los siglos XVIII y XIX. Y, ya que estamos en España , *me gusta la novela picaresca*, especialmente *El lazarillo de Tormes*, *El Buscón*, de Quevedo, y *Gil Blas*. Esta última novela es obra de un francés, Lesage, pero, excelentemente traducida en el siglo XVIII por el padre Isla, se ha convertido en una obra española. A mi juicio, representa exactamente a España. La habré leído una docena larga de veces.

No me gustan mucho los ciegos, como la mayoría de los sordos. Un día, en México, vi a dos ciegos sentados juntos. El uno estaba masturbando al otro. Me sentí un tanto sorprendido por la escena.

Todavía me pregunto si, como se dice, los ciegos son más felices que los sordos. No lo creo. Conocí, no obstante, a un ciego extraordinario que se llamaba Las Heras. Habiendo perdido la vista a la edad de dieciocho años, intentó en varias ocasiones suicidarse y sus padres hicieron cerrar con candados las contraventanas de su habitación.

Después de lo cual se acostumbró a su nuevo estado. En los años veinte se le veía con frecuencia en Madrid. Acudía todas las semanas al café «Pombo», en la calle Carreras, donde tenía su tertulia Gómez de la Serna. Escribía un poco. Por la noche, cuando nos dedicábamos a callejear, venía con nosotros.

Una mañana, en París, cuando yo vivía en la plaza de la Sorbona, llaman a la puerta. Abro. Es Las Heras. Muy sorprendido de verle allí, le hago pasar. Me dice que acaba de llegar y que está en París por asuntos de negocios, completamente solo. Su francés es espantoso. Me pregunta si puedo llevarle hasta una parada de autobús. Le acompaño, y le veo alejarse, completamente solo en una ciudad que no conoce y que no ve. Aquello me pareció increíble. Un ciego prodigio.

Entre todos los ciegos del mundo, hay uno que no me agrada mucho, Jorge Luis Borges. Es un buen escritor, evidentemente, pero el mundo está lleno de buenos escritores. Además, yo no respeto a nadie porque sea buen escritor. Hacen falta otras cualidades. Y Jorge Luis Borges, con quien estuve dos o tres veces hace sesenta años, me parece bastante presuntuoso y adorador de sí mismo. En todas sus declaraciones percibo un algo de doctoral (sienta cátedra) y de exhibicionista. No me gusta el tono reaccionario de sus palabras, ni tampoco su desprecio a España. Buen conversador como muchos ciegos, el premio Nobel retorna siempre como una obsesión en sus respuestas a los periodistas. Está completamente claro que sueña con él.

Yo sitúo frente a la suya la actitud de Jean-Paul Sartre, que, cuando la Academia sueca le otorgó el galardón, rechazó el título y el dinero. Cuando, leyendo un periódico, tuve conocimiento de este gesto, envié inmediatamente un telegrama a Sartre, con mi felicitación. Me sentía muy impresionado.

Naturalmente, si estuviese de nuevo con Borges, quizá cambiaría totalmente de opinión respecto a él.

No puedo pensar en los ciegos sin recordar una frase de Benjamin Péret (cito de memoria, como en todo lo demás): «¿Verdad que la mortadela está fabricada por ciegos?» Para mí, esta afirmación, en forma de pregunta, es tan verdadera como una verdad del Evangelio. Por supuesto, algunos pueden encontrar absurda la relación entre los ciegos y la mortadela. Para mí, es el ejemplo mágico de una frase totalmente irracional que queda brusca y misteriosamente bañada por el destello de la verdad.

Detesto el pedantismo y la jerga. A veces, he llorado de risa al leer ciertos artículos de los *Cahiers du Cinéma*. En México, nombrado presidente honorario del Centro de Capacitación Cinematográfica, escuela superior de cine, soy invitado un día a visitar las instalaciones. Me presentan a cuatro o cinco profesores. Entre ellos, un joven correctamente vestido y que enrojece de timidez. Le pregunto qué enseña. Me responde: «La semiología de la imagen clónica.» Lo hubiera asesinado.

El pedantismo de las jergas, fenómeno típicamente parisiense, causa tristes estragos en los países subdesarrollados. Es un signo perfectamente claro de colonización cultural.

Detesto a muerte a Steinbeck, en particular a causa de un artículo que escribió en París. Contaba –seriamente– que había visto a un niño francés pasar ante el Palacio del Elíseo con una barra de pan en la mano y presentar armas con ella a los centinelas. Steinbeck encontraba este gesto «conmovedor». La lectura del artículo me encolerizó. ¿Cómo se puede tener tan poca vergüenza?

Steinbeck no sería nada sin los cañones americanos. Y meto en el mismo saco a Dos Passos y Hemingway. ¿Quién les leería si hubiesen nacido en Paraguay o en Turquía? Es el poderío de un país lo que decide sobre los grandes escritores. Galdós novelista es con frecuencia comparable a Dostoievski. Pero, ¿quién le conoce fuera de España?

Me gustan el arte románico y el gótico, en particular las catedrales de Segovia, la de Toledo, iglesias que son todo un mundo viviente.

Las catedrales francesas no poseen más que la fría belleza de la forma arquitectónica. Lo que me parece incomparable en España es el retablo, espectáculo de meandros casi infinitos en donde la fantasía se pierde en las sinuosidades minuciosas del barroco.

Me gustan los claustros, con una ternura especial para el claustro de El Paular. De todos los lugares entrañables que he conocido, éste es uno de los que más íntimamente me llegan.

Cuando trabajábamos en El Paular con Carrière, casi todos los días, a las cinco, íbamos a meditar allí. Es un claustro gótico bastante grande. No se halla rodeado de columnas, sino de edificaciones idénticas que ofrecen altas ventanas ojivales cerradas con viejos postigos de madera. Los tejados visibles están cubiertos por tejas romanas. Las tablas de los postigos están rotas, y crece la hierba en los muros. Hay allí un silencio de épocas pasadas.

En el centro del claustro, sobre una pequeña construcción gótica que cubre a los bancos de piedra, hay un reloj de luna. Los monjes lo presentan como una rareza, indicio de la claridad de las noches.

Viejos setos de boj corren entre desmochados cipreses que tienen siglos de edad.

Tres tumbas colocadas una al lado de otra nos atraían en todas las visitas. La primera, la más majestuosa, alberga los venerables restos de uno de los superiores del convento, y ello desde el siglo XVI. Sin duda, había dejado algún feliz recuerdo.

En la segunda están enterradas dos mujeres, madre e hija, muertas en un accidente de automóvil acaecido a unos centenares de metros del convento. Como nadie reclamó sus cadáveres, se les hizo sitio en el claustro.

Sobre la tercera tumba –una piedra muy sencilla, cubierta ya por la hierba seca– se halla inscrito el nombre de un norteamericano. El hombre que reposa bajo esta piedra, nos contaron los monjes, era uno de los consejeros de Truman en el momento de la explosión atómica de Hiroshima. Como muchos de los que participaron en esta destrucción, el piloto del avión, por ejemplo, el americano fue presa de perturbaciones nerviosas. Abandonó su familia, su trabajo, huyó y pasó algún tiempo vagando por Marruecos. Desde allí, pasó a España. Una noche llamó a la puerta del convento. Viéndolo agotado, los monjes le recogieron. Murió una semana después.

Un día, los monjes nos invitaron a Carrière y a mí –residíamos en el hotel contiguo– a almorzar en su gran refectorio gótico. Fue una comida bastante buena con cordero y patatas, en el curso de la cual estaba prohibido hablar. Uno de los benedictinos leía a algún padre de la Iglesia. En compensación, después de comer, pasamos a otra estancia, con televisión, café y chocolatinas, y allí hablamos abundantemente. Estos monjes, gentes muy sencillas, fabricaban queso y ginebra (este último producto les fue prohibido, pues no pagaban impuestos) y, los domingos, vendían a los turistas tarjetas postales y bastones tallados. El superior conocía la reputación diabólica de mis películas, pero se limitó a sonreír. Nunca iba al cine, me dijo, casi excusándose.

Siento horror a los fotógrafos de Prensa. Dos de ellos me asaltaron literalmente un día que paseaba por la carretera, no lejos de El Paular. Evolucionando a mi alrededor, no cesaban de ametrallarme, pese a mi deseo de estar solo. Yo era ya demasiado viejo para darles un escarmiento. Lamenté no ir armado.

Me gusta la puntualidad. A decir verdad, es una manía. No recuerdo haber llegado tarde ni una sola vez en mi vida. Si llego con anticipación, me quedo paseando ante la puerta a la que debo llamar hasta que sea la hora exacta.

Me gustan y no me gustan las arañas. Se trata de una manía que comparto con mis hermanos y mis hermanas. Atracción y repulsión a la vez. En el transcurso de las reuniones familiares, podemos estarnos horas enteras hablando de arañas. Meticulosas y terroríficas descripciones.

Adoro los bares, el alcohol y el tabaco, pero se trata de un terreno tan primordial que le he consagrado todo un capítulo.

Siento horror a las multitudes. Llamo multitud a toda reunión de más de seis personas. En cuanto a las inmensas concentraciones de seres humanos –recuerdo una famosa fotografía de Weegee mostrando la playa de Coney Island en un domingo–, son para mí un verdadero misterio que me inspira terror.

Me gustan las pequeñas herramientas, alicates, tijeras, lupas, destornilladores. Me acompañan a todas partes tan fielmente como mi cepillo de dientes. Las coloco cuidadosamente ordenadas en un cajón y me sirvo de ellas.

Me gustan los obreros, admiro y envidio su habilidad.

Me gustan *Senderos de gloria*, de Kubrick, *Roma*, de Fellini, *El acorazado Potemkin*, de Eisenstein, *La grande bouffe*, de Marco Ferreri, monumento hedonista, gran tragedia de la carne, *Goupi, mainsrouges*, de Jacques Becker, y *Juegos prohibidos*, de Réné Clément. Me gustaron mucho (ya lo he dicho) las primeras películas de Fritz Lang, Buster Keaton, los hermanos Marx, *El Manuscrito encontrado en Zaragoza*, novela de Potocky y película de Has, película que he visto tres veces, lo cual es excepcional y que encargué a Alatriste comprar para México a cambio de *Simón del desierto*.

Me gustan mucho las películas de Renoir hasta la guerra, y *Persona*, de Bergman. De Fellini me gustan también *La strada, Las noches de Cabiria, La dolce vita*. No he visto *I Vitelloni*, y lo siento. En cambio, en *Casanova* me salí mucho antes del final.

De Vittorio de Sica me gustaron mucho *Sciuscia (El limpiabotas), Umberto D* y *Ladrón de bicicletas*, en la que consiguió convertir un instrumento de trabajo en protagonista. Es un hombre al que conocí y de quien me sentía muy próximo.

Me han gustado mucho las películas de Eric von Stroheim y de Sternberg. *Las noches de Chicago* me pareció soberbia en su época.

He detestado *De aquí a la eternidad*, melodrama militarista y nacionalista que conoció, ay, un gran éxito.

Me gustan mucho Wajda y sus películas. No le he conocido personalmente, pero hace tiempo, en el festival de Cannes, declaró públicamente que mis primeras películas le hicieron desear hacer cine. Eso me recuerda mi propia admiración por las primeras películas de Fritz Lang, que decidieron mi vida. Hay algo que me conmueve en esta continuidad secreta que va de una película a otra, de un país a otro. Un día, Wajda me mandó una tarjeta postal firmada irónicamente: «Su discípulo.» En su caso, ello me conmueve tanto más cuanto que las películas que he visto de él me han parecido admirables.

Me gustaron *Manon*, de Clouzot, y *Atalante*, de Jean Vigo. Visité a Vigo durante el rodaje. Recuerdo de un hombre físicamente muy débil, muy joven y muy afable.

Entre mis películas favoritas, situaré la inglesa *Dead of night*, conjunto delicioso de varias historias de terror, *Sombras blancas en los mares del Sur*, que me pareció muy superior al *Tabú*, de Murnau. Me entusiasmó *Portrait of Jenny*, con Jennifer Jones, obra desconocida, misteriosa y poética. Declaré en alguna parte mi cariño a esta película, y Selznick me escribió para darme las gracias.

Detesté *Roma, ciudad abierta*, de Rossellini. El contraste fácil entre el cura torturado en la habitación contigua y el oficial alemán que bebe champaña con una mujer sobre las rodillas me pareció un procedimiento repugnante.

De Carlos Saura, aragonés como yo, a quien conozco hace tiempo (incluso consiguió hacerme interpretar un papel de verdugo en su película *Llanto por un bandido*), me gustaron mucho *La caza* y *La prima Angélica*. Es un cineasta al que soy generalmente muy sensible, con algunas excepciones, como *Cría cuervos*. No he visto sus dos o tres últimas películas. Ya no veo nada.

Me gustó *El tesoro de Sierra Madre*, de John Huston, que se rodó muy cerca de San José Purúa. Huston es un gran director y un personaje muy exuberante. Si *Nazarín* fue presentada en Cannes, se debió, en gran parte, a él. Habiendo visto la película en México, se pasó toda una mañana telefoneando a Europa. No lo he olvidado.

Adoro los pasadizos secretos, las bibliotecas que se abren al silencio, las escaleras que desaparecen en las profundidades, las cajas fuertes disimuladas (tengo una en mi casa, no digo dónde).

Me gustan las armas y el tiro. He poseído hasta 65 revólveres y fusiles, pero vendí la mayor parte de mi colección en 1964, persuadido de que iba a morir ese año. He practicado el tiro un poco por todas partes, incluso en mi despacho, gracias a una caja metálica especial que coloco delante de mí sobre uno de los estantes de la biblioteca. No se debe disparar jamás en una habitación cerrada. Así perdí yo una oreja en Zaragoza.

Mi especialidad ha sido siempre el disparo reflejo con revólver. Va uno andando, se vuelve bruscamente y dispara contra una silueta, como en los westerns.

Me gustan los bastones-espada. Poseo media docena de ellos. Cuando voy paseando, me dan sensación de seguridad.

No me gustan las estadísticas. Es una de las plagas de nuestra época. Imposible leer una página de periódico sin encontrar una. Además, todas son falsas. Puedo asegurarlo. *Tampoco me gustan las siglas*, otra manía contemporánea, principalmente norteamericana. No se encuentra ninguna sigla en los textos del siglo XIX.

Me gustan las culebras y, sobre todo, las ratas. Toda mi vida he vivido con ratas, salvo en los últimos años. Las domesticaba completamente y, la mayor parte de las veces, les cortaba un trozo de la cola (es muy fea una cola de rata). La rata es un animal apasionante y muy simpático. En México, cuando acabé teniendo ya unas cuarenta, las solté en el monte.

Siento horror a la vivisección. Siendo estudiante tuve un día que crucificar a una rana y disecarla viva con una navaja de afeitar para observar el funcionamiento de su corazón. Es una experiencia –por cierto, completamente inútil– que me ha marcado de por vida y que aún hoy me cuesta perdonarme. Apruebo calurosamente a uno de mis sobrinos, gran neurólogo americano en camino de obtener el premio Nobel, que ha suspendido sus investigaciones por causa de la vivisección. En ciertos casos, hay que hacerle un corte de manga a la ciencia.

Me ha gustado mucho la literatura rusa. Al llegar a París la conocía mucho mejor que Breton o Gide. Es cierto que entre España y Rusia existe una correspondencia secreta que pasa por debajo –o por encima– de Europa.

Me gustaba la ópera. Mi padre me llevaba a ella desde los trece años. Empecé por los italianos para acabar con Wagner. En dos ocasiones he plagiado libretos de ópera, *Rigoletto* en *Los olvidados* (el episodio del saco) y *Tosca* en *La fièvre monte à El Pao* (La situación general es la misma).

Me horrorizan ciertas fachadas de cines, particularmente en España. Son horriblemente exhibicionistas a veces. Eso me avergüenza, y aprieto el paso.

Me gustan los pastelazos. En varias ocasiones he sentido la viva tentación de introducir una escena de pastelazo en una de mis películas. Siempre he renunciado a ello en el último momento. ¡Lástima!

Adoro los disfraces, y eso desde mi infancia. En Madrid, a veces, me disfrazaba de sacerdote y me paseaba así por las calles, delito castigado con cinco años de cárcel. También me disfrazaba de obrero. En el tranvía, nadie me miraba. Estaba claro que yo no existía.

Con uno de mis amigos, siempre en Madrid, nos gustaba hacernos los paletos. Entrábamos en una taberna, y yo le decía a la patrona, guiñándole el ojo: «Dele un plátano a mi amigo, ya verá.» Él lo cogía y se lo comía sin pelarlo.

Un día, disfrazado de oficial, eché una bronca a dos artilleros que no me habían saludado y les mandé a presentarse al oficial de guardia. Otro día, con Lorca también disfrazado, nos encontramos con un joven poeta entonces famoso que murió joven. Federico se puso a insultarle. El otro no nos reconoció.

Mucho más tarde, en México, mientras Louis Malle rodaba *Viva María* en los estudios «Churubusco», donde todo el mundo me conocía, me puse una simple peluca y me dirigí hacia el plató. Me crucé con Louis Malle, y no me reconoció. No me reconoció nadie, ni los técnicos, ni Jeanne Moreau, con quien yo había rodado, ni tan siquiera mi hijo Juan Luis, ayudante en la película.

El disfraz es una experiencia apasionante que recomiendo vivamente, pues permite ver otra vida. Cuando va uno de obrero, por ejemplo, se ofrecen automáticamente las cerillas más baratas. Todo el mundo pasa delante de uno. Las chicas no te miran nunca. Este mundo no está hecho para uno.

Detesto mortalmente los banquetes y las entregas de premios. Con bastante frecuencia, estas recompensas han dado lugar a incidentes chuscos. En 1978, en México, el ministro de Cultura me hizo entrega del Premio Nacional de las Artes, una soberbia medalla de oro en la que figuraba grabado mi nombre, *Buñuelos*. Rectificaron por la noche.

Otra vez, en Nueva York, al final de un banquete, espantoso, se me entregó una especie de documento apergaminado e iluminado en el que se había escrito que yo había contribuido «inconmensurablemente» al desarrollo de la cultura contemporánea. Por desgracia, en la palabra «inconmensurablemente» se había deslizado una falta de ortografía. Fue necesario rectificar también.

A veces, me he exhibido, por ejemplo, en el festival de San Sebastián, con motivo de no sé qué «homenaje», y lo lamento. El colmo del exhibicionismo fue alcanzado por Clouzot el día en que convocó a los periodistas para anunciarles su conversión.

Me gustan la regularidad y los lugares que conozco. Cuando voy a Toledo o a Segovia, sigo siempre el mismo itinerario. Me detengo en los mismos sitios, miro, como las mismas cosas. Cuando me ofrecen un viaje a un país lejano, a Nueva Delhi, por ejemplo, rehúso siempre diciendo: «¿Y qué hago yo en Nueva Delhi a las tres de la tarde?»

Me gustan los arenques en aceite como se los prepara en

Francia y las sardinas en escabeche como se hacen en Aragón, adobadas con aceite de oliva, ajo y tomillo. Me gusta también el salmón ahumado y el caviar, pero, generalmente, mis gustos alimenticios son sencillos, poco refinados. No soy un *gourmet*. Un par de huevos fritos con chorizo me proporcionan más felicidad que todas las «langostas a la reina de Hungría» u otros «timbales de pato a la Chambord».

Detesto la proliferación de la información. La lectura de un periódico es la cosa más angustiosa del mundo. Si yo fuese dictador, limitaría la Prensa a un solo diario y una sola revista, ambos estrictamente censurados. Esta censura se aplicaría tan sólo a la información quedando libre de opinión. La información-espectáculo es una vergüenza. Los titulares enormes —en México baten todos los récords— y los sensacionalistas me dan ganas de vomitar. ¡Todas esas exclamaciones sobre la miseria para vender un poco más de papel! ¿De qué sirve? Además, una noticia expulsa a otra.

Un día, por ejemplo, en el festival de Cannes, leo en *Nice-Matin* una información extremadamente interesante (al menos para mí): han intentado volar una de las cúpulas del Sacré-Coeur de Montmartre. Al día siguiente, sus razones, sus orígenes, compro el mismo periódico. Busco: ni una palabra. Algún secuestro aéreo había devorado al Sacré-Coeur. No se volvió a hablar más del asunto.

Me gusta la observación de los animales, sobre todo de los insectos. Pero no me interesa el funcionamiento fisiológico, la anatomía concreta. Lo que me gusta es observar sus costumbres.

Me arrepiento de haber cazado un poco en mi juventud.

No me gustan los poseedores de la verdad, quienesquiera que sean. Me aburren y me dan miedo. Yo soy antifanático (fanáticamente).

No me gustan la psicología, el análisis y el psicoanálisis. Desde luego, tengo excelentes amigos entre los psicoanalistas, y algunos han escrito para interpretar mis películas desde su punto de vista. Allá ellos. Huelga decir, por otra parte, que la lectura de Freud y el descubrimiento del inconsciente me aportaron mucho en mi juventud.

Sin embargo, así como la psicología me parece una disciplina a menudo arbitraria, constantemente desmentida por el comportamiento humano y casi totalmente inútil cuando se trata de dar vida a unos personajes, así también el psicoanálisis se me aparece como una terapéutica reservada a una clase social, a una categoría de individuos a la que no pertenezco. En lugar de largos discursos, me limitaré a dar un ejemplo.

Durante la Segunda Guerra Mundial, trabajando en el Museo de Arte Moderno de Nueva York, se me ocurre la idea de hacer una película sobre la esquizofrenia, su origen, su evolución, su tratamiento. Hablo de ello al profesor Schlesinger, amigo del Museo, que me dice: «Hay en Chicago un magnífico centro de psicoanálisis, dirigido por el célebre doctor Alexander, discípulo de Freud. Le propongo acompañarle.»

Llegamos a Chicago. El centro ocupa tres o cuatro lujosas plantas de un edificio. Alexander nos recibe y nos dice: «Nuestra subvención se termina este año. Nos encantaría hacer algo para que fuese renovada. Su proyecto nos interesa. Nuestra biblioteca y nuestros doctores están a su disposición.»

Jung había visto *Un chien andalou* y había encontrado en ella una buena demostración de *dementia precox*. Propongo entonces a Alexander hacerle llegar una copia de la película. Se declara encantado.

Al dirigirme a la biblioteca, me equivoco de puerta. Me da tiempo a ver a una dama muy elegante echada en un diván, en pleno tratamiento, y a un doctor que se precipita, furioso, hacia la puerta, que yo vuelvo a cerrar.

Alguien me informa de que a este centro no acuden más que millonarios y sus mujeres. Si, por ejemplo, una de esas mujeres es sorprendida en un Banco echándole mano a un billete, el cajero no dice nada; se avisa discretamente al marido, y la dama es enviada al psicoanálisis.

Regreso a Nueva York. Pocos días después, llega una carta del doctor Alexander. Ha visto *Un chien andalou* y se declara (con sus palabras exactas) *scared to death* (mortalmente asustado, o, si se prefiere, espantado). No deseaba tener más relaciones con el tal Luis Buñuel.

Yo me limito a formular la siguiente pregunta: ¿es éste un lenguaje de médico, un lenguaje de psicólogo? ¿Le apetece a alguien contar su vida a personas que se dejan espantar por una película? ¿Es serio eso?

Por supuesto, nunca hice mi película sobre la esquizofrenia.

Me gustan las manías. Cultivo algunas, de las que a veces hablo aquí o allá. Las manías pueden ayudar a vivir. Compadezco a los hombres que no las tienen.

Amo la soledad, a condición de que un amigo venga a hablarme de ella de vez en cuando.

Siento un profundo horror hacia los sombreros mexicanos. Quiero decir con eso que detesto el folklore oficial y organizado. Me encanta un carro mexicano cuando lo encuentro en el campo. No puedo soportarlo con un sombrero más grande todavía, todo cubierto de adornos dorados en el escenario de una sala de fiestas. Y esto vale también para la jota aragonesa.

Me gustan los enanos. Admiro su seguridad en sí mismos. Los encuentro simpáticos, inteligentes, y me gusta trabajar con ellos. La mayoría están bien como están. Los que yo he conocido no querrían por nada del mundo convertirse en hombre de talla corriente. Tienen también una gran fortaleza sexual. El que actuaba en *Nazarín* tenía en México dos amantes de estatura normal, a las que atendía por turno. A algunas mujeres les gustan los enanos. Quizá porque experimentan la impresión de tener a la vez un amante y un hijo.

No me gusta el espectáculo de la muerte, pero, al mismo tiempo, me atrae. Las momias de Guanajuato, en México, asombrosamente conservadas gracias a la naturaleza del terreno en una especie de cementerio, me impresionaron extraordinariamente. Se ven las corbatas, los botones, el negro bajo las uñas. Parece como si se pudiera ir a saludar a un amigo muerto hace cincuenta años.

Uno de mis amigos, Ernesto García, era hijo del administrador del cementerio de Zaragoza, en el que numerosos cadáveres se hallan instalados en dichos murales. Una mañana, hacia 1920, varios obreros desalojaban ciertos nichos para hacer sitio. Ernesto vio el esqueleto de una monja vestida aún con jirones de su hábito, y el de un gitano con su bastón rodar juntos por el suelo y quedar abrazados en él.

Detesto la publicidad y hago todo lo posible por evitarla. La sociedad en que vivimos es enteramente publicitaria. «Entonces, ¿por qué este libro?», se me preguntará. Respondo en primer lugar que yo solo no lo habría escrito nunca. Y añado que he pasado toda mi vida bastante cómodamente entre múltiples contracciones, sin intentar reducirlas. Forman parte de mí mismo, de mi ambigüedad natural y adquirida.

Entre los siete pecados capitales, *el único que detesto verdaderamente es la envidia*. Los otros son pecados personales que no ofenden a nadie, salvo, en algunos casos, la cólera. La envidia es el único pecado que conduce inevitablemente a desear la muerte de otra persona cuya felicidad nos hace desgraciados.

Un ejemplo imaginario: un multimillonario de Los Ángeles recibe todos los días un periódico que le lleva un modesto cartero. Un buen día, el cartero no aparece. El cartero, responde el mayordomo, ha ganado diez mil dólares en la Lotería. No acudirá más.

El millonario empieza entonces a odiar con toda su alma al cartero. Le envidia, por diez mil dólares, y puede, incluso, desear su muerte.

La envidia es el pecado español por excelencia.

No me gusta la política. En este terreno, me encuentro libre de ilusiones desde hace cuarenta años. Ya no creo en ella. Hace dos o tres años, me llamó la atención este eslogan, paseando por unos manifestantes de izquierdas en las calles de Madrid: «Contra Franco estábamos mejor.»

ESPAÑA-MÉXICO-FRANCIA
1960-1977

Volví a España en 1960, por primera vez desde hacía veinticuatro años.

En varias ocasiones, desde mi partida, había podido pasar unos días con mi familia en Pau o San Juan de Luz. Mi madre, mis hermanas y mis hermanos cruzaban la frontera francesa para venir a verme. Vida de exilio.

En 1960, naturalizado mexicano desde hacía más de diez años, pedí un visado al Consulado español en París. Ninguna dificultad. Mi hermana Conchita fue a recibirme a Port-Bou para dar la alarma en caso de incidente o detención. Pero no ocurrió nada. Unos meses más tarde, me visitaron dos policías de paisano, que se informaron cortésmente de mis medios de vida. Ésas fueron mis únicas relaciones oficiales con la España franquista.

Pasé primero por Barcelona, y luego, por Zaragoza, antes de regresar a Madrid. No hace falta decir la emoción que experimenté al encontrar de nuevo los lugares de mi infancia y mi juventud. Al igual que a mi regreso a París, diez años antes, me echaba a llorar a veces, al pasar por tal o cuál calle.

Durante esta primera estancia, que se limitó a unas pocas semanas, Francisco Rabal (*Nazarín*) me hizo conocer a un extraordinario personaje que se convertiría en mi productor y amigo, el mexicano Gustavo Alatriste.

Unos años antes, había estado brevemente con él en el plató de *Archibaldo de la Cruz*. Visitaba entonces a una actriz con la que se casó y de la que después se divorció para casarse con Silvia Pinal, cantante y actriz mexicana. Hijo de un organizador de peleas de gallos, gran aficionado él también a los gallos de pelea, hombre de negocios múltiples, propietario de dos revistas, de terrenos, de una fábrica de muebles, acababa de decidir lanzarse al cine (actualmente posee 36 salas en México, se ha hecho distribuidor, director, e incluso, actor; pronto tendrá sus propios estudios), y me proponía una película. Alatriste es una sorprendente mezcla de pillería y de inocencia. En Madrid, por ejemplo, asistía a veces a misa para que Dios le ayudase a resolver un problema financiero. Un día, me formuló con toda seriedad la pregunta siguiente: «¿Existen señales exteriores que permitan reconocer a un duque, un marqués o un barón?» Yo le respondí que esas señales no existen, y mi respuesta pareció satisfacerle.

Guapo, seductor, capaz de regalos principescos, de reservar para nosotros dos −sabedor de que mi sordera detesta los lugares demasiado poblados− toda la sala de un restaurante de lujo, capaz también de esconderse en los lavabos de su oficina para no pagar doscientos pesos a una periodista, amigo de políticos, ostentoso y lleno de encanto, Alatriste, que me proponía una película, no sabía nada de cine.

Añadiré una anécdota característica: un día, me anuncia que se va de México al día siguiente y concierta una cita conmigo en Madrid. Tres días después, me entero por casualidad de que no ha salido de México. Por una buena razón: está arraigado, no tiene derecho a salir, pues debe dinero a alguien. En el aeropuerto, intenta sobornar al inspector, le ofrece diez mil pesos (cuatrocientos o quinientos dólares). El inspector, padre de ocho hijos, vacila y, finalmente, rehúsa aceptar. Cuando hablo de ello con Alatriste, éste reconoce cándidamente los hechos. Añade que la suma que debe y por la que está arraigado no pasa de ocho mil pesos..., menos de lo que ofrecía al inspector.

Algunos años más tarde, Alatriste me ofreció un sueldo mensual bastante elevado por poder venir de vez en cuando a pedirme consejos cinematográficos y morales. Rechacé su oferta, pero tiene derecho a mis consejos gratuitos cuando lo desee.

VIRIDIANA

En el barco que me llevaba de nuevo a México, tras mi estancia en Madrid, recibí un telegrama de Figueroa proponiéndome no sé qué historia de la jungla. Rehusé y, como Alatriste me dejaba libertad absoluta –libertad jamás desmentida– decidí escribir un argumento original, la historia de una mujer que llamé Viridiana en recuerdo de una santa poco conocida de la que antaño me habían hablado en el colegio de Zaragoza.

Mi amigo Julio Alejandro me ayudó a desarrollar una antigua fantasía erótica, que ya he contado, en la que, gracias a un narcótico, abusaba de la reina de España. Una segunda historia vino a injertarse en ésta. Cuando el guión quedó terminado, Alatriste me dijo:

–Vamos a rodarla en España.

Eso me planteaba un problema. No acepté sino a condición de trabajar con la sociedad de producción de Bardem, conocido por su espíritu de oposición al régimen franquista. A pesar de ello, nada más conocerse mi decisión se elevaron vivas protestas entre los emigrantes republicanos en México. Una vez más, se me atacaba y se me insultaba, pero en esta ocasión los ataques procedían de los mismos entre los que yo me alineaba.

Varios amigos me defendieron, y se entabló una polémica sobre el tema: ¿Tiene Buñuel derecho a rodar en España? ¿No constituye eso una traición? Recuerdo una caricatura de Isaac aparecida poco más tarde. En un primer dibujo, se veía a Franco esperándome en suelo español. Yo llego de América, llevando las bobinas de *Viridiana*, y un coro de ultrajadas voces grita. «¡Traidor! ¡Vendido!» Estas voces continúan gritando en el segundo dibujo mientras Franco me recibe amablemente y yo le entrego las bobinas... que en el tercer dibujo, le explotan en la cara.

La película fue rodada en Madrid en estudio y en una hermosa finca de las afueras. Estudio y casa han desaparecido en la actualidad. Yo disponía de un presupuesto normal, de excelentes actores, de siete u ocho semanas de rodaje. Volví a encontrarme con Francisco Rabal y trabajé por primera vez con Fernando Rey y Silvia Pinal. Ciertos actores de edad, pequeños papeles, me eran conocidos desde *Don Quintín* y las otras películas que produje en los años treinta. Conservo un especial recuerdo del extravagante personaje que interpretaba al leproso, medio vagabundo y medio loco. Se le permitía vivir en el patio del estudio. Escapaba a toda dirección de actor y, sin embargo, yo lo encuentro maravilloso en la película. Algún tiempo después, se encontraba en Burgos, en un banco. Pasan dos turistas franceses que han visto la película. le reconocen y le felicitan. Él recoge al instante sus exiguas pertenencias, se echa el hatillo al hombro y comienza a caminar, diciendo: «¡Me voy a París! ¡Allí me conocen!»

Murió en el camino.

En el artículo que ya he mencionado a propósito de nuestra infancia, mi hermana Conchita habla del rodaje de *Viridiana*. Le dejo nuevamente la palabra:

Durante el rodaje, yo fui a Madrid como «secretaria» de mi hermano. La vida madrileña de Luis fue, como casi siempre, la de un anacoreta. Nos alojamos en el piso 17 del único rascacielos de la capital. Luis se encontraba en él como un austero monje sobre su columna.

Como su sordera se agravase, solamente recibía a las personas a las que no tenía más remedio que recibir. Había cuatro camas en el apartamento, pero Luis dormía en el suelo, con una sábana y una manta, y todas las ventanas abiertas. Abandonaba frecuentemente su mesa de trabajo para mirar el paisaje: a lo lejos, la montaña; más cerca, la Casa de Campo y el Palacio Real.

Recordaba sus años de estudiante y parecía feliz. Decía que la luz de Madrid es única, pero yo la he visto cambiar varias veces el alba al crepúsculo. Luis contemplaba todas las mañanas el amanecer.

Cenábamos a las siete de la tarde, cosa muy poco habitual en España. Fruta, queso y buen vino de Rioja. A mediodía, comíamos siempre en un buen restaurante. Nuestro plato preferido: cochinillo asado. Desde entonces, arrastro un complejo de canibalismo, y a veces sueño con Saturno devorando a sus hijos.

Luis curó un poco de su sordera, y empezamos a recibir gente: viejos amigos, jóvenes del Instituto Cinematográfico, el personal necesario para el rodaje. leí el guión de Viridiana, *y no me gustó. Mi sobrino Jean-Louis me dijo que una cosa era un guión de su padre, y otra muy distinta lo que hacía a partir de él. En efecto.*

Vi rodar algunas escenas. Luis tiene una paciencia de ángel y nunca se enfada. Hace repetir las escenas cuantas veces sea necesario.

Uno de los doce pobres que actúan en la película es un auténtico mendigo, el llamado «el leproso». Mi hermano se enteró de que este leproso cobraba tres veces menos que los otros. Manifestó su indignación por ello a los productores, los cuales intentaron calmarle diciéndole que el último día de rodaje se organizaría una colecta para el mendigo. La indignación de Luis aumentó aún más, pues no podía aceptar que un trabajo se pagase con una limosna. Exigió que el vagabundo pasara por caja todas las semanas, como todo el mundo.

Los «vestidos» de la película son auténticos. Para encontrarlos, hubo de recorrer los suburbios y los arcos de los puentes y dar a los pobres y los vagabundos ropas nuevas a cambio de sus harapos. Éstos fueron desinfectados, pero no lavados, a fin de que los actores sintieran realmente la miseria.

Durante su trabajo en el estudio, yo no veía a mi hermano. Se levantaba a las cinco, salía antes de las ocho y no volvía hasta once o doce horas más tarde, con el tiempo justo para cenar y echarse inmediatamente en el suelo a dormir.

Sin embargo, teníamos nuestros momentos de diversión y nuestros juegos. Uno de estos juegos consistía en lanzar aviones de papel los domingos por la mañana desde nuestro apartamento del piso 17. No nos acordábamos de cómo se hacían: su vuelo era pesado, torpe y extraño. Los lanzábamos a la vez. Aquel cuyo avión «aterrizaba» antes perdía. El castigo del perdedor consistía en comerse la cantidad de papel equivalente a

*un avión, sazonado, bien con mostaza, bien, en mi caso, con
azúcar y miel.*

*Otra ocupación de Luis: esconder el dinero en un lugar difí-
cil o imprevisible. De este modo, yo mejoré sensiblemente mi
sueldo de secretaria.*

Conchita tuvo que salir de Madrid durante el rodaje, pues
nuestro hermano Alfonso murió en Zaragoza. Más tarde, ha
vuelto con frecuencia a compartir mi vida en la Torre de Madrid, ese rascacielos de apartamentos amplios y luminosos,
tristemente transformado hoy en oficinas. Con ella y otros
amigos, íbamos a menudo a saborear la cocina, sencilla pero
deliciosa de «Doña Julia», una de las mejores tabernas de Madrid. En la época en que conocí al cirujano José Luis Barros,
en la actualidad uno de mis mejores amigos.

Pervertida por Alatriste, que le dejó un día ochocientas pesetas de propina por una cuenta de doscientas, doña Julia me
presentó la vez siguiente una nota astronómica, una cuenta
de Gran Capitán. Pagué sin discutir, muy sorprendido, y,
luego, le hablé de ello a Paco Rabal, que la conocía bien.

Él le preguntó las razones de aquella cuenta monumental.
La mujer respondió, con absoluta ingenuidad:

—¡Como conoce al señor Alatriste, pensaba que era millonario!

En esa época, yo participaba casi todos los días en lo que
quizá fuese la última peña de Madrid. Tenía su sede en un
viejo café, el «Café Viana», y congregaba a José Bergamín,
José Luis Barros, el compositor Pittaluga, el torero Luis Miguel Dominguín y otros amigos. Al entrar, yo saludaba a veces
a los que ya se encontraban allí, subrepticiamente, esbozando
los gestos de reconocimiento de la francmasonería, a la que
nunca he pertenecido. Bajo la España franquista, eso representaba un cierto sabor de riesgo.

La censura española era entonces célebre por su forma-
lismo cominero. En un primer final, yo había imaginado, simplemente que Viridiana llamaba a la puerta de su primo. La
puerta se abría, ella entraba, y la puerta volvía a cerrarse.

La censura rechazó este epílogo, lo que me llevó a imaginar otro final, mucho más pernicioso que el primero, pues sugiere muy precisamente una relación trilateral. Viridiana se une a una partida de cartas entre su primo y la otra mujer, que es su amante. Y el primo le dice: «Sabía que acabarías jugando al tute con nosotros.»

Viridiana provocó en España un escándalo bastante considerable, comparable al de *La Edad de oro*, que me absolvió ante los republicanos establecidos en México. En efecto, a causa de un artículo muy hostil aparecido en *L'Observatore Romano*, la película, que acababa de obtener en Cannes la Palma de Oro como película española, fue inmediatamente prohibida en España por el ministro de Información y Turismo. Al mismo tiempo, fue destituido el director general de Cinematografía por haber subido a escena en Cannes para recibir el premio.

El asunto causó tanto ruido que Franco pidió ver la película. Creo incluso que la vio dos veces y que, según lo que me contaron los coproductores españoles, no encontró en ella nada muy censurable (a decir verdad, después de todo lo que había hecho), la película debía de parecerle bien inocente). Pero rehusó revocar la decisión de su ministro, y *Viridiana* permaneció prohibida en España.

En Italia, se estrenó primeramente en Roma, donde marchaba bien, y luego en Milán. El procurador general de esta ciudad la prohibió, entabló proceso judicial contra mí y me hizo condenar a un año de cárcel si ponía los pies en Italia. Decisión que fue anulada poco más tarde por el Tribunal Supremo.

La primera vez que vio la película, Gustavo Alatriste quedó un poco desconcertado y no hizo ningún comentario. La volvió a ver en París, luego dos veces en Cannes, y finalmente, en México. Al término de esta última proyección, la quinta o sexta, se lanzó hacia mí, lleno de alegría, y me dijo:

—¡Ya está, Luis, es formidable, lo he entendido todo!

Ahora fui yo quien se quedó perplejo. La película narraba una historia extremadamente sencilla, a mi modo de ver. ¿Qué había en ella tan difícil de entender?

Vittorio de Sica vio la película en México y salió de la sala horrorizado, oprimido. Subió a un taxi con Jeanne, mi mujer, para ir a tomar una copa. Durante el trayecto, le preguntó si yo era realmente monstruoso y si llegaba a pegarle en la intimidad. Ella respondió:

–Cuando hay que matar a una araña, me llama a mí.

En París, cerca de mi hotel, vi un día el cartel de una de mis películas con el siguiente eslogan: «El director cinematográfico más cruel del mundo.» Estupidez que me entristeció mucho.

EL ÁNGEL EXTERMINADOR

A veces, he lamentado haber rodado en México *El Ángel exterminador*. Lo imaginaba más bien en París o en Londres, con actores europeos y un cierto lujo en el vestuario y los accesorios. En México pese a la belleza de la casa, pese a mis esfuerzos por elegir actores cuyo físico no evocara necesariamente a México, padecí una cierta pobreza en la mediocre calidad de las servilletas, por ejemplo: no pude mostrar más que una. Y ésa era de la maquilladora, que me la prestó.

El guión, totalmente original, como el de *Viridiana*, mostraba a un grupo de personas que, una noche, al término de una función teatral, va a cenar a casa de una de ellas. Después de la cena, pasan al salón y, por una razón inexplicada, no pueden salir de él. Al principio, se titulaba *Los náufragos de la calle de Providencia*. Pero el año anterior, en Madrid, José Bergamín me había hablado de una obra de teatro que quería titular *El ángel exterminador*. El título me pareció magnífico y dije:

–Si yo veo eso en un cartel, entro inmediatamente en la sala.

Le escribí desde México para pedirle noticias de su obra... y de su título. Me respondió que la obra no estaba escrita y que, de todos modos, el título no le pertenecía, que estaba en el *Apocalipsis*. Podía cogerlo, me dijo, sin ningún problema. Cosa que hice, dándole las gracias.

En el curso de una gran cena dada en Nueva York, la dueña de la casa había imaginado realizar ciertos gags para sorprender y divertir a los invitados. Por ejemplo, el camarero que se tiende llevando la bandeja es un verdadero detalle. Resulta que en la película los invitados no lo aprecian. La dueña de la casa ha preparado otro gag con un oso y dos carneros, pero nunca sabremos en qué consiste... lo que no ha impedido a ciertos críticos fanáticos del simbolismo ver en el oso al bolchevismo que acecha a la sociedad capitalista, paralizada por sus contradicciones.

Siempre me he sentido atraído, en la vida como en mis películas, por las cosas que se repiten. No sé por qué, no trato de explicarlo. En *El ángel exterminador* hay, por lo menos, una decena de repeticiones. Se ve, por ejemplo, a dos hombres que son presentados el uno al otro y que se estrechan la mano, diciendo: «Encantado.» Un instante después, vuelven a encontrarse y se presentan de nuevo el uno al otro como si no se conociesen. Una tercera vez, por fin, se saludan calurosamente como dos viejos amigos.

–Igualmente, en dos ocasiones, si bien bajo ángulos distintos, se ve a los invitados entrar en el vestíbulo y al dueño de la casa llamar a su mayordomo. Cuando la película fue montada, Figueroa, el operador jefe, me llevó y me dijo:

–Luis, hay una cosa muy grave.

–¿El qué?

–El plano en que entran en la casa está montado dos veces.

¿Cómo pudo pensar ni por un instante, él, que había filmado los dos planos, que un error tan enorme podía escapársenos al montador y a mí?

En México, se encontró la película mal interpretada. No lo creo yo así. Los actores no son, en absoluto, de primera categoría, pero, en conjunto, me parecen bastante buenos. Por otra parte, no creo que se pueda decir de una película que es interesante y, al mismo tiempo, que está mal interpretada.

El ángel exterminador es una de las raras películas mías que he vuelto a ver. Y, cada vez, lamento las insuficiencias de que he hablado y el tiempo demasiado breve de rodaje. Lo que veo en ella es un grupo de personas que no pueden hacer lo que quieren hacer: salir de una habitación. Imposibilidad inexplicable de satisfacer un sencillo deseo. Eso ocurre a menudo en mis películas. En *La Edad de oro*, una pareja quiere unirse, sin conseguirlo. En *Ese oscuro objeto del deseo*, se trata del deseo sexual de un hombre en trance de envejecimiento, que nunca se satisface. Los personajes del *Discreto encanto* quieren a toda costa cenar juntos y no lo consiguen. Quizá pudieron encontrarse otros ejemplos.

SIMÓN DEL DESIERTO

Al término de la primera proyección de *El ángel exterminador*, Gustavo Alatriste se inclinó hacia mí y me dijo:

–Don Luis, esto es un cañón. No he entendido nada.

Un cañón significa: una cosa muy fuerte, un choque, un gran éxito.

Dos años después, en 1964, Alatriste me ofreció la posibilidad de realizar en México una película sobre el sorprendente personaje de san Simeón *el Estilita*, anacoreta del siglo IV, que pasó más de cuarenta años en lo alto de una columna en un desierto de Siria.

Yo pensaba en ello desde hacía tiempo, desde que Lorca me había hecho leer en la residencia *La leyenda áurea*. Se reía a carcajadas al leer que las deyecciones del anacoreta a lo largo de la columna semejaban la cera de una vela. En realidad, como se alimentaba de unas cuantas hojas de lechuga que le subían en un cesto, sus excrementos debían de semejar, más bien, pequeñas cagarrutas de cabra.

En Nueva York, un día de intensa lluvia, yo había ido a buscar datos a la Biblioteca que se encuentra en la esquina de la Calle 42. Existen muy pocos libros sobre el tema. Entro en la biblioteca hacia las cinco de la tarde, busco la ficha del libro que deseo consultar, el mejor, el del padre Festugières; la ficha no está en el fichero. Vuelvo la cabeza: un hombre está a mi lado. Tiene esa ficha en la mano. Otra coincidencia.

Escribí un guión completo para una película de largometraje. Por desgracia, Alatriste tropezó con algunos problemas financieros durante el rodaje, y hubo de cortar la mitad de la película. Había previsto una escena bajo la nieve, peregrinaciones e incluso una visita (histórica) del emperador de Bizancio. Tuve que suprimir todas estas escenas, lo que explica el carácter un poco brusco del final.

Tal como está, obtuvo cinco premios en el festival de Venecia, cosa que no ha sucedido con ninguna otra de mis películas. Añadiré que no se encontró a nadie para recibir estos premios: Más tarde, fue programada con *Una historia inmortal*, de Orson Welles.

Hoy, me parece que *Simón del desierto* podría ser ya uno de los encuentros de los dos peregrinos de *La Vía láctea* en el sinuoso camino de Santiago de Compostela.

En 1963, el productor Serge Silberman, que quería verme, alquiló un apartamento en La Torre de Madrid y se informó de mi dirección. Resultó que yo ocupaba el apartamento situado justamente enfrente del suyo. Llamó a mi puerta, nos bebimos juntos una botella entera de whisky, y ese día nació una entente cordial que no se ha roto jamás.

Me propuso una película, y nos pusimos de acuerdo en una adaptación de *Memorias de una doncella*, de Octave Mirbeau, libro que yo conocía desde hacía mucho. Por diferentes razones, decidí desplazarla en el tiempo, aproximarla a nosotros, situarla hacia finales de los años veinte, época que yo había conocido bien. Eso me permitió, en recuerdo de *La Edad de oro*, hacer gritar al final «¡Viva Chiappe!» a los manifestantes de extrema derecha.

Hay que dar las gracias a Louis Malle por habernos revelado la forma de andar de Jeanne Moureau en *Ascensor para el patíbulo*. Siempre he sido sensible al andar de las mujeres, así como a su mirada. En *Memorias de una doncella*, durante la escena de los botines, tuve un verdadero placer en hacerla caminar y en filmarla. Cuando anda, su pie tiembla ligeramente sobre el tacón del zapato. Inquietante inestabilidad. Actriz maravillosa, yo me limitaba a seguirla, corrigiéndola apenas. Ella me enseñó sobre el personaje cosas que yo no sospechaba.

Con esta película, que fue rodada en París y en las proximidades de Milly-la-Forêt durante el otoño de 1963, yo descubrí por primera vez a unos colaboradores franceses que nunca me abandonarían: Pierre Lary, mi primer ayudante, Suzanne Durremberger, excelente *script*, y el guionista Jean-Claude Carrière, que hace el papel de cura. He conservado el recuerdo de un rodaje tranquilo, bien organizado, amistoso. Con ocasión de esta película conocí a la actriz Muni, singular personaje animado de una vida muy personal, que se convirtió, en cierto modo, en mi mascota. Desempeñaba el papel de la más humilde de las sirvientas y preguntaba al sacristán fascista (es uno de los diálogos que yo prefiero):

−Pero, ¿por qué habla usted siempre de matar a los judíos?
−¿No es usted patriota? −preguntaba el sacristán.
−Sí.
−¿Entonces?

Después de esta película, realicé *Simón del desierto*, mi última película mexicana, pues Silberman y su socio Saffra me propusieron otra. Elegí esta vez *El monje*, de Monk Lewis, una de las más famosas entre las novelas negras inglesas. A los surrealistas les encantaba este libro, del que Antonin Artaud había hecho una traducción. En varias ocasiones se me había ocurrido la idea de adaptarla. Incluso le había hablado de ella hacía unos años a Gérard Philipe. así como de la bella novela de Jean Giono *El húsar sobre el tejado* (vieja atracción hacia las epidemias, hacia todas las pestes). Resultó que Gérard Philipe, que escuchaba distraídamente mis proposiciones, prefería una película más política. Se decidió por *La fiévre monte à El Pao*, tema digno y película bastante bien hecha, en mi opinión, pero sobre la que no veo que haya gran cosa que decir.

BELLE DE JOUR

El Monje fue abandonado (Ado Kyrou la rodaría pocos años después), y en 1966 acepté la proposición de los hermanos Hakim de adaptar *Belle de Jour*, de Joseph Kessel. La novela me parecía melodramática, pero bien construida. Ofrecía además la posibilidad de introducir en imágenes algunas de las ensoñaciones diurnas de Séverine, el personaje principal, que interpretaba Catherine Deneuve, y de precisar el retrato de una joven burguesa masoquista.

La película me permitía también describir con bastante fidelidad varios casos de perversiones sexuales. Mi interés por el fetichismo era ya perceptible en la primera escena de *Él* y en la escena de los botiens de *Memorias de una doncella*, pero debo decir que no experimento hacia la perversión sexual sino una atracción teórica y exterior. Me divierte y me interesa, pero yo personalmente no tengo nada de perverso en mi comportamiento sexual. Lo contrario sería sorprendente. Yo creo que a un perverso no le gusta mostrar en público su perversión, que es su secreto.

Me queda una pena a propósito de esta película. Yo quería rodar la primera escena en el restaurante de la estación de Lyon, en París, pero el dueño del local se negó en redondo. Aun hoy, muchos parisienses ignoran la existencia de este lugar, para mí uno de los más bellos del mundo. Hacia 1900, pintores, escultores y decoradores realizaron en la estación misma, en su primer piso, una sala de exposiciones dedicada a la gloria del tren y de los países a los que nos transporta. Cuando estoy en París, voy allí con bastante frecuencia, a veces solo. Almuerzo siempre en el mismo sitio, junto a los raíles.

En *Belle de Jour*, volví a encontrar a Paco Rabal, después de *Nazarín* y *Viridiana*. Me agrada el actor y me agrada el hombre, que me llama «tío» y al que yo llamo «sobrino». No tengo ninguna técnica especial para trabajar con los actores. Todo depende de su calidad, de lo que me ofrecen o de los esfuerzos que debo desplegar para dirigirlos cuando están mal elegidos. De todos modos, una dirección de actores obedece siempre a una visión personal del director, que éste siente, pero que no siempre puede explicar.

Lamento en esta película algunos cortes estúpidos que, al parecer, exigió la censura. En particular, la escena entre Georges Marchal y Catherine Deneuve, en que ella se encuentra tendida en un ataúd mientras él la llama hija, se desarrollaba en una capilla privada, después de una misa celebrada bajo una espléndida copia del Cristo de Grünewald, cuyo torturado cuerpo siempre me ha impresionado. La supresión de esta misa cambia ostensiblemente el clima de la escena.

De todas las preguntas inútiles que me han formulado acerca de mis películas, una de las más frecuentes, de las más obsesionantes, se refiere a la cajita que un cliente asiático lleva consigo a un burdel. La abre, muestra a las chicas lo que contiene (nosotros no lo vemos). Las chicas retroceden con gritos de horror, a excepción de Séverine, que se muestra bien interesada. No sé cuántas veces me han preguntado, sobre todo mujeres: «¿Qué hay en la cajita?» Como no lo sé, la única respuesta posible es: «Lo que usted quiera.»

Rodada en los estudios de Saint-Maurice (hoy desaparecidos, palabras que reaparecen una y otra vez en este libro como un estribillo), mientras en el plató vecino Louis Malle realizaba *El ladrón*, en la que mi hijo Juan Luis trabajaba como ayudante. *Belle de Jour* fue quizás el mejor éxito comercial de mi vida, éxito que atribuyo a las putas de la película más que a mi trabajo.

A partir del *Diario de una camarera*, mi vida se confunde prácticamente con las películas que he realizado. Precisamente por eso acelero el ritmo de este relato, que se torna monótono. No conozco problemas graves de trabajo, y mi vida se organiza sencillamente: establecido en México, venía todos los años a pasar unos meses en España y Francia para escribir el guión o para el rodaje. Fiel a mis costumbres, me hospedaba en los mismos hoteles y frecuentaba los mismos cafés, los que quedaban del tiempo pasado.

En todas mis películas europeas he conocido condiciones de rodaje mucho más confortables que las que me eran habituales en México. Se ha escrito mucho sobre cada una de esas películas.

No diré acerca de ellas más que unas rápidas palabras, a título de mera indicación.

Aunque creo que nada es más importante en la fabricación de una película que un buen guión, nunca he sido hombre de letras. En casi todas mis películas (menos cuatro) he necesitado un escritor, un guionista, para ayudarme a poner en negro sobre blanco el argumento y los diálogos. Eso no significa que este colaborador sea un simple secretario encargado de registrar lo que yo digo. Al contrario. Tiene el derecho y el deber de discutir mis ideas y proponer las suyas, aunque sea yo, en fin de cuentas, quien debe decidir.

A todo lo largo de mi vida, he trabajado con 18 escritores diferentes. Entre ellos, recuerdo sobre todo a Julio Alejandro, hombre de teatro, buen dialoguista, y Luis Alcoriza, enérgico y susceptible, que desde hace ya tiempo escribe y realiza sus propias películas. Con quien más identificado me he sentido es, sin duda, con Jean-Claude Carrière. Desde 1963 hemos escrito juntos seis películas.

En un guión me parece lo esencial el interés mantenido por una buena progresión, que no deja ni un instante en reposo la atención de los espectadores. Se puede discutir el contenido de una película, su estética (si la tiene), su estilo, su tendencia moral. Pero nunca debe aburrir.

LA VÍA LÁCTEA

La idea de una película sobre las herejías de la religión cristiana se remontaba a la lectura, poco después de mi llegada a México, de la enciclopédica obra de Menéndez y Pelayo *Historia de los heterodoxos españoles*. Esta lectura me enseñó muchas cosas que yo ignoraba, en particular sobre los martirios de los herejes, convencidos de su verdad tanto, si no más, que los cristianos. Esta posesión de la verdad y la extravagancia de ciertas invenciones es lo que siempre me ha fascinado en el comportamiento del hereje. Más tarde, encontraría una frase de Breton en la que, pese a su aversión a la religión, éste admitía que el surrealismo reconocía tener «ciertos puntos de contacto» con los herejes.

Todo lo que se ve y se oye en la película descansa sobre documentos auténticos. El cadáver del arzobispo exhumado y quemado públicamente (pues, escritos por su mano, se encontraron después de su muerte textos tachados de herejía) fue en realidad el de un arzobispo de Toledo llamado Carranza. Comenzamos con un largo trabajo de investigación presidido por el *Diccionario de las herejías*, del abate Pluquet, y, luego, escribimos la primera versión durante el otoño de 1967 en el parador de Cazorla, en España, en la provincia de Jaén. Carrière y yo estábamos solos en las montañas de Andalucía. La carretera terminaba en el hotel. Algunos cazadores salían al amanecer y no volvían hasta después de caída la noche, trayendo de vez en cuando el delicado cadáver de un rebeco. Durante todo el día no hablábamos más que de la Santísima Trinidad, de la doble naturaleza de Cristo, de los misterios de la Santísima Trinidad. Silberman aceptó el proyecto, lo que nos pareció sorprendente, y terminamos el guión en San José Purúa en febrero-marzo de 1968. Amenazada durante breve tiempo por las barricadas de mayo de 1968, la película fue rodada en París y en la región parisiense a lo largo del verano. Paul Frankeur y Laurent Terzieff encarnan a los dos peregrinos que, en nuestros días, se dirigen a pie a Santiago de Compostela y que en el transcurso de su viaje, liberados del tiempo y del espacio, encuentran a toda una serie de personajes que ilustran nuestras principales herejías. La Vía láctea, de la que parece que formamos parte, se llamaba en otro tiempo «el camino de Santiago», pues señalaba la dirección de España a los peregrinos procedentes de toda Europa del Norte. De ahí el título.

En esta película, en la que volvía a estar con Pierre Clementi, Julien Bertheau, Claudio Brook y el fiel Michel Piccoli, trabajé por primera vez con Delphine Seyrig, extraordinaria actriz que yo había tenido sobre mis rodillas en Nueva York durante la guerra. Por segunda –y última– vez, yo ponía en escena al propio Cristo, interpretado por Bernard Verley. Quise mostrarlo como un hombre normal, riendo y corriendo, equivocándose de camino, disponiéndose incluso a afeitarse, muy alejado de la imaginería tradicional.

Ya que hablamos de Cristo, me parece que, en la evolución contemporánea de la religión, Cristo se ha ido apoderando poco a poco de un lugar privilegiado con relación a las otras dos personas de la Santísima Trinidad. No se habla más que de él. Dios Padre sigue existiendo, pero muy vago, muy lejano. En cuanto al desventurado Espíritu Santo, nadie se ocupa de él y mendiga por las plazas.

Pese a la dificultad y a la rareza del tema, la película, gracias a la Prensa y a los esfuerzos de Silberman, sin discusión el mejor promotor de cine que conozco, obtuvo un éxito público muy honorable. Como *Nazarín*, suscitó reacciones muy contradictorias. Carlos Fuentes veía en ella una película combativa, antirreligiosa, mientras que Julio Cortázar llegó a decir que la película le parecía pagada por el Vaticano.

Estas querellas de intención me dejan cada vez más indiferente. A mis ojos, *La Vía láctea* no estaba a favor ni en contra de nada. Aparte las situaciones y las disputas doctrinales auténticas que la película mostraba, me parecía ser, ante todo, un paseo por el fanatismo en que cada uno se aferraba con fuerza e intransigencia a su parcela de verdad, dispuesto a matar o morir por ella. Me parecía también que el camino recorrido por los dos peregrinos podía aplicarse a toda ideología política o, incluso, artística.

Cuando la película se estrenó en Copenhage (esto nos lo contó Henning Carlsen, que se ocupaba de la sala), fue proyectada en francés, con subtítulos daneses.

Uno de los primeros días, unos quince gitanos, hombres, mujeres y niños, que no hablaban danés ni francés, sacaron entradas y vieron la película. Volvieron dieciséis o diecisiete días seguidos. Muy intrigado, Carlsen intentó adivinar la razón de esta fidelidad. No pudo conseguirlo, ya que no hablaban su lengua. Finalmente, los dejó entrar gratis. No volvieron más.

TRISTANA

Aunque esta novela, novela epistolar, no sea de las mejores de Galdós, me sentía atraído desde hacía tiempo por el personaje de Don Lope. Me atraía también la idea de trasladar la acción de Madrid a Toledo y rendir, así, homenaje a la ciudad tan querida.

Había pensado primeramente en rodarla con Silvia Pinal y Ernesto Alonso. Más tarde, se puso en marcha en España otra producción. Pensé en Fernando Rey, excelente en *Viridiana*, y en una joven actriz italiana que me gustaba mucho, Stefania Sandrelli. El escándalo de *Viridiana* originó la prohibición del proyecto.

La prohibición fue levantada en 1969, y di mi conformidad a los dos productores, Eduardo Ducay y Gurruchaga.

Aunque no me parecía que perteneciese en absoluto al universo de Galdós, me reuní con placer con Catherine Deneuve, que me había escrito varias veces para hablarme del papel. El rodaje se desarrolló casi exclusivamente en Toledo —ciudad para mí llena de resonancias, de recuerdos de los años veinte— y en un estudio de Madrid, donde el decorador Alarcón reconstituyó fielmente un café de Zocodover.

Aunque, como en *Nazarín*, el personaje principal (encuentro a Fernando Rey magnífico en este papel) se mantiene fiel al modelo novelesco de Galdós, introduje considerables cambios en la estructura y el clima de la obra, que situé también, como había hecho con el *Diario de una camarera*, en una época que yo había conocido, en la que se manifiesta ya una clara agitación social.

Con la ayuda de Julio Alejandro, puse en *Tristana* muchas cosas a las que toda mi vida he sido sensible, como el campanario de Toledo y la estatua mortuoria del cardenal Tavera, sobre la que se inclina Tristana. Como no he vuelto a ver la película, me resulta difícil hablar de ella hoy, pero recuerdo que me gustó la segunda parte, tras el regreso de la joven, a la que acaban de cortar una pierna. Me parece oír todavía sus pasos por el corredor, el ruido de sus muletas y la friolera conversación de los curas en torno a sus tazas de chocolate.

No puedo recordar el rodaje sin pensar en una broma que le gasté a Fernando Rey. Amigo mío muy querido, me perdonará que la cuente. Como muchos actores, Fernando aprecia su popularidad. Le gusta, y es normal, que le reconozcan en la calle, que la gente se vuelva a su paso.

Un día, le dije al director de producción que se pusiera en contacto con todos los alumnos de una clase de un colegio próximo, a fin de que, eligiendo un momento en que yo estuviera con Fernando, vinieran de uno en uno a pedir un autógrafo, pero solamente a mí. Así se hizo.

Fernando y yo nos encontramos sentados, uno al lado del otro, en la terraza de un café. Se acerca un muchacho que me pide una firma. Se la doy gustosamente, y se va, sin dirigir una mirada a Fernando, sentado a mi lado. Apenas se ha alejado, cuando llega un segundo colegial, que hace exactamente lo mismo.

Al tercero, Fernando suelta la carcajada. Ha comprendido la broma, y ello por una razón muy sencilla: que me pidan a mí un autógrafo y le ignoren a él le parece rigurosamente imposible. En lo cual tenía razón.

EL DISCRETO ENCANTO DE LA BURGUESÍA

Después de *Tristana*, que, por desgracia, fue representanda en Francia doblada, volví a Silberman para no separarme ya de él. Regresé a París y a mi barrio de Montparnasse, al hotel «L'Aiglon», con las ventanas de mi habitación dando al cementerio, a mis almuerzos tempranos en «La Coupole» o «La Palette», a «La Closerie des lilas», a mis paseos cotidianos, a mis veladas en las que la mayor parte del tiempo entre dos rodajes solía cocinar yo mismo. Mi hijo Jean-Louis vive en París con su familia. A menudo, trabaja conmigo.

Ya he dicho, a propósito de *El ángel exterminador*, cuánto me atraen las acciones y las frases que se repiten. Estábamos buscando un pretexto para una acción repetitiva, cuando Silberman nos contó lo que acababa de ocurrirle. Invitó a varias personas a cenar en su casa, un martes por ejemplo, olvidó hablar de ello a su mujer y olvidó que ese mismo martes tenía una cena fuera de casa. Los invitados llegaron hacia las nueve, cargados de flores. Silberman no estaba. Encontraron a su mujer en bata, ignorante de todo, cenada ya y disponiéndose a meterse en la cama.

Esta escena se convirtió en la primera de *El discreto en-*

canto de la burguesía. No había más que proseguirla, imaginar diversas situaciones en las que, sin forzar demasiado la verosimilitud, un grupo de amigos intentan cenar juntos, sin conseguirlo. El trabajo fue muy largo. Escribimos cinco versiones diferentes del guión. Había que encontrar su justo equilibrio entre la realidad de la situación, que debía ser lógica y cotidiana, y la acumulación de inesperados obstáculos, que, no obstante, no debían parecer nunca fantásticos o extravagantes. El sueño vino en nuestra ayuda, e, incluso, del sueño dentro del sueño. Por último, me sentí particularmente satisfecho de poder dar en esta película mi receta de dry-martini.

Excelentes recuerdos de rodaje: como, con bastante frecuencia, se hablaba y se trataba de alimentos en la película, los actores, en particular Stéphane Audran, nos llevaban al plató manjares con que reponer fuerzas y bebidas para refrescarnos. Tomamos la costumbre de hacer una pequeña pausa hacia las cinco, momento en que desaparecíamos durante unos diez minutos.

A partir del *Discreto encanto*, rodada en 1972 en París, cogí la costumbre de trabajar con una instalación de video. Con la edad, ya no tenía la misma agilidad y flexibilidad que antes para regular los ensayos ante la cámara. Me sentaba, pues, ante un monitor, que me daba exactamente la misma imagen que la del cameraman, y corregía el encuadre y la colocación de los actores desde mi sillón. Esta técnica me ha ahorrado mucha fatiga y mucha pérdida de tiempo.

Existe una costumbre surrealista del título que consiste en encontrar una palabra o un grupo de palabras inesperadas que dan una visión nueva de un cuadro o de un libro. Yo he intentado varias veces aplicarla al cine, en *Un chien andalou* y *La Edad de oro*, por supuesto, pero también en *El ángel exterminador*.

Mientras trabajábamos sobre el guión, nunca habíamos pensado en la burguesía. La última noche —era en el parador de Toledo, el mismo día en que murió De Gaulle—, decidimos encontrar un título. Uno de los que a mí se me habían ocurrido, por referencia a la *Carmagnole*, decía *Abajo Lenin o la Virgen en la cuadra*. Otro simplemente: *El encanto de la burguesía*. Carrière me hizo notar que faltaba un adjetivo, y entre mil de ellos fue elegido *discreto*. Nos parecía que, con este título, *El discreto encanto de la burguesía*, la película adquiría otra forma y casi otro fondo. Se la miraba de forma distinta.

Un año más tarde, cuando la película está *nominated*, es decir, seleccionada para los Óscar de Hollywood y nos encontramos trabajando en el proyecto siguiente, cuatro periodistas mexicanos a los que conozco nos localizan y vienen a almorzar en el Paular. En el transcurso de la comida me hacen preguntas, toman notas. Naturalmente, no dejan de preguntarme:

—¿Cree usted que obtendrá el Óscar, don Luis?

—Sí, estoy convencido —respondo, muy seriamente—. Ya he pagado los veinticinco mil dólares que me han pedido. Los norteamericanos tienen sus defectos, pero son hombres de palabra.

Los mexicanos no ven malicia alguna en mis palabras. Cuatro días después, los periódicos mexicanos anuncian que yo he comprado el Óscar por veinticinco mil dólares. Escándalo en Los Ángeles, télex tras télex. Silberman llega a París, muy molesto, y me pregunta qué locura me ha dado. Le respondo que se trata de una broma inocente.

Después de lo cual, se calman las cosas. Transcurren tres semanas y la película obtiene el Óscar, lo que me permite repetir a mi alrededor:

—Los americanos tienen sus defectos, pero son hombres de palabra.

EL FANTASMA DE LA LIBERTAD

Este nuevo título, ya presente en una frase de *La Vía lactea* («vuestra libertad no es más que un fantasma»), quería representar un discreto homenaje a Karl Marx, a ese «espectro que recorre Europa y que se llama comunismo», al principio del *Manifiesto*. La libertad, que en la primera escena de la película es una libertad política y social (esta escena se halla inspirada en sucesos verdaderos, el pueblo español gritaba realmente «vivan las cadenas» al regreso de los Borbones por odio a las ideas liberales introducidas por Napoleón), esta libertad adquiría muy pronto otro sentido muy distinto, la libertad del artista y del creador, tan ilusoria como la otra.

La película, muy ambiciosa, difícil de escribir y de realizar, me pareció un poco frustrante. Inevitablemente, ciertos episodios predominaban sobre otros. Pero, de todos modos, sigue siendo una de las películas mías que prefiero. Encuentro interesante el argumento, me gusta la escena de amor entre la tía y el sobrino en la habitación de la posada, me gusta también la búsqueda de la niña perdida y, sin embargo, presente (idea en la que con la soñaba desde hacía tiempo), los dos prefectos de Policía con la visita al cementerio, lejano recuerdo de la Sacramental de San Martín, y al final en el parque zoológico, esa insistente mirada del avestruz, que parece tener pestañas postizas.

Pensando ahora en ello, me parece que *La Vía láctea*, *El discreto encanto de la burguesía* y *El fantasma de la libertad*, que nacieron de tres guiones originales, forman una especie de trilogía, o mejor, de tríptico, como en la Edad Media. Los mismos temas, a veces incluso, las mismas frases, se encuentran presentes en las tres películas. Hablan de la búsqueda de la verdad, que es preciso huir en cuanto cree uno haberla encontrado, del implacable ritual social. Hablan de la búsqueda indispensable, de la moral personal, del misterio que es encesario respetar.

Para la pequeña historia, indicaré que los cuatro españoles que fusilan a los franceses al principio de la película son José Luis Barros (el más corpulento), Serge Silberman (con una venda en la frente), José Benjamín, de sacerdote, y yo mismo, disimulado bajo la barba y la capucha de un monje.

Después de *El fantasma de la libertad*, rodada en 1974 (tenía yo por lo tanto, setenta y cuatro años), pensé en retirarme definitivamente. Fue necesaria toda la obstinación de mis amigos, y principalmente de Silberman, para ponerme a trabajar de nuevo.

Retorné a un antiguo proyecto, la adaptación de *La mujer y el pelele*, de Pierre Louys, y la rodé finalmente en 1977 con Fernando Rey y dos actrices para el mismo papel, Ángela Molina y Carole Bouquet. Muchos espectadores no se han dado cuenta de que son dos.

A partir de una expresión de Pierre Louys, «pálido objeto del deseo», la película se llamó *Ese oscuro objeto del deseo*. Me parece que el guión estaba bastante bien construido, teniendo cada escena un comienzo, un desarrollo y un final. Bastante fiel al libro, la película presenta, sin embargo, cierto número de interpolaciones que cambian por completo su tono. La última escena –en que una mano de mujer zurce cuidadosamente un desgarrón en un encaje ensangrentado (es el último plano que yo he rodado)– me conmueve sin que pueda decir por qué, pues permanece para siempre misteriosa, antes de la explosión final.

A todo lo largo de esta película, historia de la posesión imposible de un cuerpo de mujer, mucho después de *La Edad de oro*, yo había deseado introducir un clima de atentados e inseguridad, clima que todos conocíamos y en el que vivíamos en el mundo. Pues bien, el 16 de octubre de 1977 estalló na bomba en el Ridgetheatre de San Francisco, en donde se proyectaba la película. Cuatro bobinas quedaron destrozadas, y se hallaron en las paredes inscripciones injuriosas como «Esta vez, vas demasiado lejos». Una de esas inscripciones iba firmada por *Mickey Mouse*. Diversos indicios permitieron pensar que el atentado había sido cometido por un grupo de homosexuales organizados. De forma general, por otra parte, a los homosexuales no les gustó esta película. Nunca comprenderé por qué.

EL CANTO DEL CISNE

Según las últimas noticias, poseemos en la actualidad bombas atómicas suficientes no sólo para destruir toda vida sobre la Tierra, sino también para hacerle a esta Tierra salirse de su órbita y enviarla a perderse, desierta y fría, en las inmensidades. Me parece espléndido, y casi siento deseos de exclamar: ¡Bravo! Una cosa es ya cierta: la ciencia es la enemiga del hombre. Halaga en nosotros el instinto de omnipotencia que conduce a nuestra destrucción. Una encuesta reciente lo demostraba: de setecientos mil científicos «altamente cualificados» que en la actualidad trabajan en el mundo, 520.000 se esfuerzan por mejorar los medios de muerte, por destruir a la Humanidad. Sólo 180.000 tratan de hallar métodos para nuestra protección.

Las trompetas del apocalipsis suenan a nuestras puertas desde hace hace unos años, y nosotros nos tapamos los oídos. Esta nueva apocalipsis, como la antigua, corre al galope de cuatro jinetes: la superpoblación (el primero de todos, el jefe, que le enarbola el estandarte negro), la ciencia, la tecnología y la información. Todos los demás males que nos asaltan no son sino consecuencias de los anteriores. Y no vacilo al situar a la información entre los funestos jinetes. El último guión sobre el que he trabajado, pero que nunca podré realizar, descansaba sobre una triple complicidad: ciencia, terrorismo, información. Esta última, presentada de ordinario como una conquista, como un beneficio, a veces incluso como un «derecho», quizá sea en realidad el más pernicioso de nuestros jinetes, pues sigue de cerca a los tres y sólo se alimenta de sus ruinas. Si cayera abatido por una flecha, se produciría muy pronto un descanso en el ataque a que nos hallamos sometidos.

Me impresiona tan intensamente la explosión demográfica que con frecuencia he dicho –incluso en este libro– que sueño a menudo en una catástrofe planetaria que eliminase a dos mil millones de habitantes, aunque estuviera yo entre ellos. Y añado que esa catástrofe no tendría sentido ni valor a mis ojos más que si procediera de una fuerza natural, terremoto, epidemia desconocida, virus devastador e invencible. Yo respeto y admiro a las fuerzas naturales. Pero no soporto a los miserables fabricantes de desastres que cavan todos los días nuestra fosa común diciéndonos, hipócritas criminales: «Imposible hacer otra cosa.»

Imaginativamente, la vida humana no tiene para mí más valor que la vida de una mosca. Prácticamente, respeto toda vida, incluso la de la mosca, animal tan enigmático y admirable como un hada.

Solo y viejo, no puedo imaginar sino la catástrofe o el caos. Una u otro me parecen inevitables. Sé muy bien que, para los viejos, el sol era más cálido en la época lejana de su juventud. Sé también que hacia el final de cada milenio es costumbre anunciar el fin. Me parece, no obstante, que el siglo entero conduce a la desgracia. El mal ha ganado la vieja y tremenda lucha. Las fuerzas de destrucción y dislocación han vencido. El espíritu del hombre no ha realizado ningún progreso hacia la claridad. Quizás, incluso, ha retrocedido. Nos rodean la debilidad, el terror y la morbosidad. ¿De dónde surgirán los tesoros de bondad e inteligencia que podrían salvarnos algún día? Incluso el azar me parece importante.

Yo nací en el amanecer de este siglo, que, a veces, me parece un instante. A medida que los años pasan, transcurren más de prisa. Cuando hablo de acontecimientos de mi juventud que me parecen todavía próximos, me veo obligado a decir: «Eso era hace cincuenta o sesenta años.» En otros momentos, la vida me parece larga. Este niño, este joven que hacía esto, que hacía aquello, me parece que no era yo.

En 1975, encontrándome en Nueva York con Silberman, lo llevé a un restaurante italiano que yo frecuentaba treinta y cinco años antes. El dueño había muerto, pero su mujer me reconoció en seguida, me saludó, nos hizo sentarnos. Impresión de haber comido allí unos días antes. El tiempo no es siempre el mismo.

En cuanto a decir que el mundo ha cambiado desde que yo abrí los ojos, ¿para qué insistir?

Hasta los setenta y cinco años no he detestado la vejez. Incluso encontraba en ella una cierta satisfacción, una calma nueva y apreciaba como una liberación la desaparición del deseo sexual y de todos los demás deseos. No ambiciono nada, ni una casa a orillas del mar, ni un «Rolls-Royce», ni, sobre todo, objetos de arte. Me digo, renegando de los gritos de mi juventud: «¡Abajo el amor desenfrenado! ¡Viva la amistad!»

Hasta los setenta y cinco años, cuando veía un hombre muy viejo y muy débil en la calle o en el vestíbulo de un hotel, decía al amigo que se encontraba conmigo: «¿Has visto a Buñuel? ¡Increíble! ¡El año pasado estaba todavía tan fuerte...! ¡Qué ruina!» Leía y releía *La vejez*, de Simone de Beauvior, libro que me parece admirable. Por el pudor de la edad, no me exhibía en traje de baño en las piscinas, viajaba cada vez menos, pero mi vida se mantenía activa y equilibrada. Hice mi última película a los setenta y siete años.

Después, en los cinco últimos años, ha empezado verdaderamente la vejez. Me han asaltado diversas afecciones, sin gravedad extrema. He empezado a quejarme de las piernas, antaño tan fuertes, luego de los ojos e, incluso, de la cabeza (olvidos frecuentes, falta de coordinación). En 1979, por un problema de vesícula, tuve que pasar tres días en el hospital, alimentado con suero. El hospital me horroriza. El tercer día, arranqué los hilos y los tubos y me fui a casa. En 1980 me operaron de la próstata. En 1981, de nuevo esta vesícula. Mi salud se ve rodeada de amenazas. Y soy consciente de mi decrepitud.

Puedo establecer fácilmente mi diagnóstico. Soy viejo, ésa es mi principal enfermedad. Sólo me siento bien en mi casa, fiel a mi rutina cotidiana. Me levanto, tomo un café, hago media hora de ejercicio, me lavo, tomo otro café mientras como alguna cosa. Son las nueve y media o las diez. Salgo a dar una vuelta a la manzana, y luego me aburro hasta mediodía. Mis ojos son débiles. No puedo leer más que con una lupa y una iluminación especial, lo que me fatiga muy pronto. Mi sordera me impide desde hace tiempo escuchar música. Entonces espero, reflexiono, recuerdo, animado de una loca impaciencia, echando frecuentes miradas al reloj.

Mediodía es la hora sagrada del aperitivo, que tomo muy lentamente en mi despacho. Después de comer, descabezo un sueñecito en un sillón, hasta las tres. De tres a cinco es el momento en que más me aburro. Leo algunas líneas, contesto una carta, toco los objetos. A partir de las cinco, mis miradas al reloj se multiplican: ¿cuánto tiempo me queda antes del segundo aperitivo, que tomo siempre a las seis? A veces, escamoteo un cuarto de hora. En ocasiones también, recibo a algunos amigos a partir de las cinco, charlo con ellos. Cenar a las siete con mi mujer y acostarme muy temprano.

No he ido al cine desde hace cuatro años, a causa de mi vista, de mi oído, de mi horror a la circulación, de la multitud, y nunca veo la televisión.

A veces, transcurre una semana entera sin que reciba ninguna visita. Me siento abandonado. Entonces, llega alguien a quien no esperaba, a quien no he visto desde hace algún tiempo. Al día siguiente, cuatro o cinco amigos vienen a verme a la vez, pasan una hora. Entre ellos, Alcoriza, que antaño trabajó conmigo como guionista. Y Juan Ibáñez, nuestro mejor director teatral, que bebe coñac a todas horas. Y también el padre Julián, un dominico moderno, excelente pintor y grabador, autor de dos singulares películas. En varias ocasiones hemos charlado sobre la fe y la existencia de Dios. Como en mi casa tropieza con un ateísmo sin fisuras, un día me dijo:

—Antes de conocerlo, había veces en que sentía vacilar mi fe. Desde que hablamos juntos, se ha reafirmado.

Yo puedo decir otro tanto de mi incredulidad. ¡Pero si Prévert y Péret me viesen en compañía de un dominico...!

En medio de esta existencia mecánica y minuciosamente reglamentada, la redacción de este libro, con la ayuda de Carrière, ha constituido una efímera revolución. No me quejo de ello. Eso me ha permitido no cerrar por completo la puerta.

Desde hace algún tiempo, apunto en un cuaderno los nombres de mis amigos desaparecidos. Llamo a ese cuaderno *El libro de los muertos*. Lo hojeo con bastante frecuencia. Contiene centenares de nombres, unos al lado de los otros, por orden alfabético. Solamente anoto los nombres de aquellos con los que he tenido, aunque sólo fuera una vez, un verdadero contacto humano, y los miembros del grupo surrealista están marcados con una cruz roja. 1977-1978 fue para el grupo un año fatal: Man Ray, Calder, Max Ernst y Prévert desaparecieron en pocos meses.

Algunos de mis amigos detestan este librito, temiendo, sin duda, figurar en él algún día. No pienso como ellos. Esta lista familiar me permite recordar a tal o cuál personaje que, sin ello, habría caído en el olvido.

Una vez, me equivoqué. Mi hermana Conchita me comunicó la muerte de un escritor español mucho más joven que yo. Poco tiempo después, sentado en un café de Madrid, le veo cruzar la puerta y venir hacia mí. Por unos instantes, creí que iba a estrechar la mano de un fantasma.

Hace tiempo que el pensamiento de la muerte me es familiar. Desde los esqueletos paseados por las calles de Calanda en las procesiones de Semana Santa, la muerte forma parte de mi vida. Nunca he querido ignorarla, negarla. Pero no hay gran cosa que decir de la muerte cuando se es ateo como yo. Habrá que morir con el misterio. A veces me digo que quisiera saber, pero saber, ¿qué? No se sabe ni durante, ni después. Después del todo, la nada. Nada nos espera, sino la podredumbre, el olor dulzón de la eternidad. Tal vez me haga incinerar para evitar eso.

Sin embargo, me interrogo sobre la forma de esta muerte.

A veces, por simple afán de distracción, pienso en nuestro viejo infierno. Se sabe que las llamas y los tridentes han desaparecido y que, para los teólogos modernos, no es más que la simple privación de la luz divina. Me veo flotando en una oscuridad eterna, con mi cuerpo, con todas mis fibras, que me serán necesarias para la resurrección final. De pronto, otro cuerpo choca conmigo en los espacios infernales. Se trata de un siamés muerto hace dos mil años al caer de un cocotero. Se aleja en las tinieblas. Transcurren millones de años, y, luego, siento otro golpe en la espalda. Es una cantinera de Napoleón. Y así sucesivamente. Me dejo llevar durante unos momentos por las angustiosas tinieblas de este nuevo infierno y, luego, vuelvo a la Tierra, donde estoy todavía.

Sin ilusión sobre la muerte, a veces me interrogo, no obstante, por las formas que puede adoptar. Me digo a veces que una muerte repentina es admirable, como la de mi amigo Max Aub, que murió de pronto mientras jugaba a cartas. Pero, de ordinario, mis preferencias se dirigen a una muerte más lenta, más esperada, permitiendo saludar por última vez a toda la vida que hemos conocido. Desde hace varios años, cada vez que abandono un lugar que conozco bien, donde he vivido y trabajado, que ha formado parte de mí mismo, como París, Madrid, Toledo, El Paular, San José Purúa, me detengo un instante para decir adiós a ese lugar. Me dirijo a él, digo, por ejemplo: «Adiós, San José. Aquí conocí momentos felices. Sin ti, mi vida hubiera sido diferente. Ahora, me voy, no te volveré a ver, tú continuarás sin mí, te digo adiós.» Digo adiós a todo, a las montañas, a la fuente, a los árboles y a las ranas.

Claro está que a veces regreso a un lugar del que ya me he despedido. Pero no importa. Al marcharme, le saludo por segunda vez.

Así es como quisiera morir, sabiendo que, esta vez, no volveré. Cuando, desde hace algunos años, me preguntan por qué viajo cada vez menos, por qué no voy a Europa sino muy raramente, respondo: «Por miedo a la muerte.» Me responden que hay tantas probabilidades de morir aquí como allí, y yo digo: «No es el miedo a la muerte en general. Usted no me comprende. En realidad, me da igual morir. Pero que no sea durante un traslado.» Para mí, la muerte atroz es la que sobreviene en una habitación de hotel, en medio de maletas abiertas y de papeles desordenados.

Igualmente atroz, y quizá peor, me parece la muerte largo tiempo diferida por las técnicas médicas, esa muerte que no acaba. En nombre del juramento de Hipócrates, que coloca por encima de todo el respeto a la vida humana, los médicos han creado la más refinada de las torturas modernas: la supervivencia. Eso me parece criminal. Yo he llegado a compadecer a Franco, a quien se mantuvo artificialmente vivo durante meses, a costa de sufrimientos increíbles. ¿Para qué? Si bien es cierto que los médicos nos ayudan en ocasiones, la mayor parte de las veces son *money-makers*, hacedores de dinero sometidos a la ciencia y el horror de la tecnología. Que se nos deje morir, llegado el momento, e, incluso, que se nos dé un empujoncito para partir más aprisa.

Dentro de muy poco tiempo, estoy convencido de ello, lo espero, una ley autorizará la eutanasia bajo ciertas condiciones. El respeto a la vida humana no tiene sentido cuando conduce a un largo suplicio para el que se va y para los que se quedan.

Al aproximarse mi último suspiro, imagino con frecuencia una última broma. Hago llamar a aquellos de mis viejos amigos que son ateos convencidos como yo. Entristecidos, se colocan alrededor de mi lecho. Llega entonces un sacerdote al que yo he mandado llamar. Con gran escándalo de mis amigos, me confieso, pido la absolución de todos mis pecados y recibo la Extremaunción. Después de lo cual, me vuelvo de lado y muero.

Pero, ¿se tendrán fuerzas para bromear en ese momento?

Una cosa lamento: no saber lo que va a pasar. Abandonar el mundo en pleno movimiento, como en medio de un folletín. Yo creo que esta curiosidad por lo que suceda después de la muerte no existía antaño, o existía menos, en un mundo que no cambiaba apenas. Una confesión: pese a mi odio a la información, me gustaría poder levantarme de entre los muertos cada diez años, llegarme hasta un quiosco y comprar varios periódicos. No pediría nada más. Con mis periódicos bajo el brazo, pálido, rozando las paredes, regresaría al cementerio y leería los desastres del mundo antes de volverme a dormir, satisfecho, en el refugio tranquilizador de la tumba.

ÍNDICE